高等职业院校人力资源管理专业全国统编教材

培训管理实务

全国人力资源和社会保障职业教育教学指导委员会组织编写

主　编：李　琦
副主编：罗柳妮

中国劳动社会保障出版社

图书在版编目(CIP)数据

培训管理实务/李琦主编. -- 北京：中国劳动社会保障出版社，2022
高等职业院校人力资源管理专业全国统编教材
ISBN 978-7-5167-5432-0

Ⅰ.①培… Ⅱ.①李… Ⅲ.①人力资源管理-高等职业教育-教材 Ⅳ.①F243

中国版本图书馆 CIP 数据核字(2022)第 118244 号

中国劳动社会保障出版社出版发行
（北京市惠新东街 1 号　邮政编码：100029）
*
保定市中画美凯印刷有限公司印刷装订　　新华书店经销
787 毫米×1092 毫米　16 开本　19.5 印张　346 千字
2022 年 7 月第 1 版　　2022 年 7 月第 1 次印刷
定价：46.00 元

读者服务部电话：（010）64929211/84209101/64921644
营销中心电话：（010）64962347
出版社网址：http://www.class.com.cn

高等职业院校人力资源管理专业
全国统编教材编委会

《培训管理实务》教材编写组

企业专家顾问：

潘平（北汽福田汽车股份有限公司副总裁）

孙京（北汽福田汽车股份有限公司人力资源总监）

编写组成员：

李　琦（北京劳动保障职业学院）

罗柳妮（湖南劳动人事职业学院）

王　伟（河北青年管理干部学院）

高　敏（成都职业技术学院）

李　强（上海电子信息职业技术学院）

史悦悦（上海电子信息职业技术学院）

朱　艳（内蒙古商贸职业学院）

序

“高等职业院校人力资源管理专业全国统编教材”与读者见面了。这套教材是全国人力资源和社会保障职业教育教学指导委员会（以下简称人社行指委）组织编写的第一套针对高职院校人力资源管理专业的综合性教材，是人力资源管理专业学生的参考教材和学习资料。

一、教材组织编写的背景

习近平总书记指出“人才是实现民族振兴、赢得国际竞争主动的战略资源”，党的十九大报告明确提出“人才强国”战略，对新时代高等职业院校人力资源管理专业人才培养提出更高要求。

我国在高等职业院校开设人力资源管理专业 30 多年，该专业规模大、布点多。教育部公布的最新数据显示，全国开设人力资源管理专业的本专科院校共有 750 所，其中高职院校 288 所，平均每 5 所院校就有 1 所开设人力资源管理专业，毕业生规模为每年 1.2 万~1.4 万人。为满足迅速发展起来的人力资源管理专业教学需要，有关部门和高校组织编写了一系列教材，为这一专业的教学、人才培养、学科发展做出了贡献。但应该看到，由于我国人力资源事业发展变化较大、教材编写人员水平参差不齐等，人力资源管理专业教材建设从总体上讲还相当薄弱，存在体系不健全、内容陈旧、大量交叉重复等问题。这些问题不解决，不仅影响教学活动的顺利进行，而且影响这一专业的健康发展。

2015 年教育部印发了《普通高等学校高等职业学校（专科）专业目录》，为了更好地培养符合经济社会发展需求的高职人力资源管理专业人才，人社行指委受教育部委托，在对人力资源管理相关行业、企业、学校及毕业生展开广泛调研的基础上，组织全国相关院校优秀专家对人力资源管理专业教学标准进行了修订，并于 2019 年由教育部正式公布执行。

2019 年，人社行指委副主任委员单位北京劳动保障职业技术学院牵头组织的人力资源管理专业教学资源库已经正式列入国家职业教育资源库，并上线运行。人力资源管理专业教学资源库的建设和应用主要满足在校学生的学习需求、教师的教学及专业建设需求、社会学习者的自我学习及科普需求，建立在校学生学习资源中心、教师课程建设实践中心和社会学习者科普中心，在“互联网+”的应用模式下，建立与各学习中心相匹配的定制化学习路径，从而满足用户在PC端、平板端和手机端等各种工具的随时随地学习需求。

鉴于以上背景，基于对人力资源管理专业及这一专业人才培养高度负责的精神，人社行指委组织全国高等职业院校的优秀专家学者，编写了这套“高等职业院校人力资源管理专业全国统编教材”。

二、教材组织编写的原则

这套教材在编写伊始，即确定了五项编写原则：

1. 紧扣专业教学标准，突出职业教育特色。根据人力资源管理专业教学标准的培养目标及其对知识体系的要求，确立完整的课程体系和教材体系，充分满足该专业的学历教学和专业人员知识培训的需要。

2. 突出理论与实践相统一，强调实践性。适应项目学习、案例学习、模块化学习等不同学习方式和要求，注重以真实项目、典型任务、案例等为载体组织学习单元。

3. 立足现实，反映前沿，力求创新。在教材建设中，既反映已经成熟或公认的理论与学术思想，又能够反映具有代表性的人力资源领域的最新理论、最新技术和方法，在理论体系、结构框架、体例格式和写作风格上有自己的特色。

4. 立足高起点、权威性。为确保这一目标的实现，主编一般为教学经验丰富的一线人力资源管理专业教师，多位主编是人力资源管理专业国家级教学资源库的相应课程负责人，以确保教材能够满足适用性、权威性和先进性的要求。审稿人全部是人力资源管理领域的权威专家，由他们对大纲和成稿进行把关，以确保教材的理论性、系统性和科学性。

5. 线上线下，衔接开发。在教材开发上，与人力资源管理专业国家教学资源库配套开发，在课程设置、案例选用上充分发挥教学资源库的作用，使教师在使用教材的同时可以在教学资源库中找到相应的素材辅助教学，实现教材与教学库资源的配套使用。

三、教材的体系设计

本套教材的体系设计紧紧围绕人力资源管理专业教学标准的要求，请教学标准的执笔专家、审定专家进行解读，整理归纳出要开设的基础课和专业核心课，并与人力资源管理专业国家教学资源库相匹配。全套教材共13种，具体是《人力资源管理基础》《招聘与测评实务》《薪酬管理实务》《绩效管理实务》《培训管理实务》《劳动法理论与实务》《人力资源服务实务》《人力资源管理专业文书》《管理基础与实务》《员工关系管理实务》《组织行为管理实务》《劳动经济基础》《人力资源第三方服务实训》。

人力资源管理专业建设还处于逐步完善阶段，在人力资源事业发展过程中还会不断出现新情况、新问题，这套教材的编写也只能是反映人力资源事业发展的阶段性成果。希望广大人力资源管理专业教师和学生多提宝贵意见和建议，我们将在今后的修订改版过程中不断更新教材内容，提高教材水平，打造人力资源管理专业领域的精品教材，为人力资源管理专业学生能力和素质提升提供有力支持。

高等职业院校人力资源管理专业全国统编教材编委会

2021 年 1 月

前　言

培训工作不仅是人力资源管理的重要模块，也是一个组织人才战略得以实现的重要依托手段。培训管理课程是高等职业教育人力资源管理中职、高职专科、高职本科三级教育教学的专业核心课程。人力资源管理高职本科的课程名称为“人力资源培训与开发”、高职专科课程名称为“培训管理”、中职的课程名称为“职业培训”，本教材主要是定位于高职专科学生的学习需求，同时也可作为中职和高职本科的教学参考以及广大人力资源培训工作者的工作手册。

本教材是经过多年的专业教学实践，并与企业人力资源管理专家进行合作，在充分的企业调研基础上，结合职业教育课程改革发展的需要编写而成，主要有以下特点：

1. 项目化设计，任务导向，体例统一，便于教学。除最后的拓展内容外，其余各章节均采用项目化设计，学习任务导向，全书共 8 个项目、12 项任务。项目和任务的结构也进行了统一设计。每个项目的结构为“项目导入（主题案例、案例分析、本项目学习目标）”“任务（知识准备、任务要求、任务评价指标与标准）”“练习题”，其中，为了更好地完成学习任务，在任务要求中还提供了“任务完成常用实际业务工具”，这些工具表单主要是从企事业单位人力资源培训实际工作中提炼总结而来，不仅方便教学与学习，对于从事人力资源培训的工作者也可以提供工作参考。

2. 基于工作过程进行知识与技能点的提炼，理论与实践相结合。经过与企业人力资源培训专家的研讨，根据经典的培训“四部曲”，即培训需求调查——培训方案设计——培训实施——培训效果评估，针对每一环节实际操作的要点，从培训岗位认知开始，精选了培训需求分析、培训对象及内容分析、培训方法选择、培训师选择及培养、培训方案与计划的制定、培训组织实施、培训效果评估与总结 8 个项目，基于人力资源培训的实际工作逻辑进行设置，将理论知识融于工作过程之中，实现了理论与实践的结合。在实际工作领域的分析中，得到了北汽福田汽车股份有限公司的潘平副总裁、孙京人力资源总监和王薇培训专员的大力支持，他们从体系策划、内容设计，到资料提供、部分案例撰写等方面均为本书提供了专业的实践支撑。

3. 结合国家级教学资源库建设，集合全国人力资源管理领域的优秀师资进行编写。本教材是北京劳动保障职业学院牵头建设的教育部国家级教学资源库“人力资源管理专业教学资源库”的配套教材，与资源库的标准课程之一“员工培训与开发”相辅相成；同时，资源库的电子教学资源也成为本教材的配套资源，使得本教材更加立体化。同时，本教材也邀请了全国高职院校人力资源管理专业教学一线的专业教师参与编写，主要有北京劳动保障职业学院、湖南劳动人事职业学院、河北青年管理干部学院、成都职业技术学院、上海电子信息职业技术学院、内蒙古商贸职业学院。这些专业老师积累了多年的职业教育人力资源管理专业课程的教学经验，同时也参与建设或使用了教学资源库。

本书编写分工为：李琦负责全书结构体例的设计与统稿，并负责编写了项目一和最后一部分拓展内容，还负责编写了项目四、项目五的一部分内容以及全书部分案例的编写和全部案例的分析，全书的任务评价指标与标准的制定；罗柳妮负责编写了项目五和项目八；王伟负责编写了项目二；高敏负责编写了项目三；李强负责编写了项目四；史悦悦负责编写了项目六；朱艳负责编写了项目七。中国劳动社会保障出版社的高尚副编审为本书的出版付出了专业而辛勤的劳动。

人力资源管理实践在不断发展演进，新的理论也在不断创新，本书的内容未必能全面反映专业领域的全貌，也难免存在错漏之处，恳请广大使用者批评指正，不胜感激。

编者

2022 年初春

目录

CONTENTS

项目一

培训岗位认知

【项目导入】

一、主题案例一

福田汽车的校园人才与技能人才培养

北汽福田汽车股份有限公司（简称福田汽车）是一家跨地区、跨行业、跨所有制的国有控股上市公司，总部位于北京市昌平区，现有资产近 861 亿元，品牌价值达 1 808.36 亿元，员工近 4 万人，是一个以北京为管理中心，在京、津、鲁、冀、湘、鄂、辽、粤、新 9 个省（自治区、直辖市）拥有整车和零部件事业部，研发分支机构分布在中国、日本、德国等国家和中国台湾等地区的大型企业集团。

福田汽车科学地将人才队伍分为六支，针对每支人才队伍的特点，聚焦人才发展需求，分别开发系统化的精品培训项目、量身打造培训计划，不断从实施非正规的零散培训课程向开发以业务和人才发展为目标的培养体系转变。福田汽车六支人才队伍培养计划如图 1–1 所示。

在这六支人才队伍中，福田汽车非常重视校园人才与技能人才的培养。

1. 校园人才：“五步成才”培养模式

福田汽车以校园人才为培养对象进行“五步成才”新员工入职培训，通过各能力小项的组合，系统设计“五步成才”模式，完善相应的培养内容，采用混合式学习与各类活动的方式，对新入职员工进行为期一年的持续培养，提升校园人才的职业化素养与能力水平。福田汽车校园人才培养计划如图 1–2 所示。通过“五步成才”培养模式，将新员工培养成为认同企业文化与价值观、具备基本职业素养、能够胜任岗位、可独立解决问题、具有一定创新与发展潜能的合格员工。

图1-1 福田汽车六支人才队伍培养计划

图1-2 福田汽车校园人才培养计划

2. 技能人才：培养“福田匠人”

在技能人才培养方面，福田汽车坚持构建技能人才的职业发展通道，以政治思想觉悟好、技能素质水平高、满足高端制造需求为指引，以职工素质教育、学分银行为基础，以技能大赛为舞台，以一线管理者能力提升为推手，通过实训基地建设、学习地图匹配、内部讲师培养、技师工作室建立等方式，培养“福田匠人”。福田汽车技能人才培养计划如图 1-3 所示。

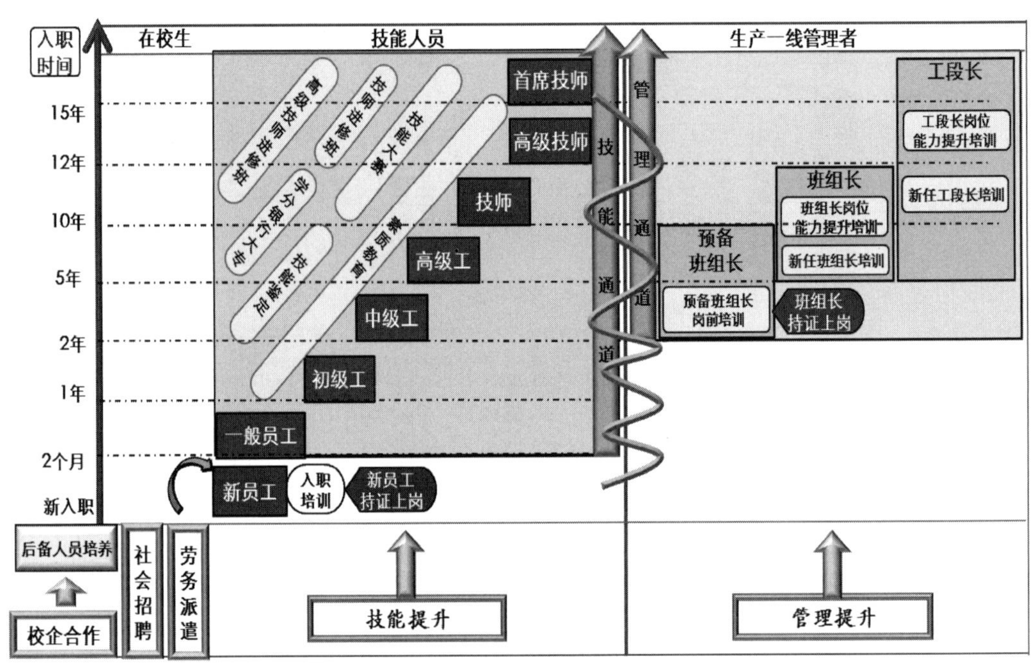

图 1-3　福田汽车技能人才培养计划

案例分析

福田汽车树立了“人才资源是福田的重要资源”的战略人才价值观，建立“6.5.4.1”人才培养体系，遵循“全方位发现和培养高潜人才、优秀人才为我所用”的人才发展理念，对人才进行科学的分类管理，持续推动福田汽车发展。

“6.5.4.1”人才培养体系是指：在 1 套完整的培训管理制度的保障下，将人才科学地分为 6 支队伍，依托于课程库、讲师库、供应商库、培训费用 4 项资源，不断加强培训资源管理，注重资源整合及平台建设，通过 5 步培训流程，利用“线上+线下”混合式培训模式和微课，充分利用碎片化时间，实现互联网时代的培训模式的转变，将培训的落脚点放在个人行为的改变和组织绩效的提升上。

在我国大力发展实体经济、支持自主技术创新的时代，福田汽车基于战略视角人才培养体系的建立，为其人力资源管理部门培训工作的开展奠定了良好的基础，充分体现了培训对人才成长的重要战略价值。

二、主题案例二

三个不同行业企业的培训岗位说明书

（一）IT 类公司培训专员/助理、培训主管岗位说明书

IT 类公司是目前世界经济发展最有活力的企业，由于技术升级和知识更新速度快，人力资源培训成为该类公司重要的日常工作和战略支撑性工作，培训专员/助理、培训主管、培训经理等岗位的价值日益凸显。

1. ABC 科技有限责任公司背景介绍

北京 ABC 科技有限责任公司（简称 ABC 公司）是一家有着近十年专业背景的多方位的 IT 服务及行业解决方案提供商。ABC 公司自成立以来，长期为各级政府机关、全球 1 000 强企业、不同行业（如金融、影视广告、IC 元器件、贸易、律师等）的中小企业提供 IT 综合服务。ABC 公司在北京通过提供区域服务组，覆盖了 CBD、金融街、三元桥、中关村、望京、方庄、丰台、亦庄、上地、昌平等商圈。ABC 公司以一流的技术和服务为驱动，在 IT 设备（包含办公电脑、办公外设、网络设备、电话系统、门禁监控系统、VPN 支持、服务器）的前期搭建、后期维护、规划方案等方面展现强大实力。

2. 培训专员/助理岗位说明书

ABC 公司培训专员/助理岗位说明书详见表 1-1。

表 1-1　　ABC 公司培训专员/助理岗位说明书

岗位基本信息	
岗位名称：培训专员/助理	所属部门：人力资源部
岗位职级：*	岗位定员：1
岗位职责概述：负责协助培训主管和培训负责人开展公司各项培训业务	
主要岗位职责	
1. 负责协助培训负责人与培训师进行课前沟通，确认课程资料内容、考试题目内容以及具体项目实施时间	
2. 负责协助培训负责人进行培训前期准备，如培训项目实施时间、地点、参训人员、所需设备、课程安排、试题录入等	

续表

主要岗位职责	
3. 负责培训师和学员的差旅安排，包括行程、交通、食宿；授课场地安排及确认等 4. 负责培训项目现场支持：协助培训师顺利完成课程进度，处理项目中所有的突发情况，了解学员的现场反馈并给予及时支持；做好培训记录并对学员意见进行收集反馈 5. 辅助培训负责人完成培训项目实施前的预算统筹以及培训项目结束后的决算 6. 负责对培训项目资料进行存档、记录、共享等 7. 负责对培训实施结果进行宣传报道 8. 上级交办的其他相关事项	
沟通关系	
汇报对象：培训主管、培训负责人	管理对象：无
任职资格条件	
1. 诚信、积极，有责任心 2. 亲和力强，善于沟通 3. 具备良好的计划性，主动性强 4. 关注细节，善于思考，严谨务实 5. 有较强的多任务处理能力和应变能力 6. 熟练使用 Office 等办公软件 7. 学历要求：大学专科/高职以上 8. 经验要求：不限 9. 专业要求：人力资源管理或相关专业	
工作条件	
一般办公室工作环境：电脑、打印机、复印机等常用办公设备	

3. DEF 科技有限公司背景介绍

北京 DEF 科技有限公司（简称 DEF 公司）成立于 2010 年，是最早将人工智能应用于移动互联网场景的科技企业之一。DEF 公司以建设“全球创作与交流平台”为愿景，其全球化布局始于 2015 年，“技术出海”是其全球化发展的核心战略。DEF 公司人工智能实验室成立于 2015 年，旨在针对人工智能相关领域的长期性和开放性问题进行探索，帮助公司实现对未来发展的构想，其独立研发的资讯客户端，通过海量信息采集、深度数据挖掘和用户行为分析，为用户智能推荐个性化信息，从而开创了一种全新的新闻阅读模式。

4. 培训主管岗位说明书

DEF 公司培训主管岗位说明书详见表 1-2。

表 1-2　　DEF 公司培训主管岗位说明书

<table>
<tr><th colspan="2">岗位基本信息</th></tr>
<tr><td>岗位名称：培训主管</td><td>所属部门：人力资源部</td></tr>
<tr><td>岗位职级：*</td><td>岗位定员：1</td></tr>
<tr><td colspan="2">岗位职责概述：全面负责公司培训项目的策划与实施、日常培训的开展和学习平台的建设</td></tr>
<tr><th colspan="2">主要岗位职责</th></tr>
<tr><td colspan="2">1. 挖掘团队内部的痛点，主导团队培训需求的调研与分析；根据团队需求，制订阶段性培训计划并负责落地执行、效果评估和反馈
2. 寻找外部资源，不断优化培训内容和培训流程；通过有效的交流和培训，提升新老员工业务能力的同时，提升他们对团队的了解度、认可度和融入度
3. 策划、组织和落实各种形式的团队文化主题活动，充分利用各种渠道进行团队文化的宣导与推广，营造良好的团队文化
4. 参与编写培训手册、标准流程手册、团队推广软文、技术贴士等
5. 负责部门宣传片、专题片等的拍摄、剪辑工作
6. 根据部门要求完成视频课程的制作，定期上传视频至 IT 知识库以及学习平台
7. 领导交办的其他工作</td></tr>
<tr><th colspan="2">沟通关系</th></tr>
<tr><td>汇报对象：人力资源部经理</td><td>管理对象：培训专员</td></tr>
<tr><th colspan="2">任职资格条件</th></tr>
<tr><td colspan="2">1. 本科及以上学历，中文、广告、人力资源、心理学等相关专业，有培训、媒体、互联网编辑领域的相关经验者优先
2. 具备优秀的文字写作功底和对内容的敏感性，幽默有趣，兴趣广泛，风格多变，创作力强
3. 有强烈的表达欲望，热情友好，沟通能力强，高情商且具备良好的人际交往、团队协作能力
4. 能够主导多项活动，具备大型活动的控场能力
5. 能熟练使用 PPT、EXCEL，熟悉 PS、视频制作等软件，喜爱且擅长拍摄宣传视频，善于后期的剪辑
6. 适应互联网公司节奏，有抗压及快速响应能力</td></tr>
<tr><th colspan="2">工作条件</th></tr>
<tr><td colspan="2">一般办公室工作环境：电脑、打印机、复印机等常用办公设备及各种文字编辑、音视频软件</td></tr>
</table>

（二）某服务业公司培训专员/助理岗位说明书

1. 公司背景

GHI 国际咨询有限公司（简称 GHI 公司）成立于 2001 年，以“做中国最好的企业能力发展提供商”为目标，专注于为提升企业员工的核心能力提供解决方案，业务领域包括四个方面：

- 企业各级管理人员的系列管理培训
- E-Learning（网络学习）的专业服务
- 组织、人力资源管理咨询
- 人才测评服务

GHI 公司自成立以来，不断引进和吸收最新管理理念和方法，在业内始终保持领先地位。凭借其经验丰富的专业团队，为客户提供全面系统的能力发展解决方案，协助企业建立、发展核心竞争力。截至 2021 年 12 月，GHI 公司已累计举办公开课超过 700 天，企业内训超过 6 500 天，受训人数累计超过 25 万人次，长期服务的企业超过 2 000 家；课程平均满意度达 90%，大部分课程高达 95%以上。GHI 公司的客户均为业界优秀的大型公司，类型涉及：国有重点大型骨干企业，外商独资、合资企业和高速发展中的行业领先的民营企业，分布于电子、电信、互联网、工业制造、石化能源、交通运输、航天航空、快速消费品、金融、纺织、医药、房地产、公共事业等各行业。

公司的愿景——与我们的客户一起成功！

公司的使命——为客户的国际化与变革提供实效性的解决方案！

2. 培训专员/助理岗位说明书

GHI 公司培训专员/助理岗位说明书详见表 1-3。

表 1-3　　GHI 公司培训专员/助理岗位说明书

岗位基本信息	
岗位名称：培训专员/助理	所属部门：业务部
岗位职级：*	岗位定员：10
岗位职责概述：负责协助培训顾问完成公司客户内训工作	
主要岗位职责	
1. 协助培训顾问，完成客户内训项目的各项工作 2. 在培训顾问的指导下，完成客户内训的课前准备工作 3. 在客户内训执行过程中，积极配合培训师完成培训 4. 在培训顾问的指导下，完成客户内训课后报告的撰写和提交 5. 领导安排的其他工作	
沟通关系	
汇报对象：培训顾问	管理对象：无

续表

任职资格条件
1. 专科/高职及以上学历 2. 工作经验：1 年以内 3. 企业管理、市场营销、人力资源等管理类专业 4. 有良好的口头表达能力和书面表达能力 5. 熟练使用各类办公软件，有微信、微博运营经验者优先 6. 五官端正，亲和力强
工作条件
一般办公室工作环境：电脑、打印机、复印机等常用办公设备；培训教室环境：各种教学设备、教具等

（三）某生产型企业培训专员/助理岗位说明书

1. 公司背景

JKL 公司是一家专做天然绿色精品营养健康品的新兴企业，同时也是集生产、研发、销售、品牌运营和资本运作于一体的全产业链的综合性高科技企业，拥有原生态配方的国食健字批文近 40 个。为了保证产品更高的品质，公司只选择与每个品类口碑全球第一的原料供应商持久合作，在萃取工艺上采用最大限度地保持自然物种天然营养活性的工艺，通过质量控制，以最专业、值得消费者信赖的连锁药店和三甲医院营养科等为首选销售渠道。

2. 培训专员/助理岗位说明书

JKL 公司培训专员/助理岗位说明书详见表 1–4。

表 1–4　　JKL 公司培训专员/助理岗位说明书

岗位基本信息	
岗位名称：培训专员/助理	所属部门：人力资源部
岗位职级：*	岗位定员：1
岗位职责概述：负责公司培训体系建设和日常培训工作的实施	
主要岗位职责	
1. 组织跟进培训计划的实施，建立及维护员工培训档案，跟进培训后的效果反馈 2. 建立新员工入职培训流程，落实新员工入职培训及新员工入职沟通工作 3. 负责网络商学院的管理、维护、开发与推广，建设商学院课程运作体系	

续表

主要岗位职责	
4. 协助搭建公司内部课程体系，组建内部培训师队伍，组织开发内部课程并进行讲授 5. 负责组织各种培训，并做好前期准备工作（时间、场地、物料、设备、人员、教材等） 6. 领导安排的其他工作	
沟通关系	
汇报对象：人力资源部经理	管理对象：无
任职资格条件	
1. 熟悉人力资源管理、企业运营、工商管理等专业知识 2. 具备医药学、营养学、食品科学等相关专业背景优先，有培训工作经验优先 3. 口才及表达能力、形象气质俱佳，富有激情和感染力 4. 具备较强的信息搜集、分类、选择、应用能力 5. 良好的沟通协调能力，较强的亲和力、感染力 6. 有一定的课程开发能力、演讲能力	
工作条件	
一般办公室工作环境：电脑、打印机、复印机等常用办公设备	

（四）培训专员/助理、培训主管岗位说明书分析与归纳

从以上三个类型四个岗位的岗位说明书中可以看出，人力资源培训工作在不同的行业企业中存在着一些共性的内容，同时也存在着一些差异，但共性是主要的，体现在以下五个方面：

第一，培训的主体工作主要有四个方面，即培训需求的调查、培训项目的策划、培训的组织实施、培训效果的评估。

第二，要熟悉培训方法、教学规律和教学实施过程。

第三，做培训工作要有良好的沟通能力，不论是与培训师的沟通还是与培训对象的沟通，都需要具备这项能力。

第四，要有良好的组织协调能力，比如在培训场地落实、教具准备、课程安排、交通与食宿安排等方面，需要细致且井井有条。

第五，要有一定的文字能力，不论是培训文案的策划，还是培训报告、总结的撰写，都需要较好的文字能力。

当然，不同的企业培训专员/助理、主管岗位说明书也会略有差异，主要由于对不同行业企业核心业务的要求有所不同，还有企业培训体系与企业文化的差别而形成的

职责和任职条件的差异。

因此，总结一般企业培训专员/助理、主管岗位说明书如表 1-5 所示。

表 1-5　　　　一般企业培训专员/助理、主管岗位说明书

<table>
<tr><th colspan="2">岗位基本信息</th></tr>
<tr><td>岗位名称：培训专员/助理、主管</td><td>所属部门：人力资源部</td></tr>
<tr><td>岗位职级：*</td><td>岗位定员：1</td></tr>
<tr><td colspan="2">岗位职责概述：负责公司培训体系建设和培训管理工作，促进员工知识、技能和素质的提高</td></tr>
<tr><th colspan="2">主要岗位职责</th></tr>
<tr><td colspan="2">1. 起草培训管理制度，建立健全公司的培训管理体系
1.1 组织制定规范的培训管理制度并监督实施
1.2 进行培训课程与教材的开发与管理
1.3 建立契合员工发展的培训课程体系
1.4 配合其他部门完善培训师资队伍建设
1.5 进行培训知识的管理
2. 负责培训需求调研工作，拟订年度培训计划
2.1 根据企业发展战略，明确年度培训目标
2.2 通过员工访谈、培训问卷调查等形式，进行培训需求调研与分析
2.3 拟订年度培训计划，报部门主管审批
3. 编制年度培训预算，管理培训经费
3.1 根据培训计划，编制年度培训预算，报部门主管审批
3.2 执行培训管理制度，合理使用培训经费
4. 依据企业发展状况，制订阶段性培训计划，并组织实施
4.1 制订阶段性培训计划，报部门主管审核
4.2 组织培训工作，安排培训师资，落实授课内容、方式，保证培训的顺利进行
4.3 检查、督促、协调各部门的岗位技能培训工作
4.4 建立并更新员工培训信息库
5. 负责评估培训效果并进行改进
5.1 组织对培训内容和培训师的评价，完成培训工作总结
5.2 评估培训效果，提出培训工作中存在的问题及改进建议
6. 完成上级交办的其他工作</td></tr>
<tr><th colspan="2">沟通关系</th></tr>
<tr><td>汇报对象：人力资源主管</td><td>管理对象：无</td></tr>
<tr><td>内部协作对象：公司所有部门</td><td>外部协作对象：培训机构、培训师、合作伙伴</td></tr>
</table>

续表

任职资格条件
1. 学历要求：大学专科/高职及以上学历 2. 专业要求：教育学、人力资源管理及相关专业 3. 工作经验要求：应届毕业生无要求，非毕业生 1 年以上工作经验 4. 需要具备的能力要求：团队合作能力、人际沟通能力、应变能力、组织能力、资源搜索能力、语言表达能力、文字表达能力、沟通能力 5. 需要具备的个性特征：责任心、诚信、主动性
工作条件
1. 一般办公室工作环境：电脑、打印机、复印机等常用办公设备 2. 电教设备和辅助教学用具 3. 所需记录文档：培训管理制度、年度培训计划、培训项目计划、培训考勤记录、培训评估问卷、绩效考核结果、各岗位说明书、培训教材、需求调查问卷、会议记录等

案例分析

在学习人力资源管理基础后，通过本课程的学习，进一步明确培训岗位在组织结构中的位置和设置方式，了解与人力资源部门内部、组织其他部门以及外部合作伙伴之间的业务关系。掌握培训工作在组织中的价值及其价值实现方式、方法、程序。了解不同行业企业培训岗位的异同，掌握培训岗位的基本工作职责和日常工作内容。从事培训工作需要具备相应的知识、技能和素质，这些要求具体如下。

（1）培训工作的主要知识要求有：培训的含义与特点，培训在人力资源管理体系中的地位，培训的价值，培训工作岗位的发展路径，培训体系组成，培训需求调查的意义、方法、步骤，培训需求分析角度，新员工培训理论，不同类别人员培训的特点与内容，培训方法操作要点与优缺点，培训师来源与特点，培训师培养理论，培训课程开发理论，培训方案设计原理，培训课程体系，培训预算管理，培训现场管理注意事项，培训学员调动技巧，培训效果评估原理，培训效果评估方法特点与操作要求，培训成本效益分析，职业生涯规划与管理理论。

（2）培训工作的主要技能要求有：培训岗位说明书撰写，培训需求调查方案设计与执行，培训需求访谈提纲设计，培训需求访谈执行，培训需求调查问卷设计，数据收集与分析处理，培训需求调查报告撰写，新员工培训方案设计，组织介绍课程设计与执行，知识讲解技能，教学游戏（活动）设计与操作，教学大纲设计，培训教案制作，培训师控场技巧，培训计划制订，培训方案设计与执行，培训费用设计，培训准备清单设计，签到表制作，培训课程表制作，培训评估问卷设计，培训评估报告撰写，培训总结撰写，个人职业生涯规划制定。

(3) 培训人员的主要素质要求有：热情开朗，乐于交流，有团队合作精神，学习意识强，关注组织文化与业务发展，沟通能力强，细心，主动，责任心强，有创新意识、资源搜索与积累意识、保密意识、信息化意识。

三、学习目标

1. 建立对培训岗位的基本认识。

2. 了解从事培训工作的知识、技能和素质要求。

3. 了解培训岗位的发展路线，以及培训不同层级岗位的设置、不同职业发展路径与要求，结合自身特点与兴趣进行一次职业选择与思考。

任务1 搜集并整理某单位培训岗位说明书

一、知识准备

培训是人力资源管理作业活动的重要组成部分，承担着人力资源管理整合、开发等重要功能，越来越多的组织开始重视培训的价值，通过建立有效的培训开发体系来提升人力资源水平，进而提高组织的核心竞争力，这是所有管理者已然形成的共识。

（一）培训基本概念

关于培训的概念，无论是学者还是人力资源实务工作者都有着较为统一的认识。有的学者认为：“培训与开发是指组织为了使员工获得或改进与工作有关的知识、技能、动机、态度和行为，所做的有计划的、系统性的各种努力，通过这些努力可以有效地提高员工的工作绩效并帮助员工对组织的战略目标做出贡献。”另外有的学者认为：“培训与开发是企业通过各种方式，使员工具备完成现在或将来工作所需要的知识、技能，并改变他们的工作态度，以提高员工在现有或将来职位上的工作业绩，并最终实现企业整体绩效提升的一种计划性连续性的活动。”还有学者认为：“企业培训是指根据企业发展战略所开展的一种推进组织变革，提高组织、业务能力，从而提高整体绩效，以促进员工发展、帮助培训管理者自我能力提升为目标的一种活动。”

以上专家学者对于培训的认识并无实质性差别，都指出了培训的三个重要内涵：

（1）培训要服从和服务于组织的战略目标，终极目的是提升组织的整体绩效；（2）培训的着眼点是提升员工的胜任能力，包括对当前岗位的胜任（补偿性培训）和对未来岗位的胜任（储备性培训）；（3）培训的内容不外乎“知识、技能、态度”，不论是什么类型的培训，其内容都会涉及这三项，即传授知识、训练技能、转变态度。

总结以上对培训的理解，我们将培训定义如下：培训就是为了最终实现组织整体绩效的提升而有计划地对员工知识、技能、态度方面进行的系统化提升，以提高其对现在和未来岗位的胜任程度。

除了培训概念外，还有教育和学习两个概念需要加以区分。教育有狭义和广义之分，狭义的教育即指学校教育，而广义的教育是指以影响人的身心发展为直接目的的社会活动，包含的范围较广。学习也有狭义和广义之分，狭义的学习指通过阅读、听讲、研究、观察、理解、探索、实验、实践等手段获得知识或技能的过程，广义的学习指人在生活过程中，通过经验而产生的相对持久的行为或行为潜能。培训、教育和学习既有联系又有区别，共同点在于三者均会产生个体知识能力的提升，但培训更强调目的性，即实现组织目标，教育更强调社会性；培训和教育两者的共同点是培训或教育的对象是被动的，而学习却是从个体主动的角度表达的。培训、教育和学习的区别如表 1-6 所示。

表 1-6　培训、教育和学习的区别

比较角度	培训	教育	学习
实施主体	企业为主	学校为主	个人为主
目的	实现企业目标	提升社会人口素质	提升个人素质
场所要求	正式的场所	正式的场所	无限制
时间要求	短期为主，不固定	长期为主，较为固定	无限制
内容侧重	解决问题	知识、技能的系统化	个人兴趣与特长
组织形式	小规模为主，灵活	大规模为主，统一	因人而异
方法	多样化，体验为主	较为单一，传授为主	多样化，体验为主

然而教育和学习与培训紧密相关，通常学校教育、家庭教育、社会教育为企业培训提供了重要的基础或支持，企业培训虽然具有个性化，但要符合社会公众的要求。培训更是与学习密不可分，这是一个事物的两个方面，培训终归是要通过培训对象的学习行为来实现的。现代培训发展的一个趋势是自主式、自助式、菜单式的学习方式，

更注重培训对象的学习意愿、动机和兴趣，以便达到更好的培训效果。

随着信息技术的进步、组织模式的演化和员工学习方式的调整，现代培训在传统培训的基础上也在不断发生变化。与传统培训相比，现代培训更加注重对学员主动性的调动，从培训方式到培训内容上增加培训对象的自主性与自助性，充分利用现代信息技术手段，开展线上与线下混合交互的培训方式，注重培训资源的开发和培训对象碎片化学习时间的利用；现代培训更强调培训对象解决问题能力的提升，而不只是培训内容的完成。这些区别如表 1-7 所示。

表 1-7　　现代培训与传统培训的区别

	传统培训	现代培训
教育观	学校教育的补充	对“企业人”的改造
特征	注重技能教育	注重对解决问题能力、沟通能力的训练
学习行为	教什么学什么	学习主动性和积极性的发挥
培训责任	培训机构的责任	工作单位、学员和培训机构共同的责任
成功关键	培训者知识水平和教学能力	学员的积极参与

（二）培训价值分析

培训的价值体现在人力资源管理体系内部和对组织整体的作用两个方面，但也存在着对培训认识的误区。

1. 对培训认识的误区

在实践中，常见的对培训认识的误区主要体现在以下七个方面。

（1）培训是一种成本

由于培训效果评估上的困难和培训成果转化时间的不确定，一些管理者错误地认为培训是一种成本，所以应该尽量减少，因而这类管理者在培训上投入较少。许多企业经营者偏重市场运作，在广告投入上不惜一掷万金，渴望得到立竿见影的效果，但却忽视了见效期较长的培训投资。结果，组织人才得不到有效的培训和发展，甚至造成人才流失。

（2）培训会增加员工的流失

许多组织的管理者经常处于一种两难的境地：不培训，人员素质跟不上，影响组织的效益；培训后，员工又不安心本职工作，可能会跳槽到别的公司，甚至跳槽到竞争对手那里去。这种困境成为管理者们不主张培训的堂而皇之的“理由”，特别体现在中小企业。而实际造成员工流失的并不是培训，更主要的是薪酬福利、制度、人际环境等问题。节省培训支出的短视行为虽然表面上可以留住一些人，但留住的恰恰是能力不足的人，长期来看必然降低了组织的效率。

（3）培训只重视知识和技能方面的内容

组织管理者为了追求短期利益，在培训的时候都希望得到立竿见影的效果，注重知识和技能方面的培训，尤其是操作性、应用性的培训，而对于工作态度、作风、组织文化方面的培训却被忽略。这类管理者会认为这些内容太“虚”，没有用处。但从诸多成功的组织成长过程来看，为人处世、价值观念、工作态度、职业精神等对组织长远发展有益的内容都是培训的重点所在，而忽视对以上内容的培训不利于组织的长远发展。

（4）培训是解决一切问题的“神药”

有的管理者不仅急功近利，还企图通过培训解决人力资源管理中的所有问题。随着人才市场竞争的加剧，人才无疑是最稀缺的资源，而人才的培养和成长是需要一定周期的，组织管理者如果没有长远的规划，希望用很短的时间就把人才培养成功，这是不现实的。部分管理者认为在工作中发生的有关“人”的问题都可以用培训来解决，可以“药到病除”，这也是一种错误的认识。

（5）工作任务重，没有时间培训

在人力资源管理实践中，培训部门经常会遭到各业务部门领导的拒绝，理由很简单：“现在工作这么忙，哪有时间来培训，耽误了工作谁来负责?”其实，磨刀不误砍柴工，不对员工能力进行培训提升，迟早会遇到难以胜任工作的情况。另外，培训的方式方法是多种多样的，除了脱产培训，还有很多在职培训，现代信息技术的发展也给自主学习、碎片化学习带来了很大的帮助。因此，所谓没有时间培训，只是无法适应新的学习方式的借口。

（6）高层管理者不需要培训

在现实中我们可以看到这样一些组织的高层管理者，他们对培训很重视，也三令五申地强调，要求大家对待培训要认真，但培训一旦开始，领导讲完话，就会说自己还有重要的会要开、重要的事情要去处理，一走了之。这其实是一个很大的误区，高层素质的高低对于组织发展的影响最大，因而更需要更新知识、改变观念，尤其当跟不上下属的认知水平和工作能力时，不仅会尴尬，更会耽误组织的发展。

（7）培训只是人力资源部门的事

这其实是普遍存在于人力资源管理各环节的一个误区。人力资源部门包揽了所有的培训安排，如制订培训计划、落实培训、跟踪培训效果等，其他部门仅仅是提供受训人员名单，顶多再加上提出简单的培训需求。因此，其他部门处于一种从属、旁观的状态，时间一久，自然而然就会滋生出这样一种心态：培训并非是我分内之事。事实上，从培训体系的建立到一次具体培训的执行，都离不开各层级管理者和各部门的配合，如培训战略的制定需要高层的决策，培训需求、培训课程设计、培训效果的追踪评价、培训成果的转化等更离不开各个部门的配合。因此，培训绝不只是人力资源部门的事情。

2. 培训在人力资源管理体系内部的价值

培训在人力资源管理体系内部具有重要地位，人力资源管理的所有活动几乎都涉及培训。

（1）培训规划是人力资源规划的重要组成部分

一个组织的人力资源规划是由若干子规划组成的，其中，培训规划往往是年度人力资源规划的一个核心部分，不仅因为培训是一项经常性的工作，更重要的是，在一般人力资源预算中，较为稳定的支出除了薪酬外就是培训支出，这也是组织人工成本的重要组成部分。

（2）培训与招聘工作紧密衔接

当招聘工作完成，新员工入职后，首先接触的活动就是新员工培训，新员工培训在整体培训体系中也是独立而重要的组成部分，它是帮助新员工融入组织的必要手段。通过新员工培训不仅可以帮助新员工较好地了解组织，而且可以在培训过程中进一步发现新员工的特点，同时也是对招聘工作质量的初步检验。

（3）培训贯穿工作分析全过程

由于工作分析不是一项经常性的工作，不仅非人力资源部门不熟悉，即使是人力资源管理部门的多数人员也不能精通工作分析的原理和操作技能。但工作分析却涉及组织中所有的部门和个人，尤其是各级主管、领导者更需要掌握工作分析的技术，所以工作分析的第一件事往往就是开展全员的或分层级的专题培训，例如岗位调查问卷的培训、岗位说明书撰写的培训等，这直接决定了工作分析的效率。当工作分析完成后，岗位规范和岗位说明书等成果的推行和使用也需要通过专题的培训来解决。因此，培训贯穿了工作分析全过程。

（4）培训是人员配置和升迁必然涉及的内容

组织中人员岗位的调整往往包括对调整的人员进行转岗培训，尤其对于转岗前后差异较大的人员，更需要提前进行针对性的培训，才能够尽量地减少工作轮换带来的机会成本。同理，当人员晋升时更加需要进行能力提升的培训，很多企业都会对储备人才提前进行有组织的培训，以使其在合适的时机能够胜任新的更重要的岗位。

（5）培训是提升绩效考核结果不良员工能力的重要手段

组织在进行绩效考核之后，若出现了考核结果不够理想的员工，对此，组织首选的策略并不是解雇员工。尤其是对于工作态度端正，只是由于工作技能或方法不得当造成考核结果不良的员工，应为其提供培训机会，使其能够胜任当前的工作，从而有效地解决这一问题。

3. 培训在整体组织中的价值

培训工作事关一个组织整体人力资源的开发工作，也是诸多业务推进的必要支持手段，因此不仅对人力资源管理的各个环节至关重要，对于整体组织也十分有价值。

（1）培训可以有效地改进和提高员工的工作绩效

培训可以提高员工的工作绩效，经过培训的员工往往能掌握正确的工作方法，纠正错误或不良的工作方法，直接促进工作质量和效率的提高，同时可以有效降低各种损耗，也可以减少事故的发生。有研究结果显示：工作的教育水平每升一级，技术革新者的人数就平均增加6%；工人提出的革新建议一般能降低生产成本5%，技术人员提出的革新建议一般能降低生产成本10%~15%，而受过良好教育的管理者创造和推广现代化管理技术则有可能降低生产成本30%以上。

（2）合理的培训体系可以提高员工的稳定性

在很多求职者的求职期望中除了收入以外，能否得到学习成长的机会也是非常重要的，培训为员工提供了一个完善和提升自我的机会，使员工可以在工作中实现职业理想，对员工有激励作用。一方面，员工通过在培训中相互接触，相互了解，可以加深对组织的感情，增强归属感。通过培训还可以改变不良的管理实践，注重来自员工的需求，呼应员工的呼声，从而提高员工对组织的满意度，稳定员工对组织的预期；另一方面，培训能够提高员工胜任工作的能力，从而降低员工队伍的流失率。

（3）培训是推进组织文化建设的重要手段之一

组织文化是一个组织的灵魂，是组织创造生产力的精神支柱。培训可以让员工在了解组织文化的同时，推动组织文化的形成与完善，协助树立良好的组织形象。通过培训，可以使具有不同价值观、信念、工作作风及习惯的人，和谐地在组织内工作。而员工如果能从精神层面接受组织文化，必然会提高对组织的认同度，急组织之所急、想组织之所想，从而将组织文化加以推广，有序推进组织文化建设，发挥出组织文化强大的生命力。

(4) 培训可以提升组织的核心竞争力

面对激烈的国内外竞争，一方面，组织需要越来越多的复合型经营人才，为进军国际市场打好人才基础；另一方面，要通过员工培训来提高新产品研究开发能力，培养与开发高素质的人才，以获得竞争优势，这已是不争的事实。尤其是人类社会步入以知识资源和信息资源为重要依托的新时代，智力资本已成为获取生产力、竞争力和经济成就的关键因素。组织的竞争不再主要依靠自然资源、廉价的劳动力、精良的机器和雄厚的财力，而主要依靠知识密集型的人力资本。员工培训是创造智力资本的途径，智力资本包括基本技能、高级技能以及创造能力，通过培训提升组织的智力资本就是直接提升了组织的核心竞争力。

(5) 培训可以提升组织的变革能力

当前经济社会发展速度加快，技术进步日新月异，变革是组织最核心的竞争力之一。针对组织变革的培训主要更新员工对改革的认识，增强对新观念的认同，帮助员工学习新的行为方式和工作技能等。有学者认为培训主要可以起到三个作用。

第一，纠正员工对变革的错误认识。人们常常会本能地抵制变革。一个熟悉、稳定的环境能给人一种安全感，即使它不是很好，甚至有许多问题，但冒险进入一个新环境往往让人无所适从。所以培训要解决的首要问题，是让员工领悟到这个时代唯一不变的东西就是改变，不主动变革，也得被动改变，否则就会被淘汰；其次是让员工重新发现自己的潜能，以增强信心。

第二，使员工对新观念产生认同。员工在组织中经过几年的历练之后，就会形成与之相适应的观念，这就是组织文化的影响。但组织变革意味着必须抛弃一些已经沉淀于心的观念，培植新的并且常常是与原有的相对立的观念，这也是变革能否成功的关键所在。比如，从线下到线上的变革，信息化、移动化的变革等。

第三，使员工学习新的行为方式和工作技能。变革不但涉及组织战略、文化的改变，原有的工作性质和业务流程都会发生或大或小的变化。要胜任新的角色，就需要调整原有的行为方式和工作技能。如项目制团队化管理模式，对员工的沟通技能和合作技能提出了更高的要求；组织结构扁平化，要求管理者必须学会怎样当教练，而不是单一的监管者，员工也必须逐步适应自我管理的工作方式，学习如何独立做出更多的工作决定，熟悉更宽领域的知识和技能等。这些沟通、授权、自我管理、新知识等方面的培训，是实现这些转变的重要保障。

（三）培训的目的、原则与分类

1. 培训的目的

从以上对培训价值的分析中可以归纳出培训的主要目的在于三个方面。

第一，提高员工的工作绩效水平。员工通过培训后，可以减少工作中的失误，降低因失误造成的损失。通过完善自身的知识能力结构，提高工作质量和工作效率，提高企业和个人的工作绩效水平。

第二，适应组织外部环境的发展变化，增强组织和个人的应变能力、适应能力和创造能力。生产技术正随着外部环境更新发展而不断变化，组织可以花重金购买设备，却不一定能及时获取合适的专门人才，培训正是用来解决这一问题的。培训可以使员工的整体素质保持在一个较高的水平上，从而满足组织对人力资源的需求。

第三，提高和增进员工对组织的认同感和归属感。培训可以使具有不同价值观、信念、工作作风及习惯的人，树立共同的工作理念和行为规范，对员工起到凝聚、规范、导向和激励的作用，从而提升员工对组织的认同感和归属感。

2. 培训的原则

（1）服务组织战略和规划原则

培训作为人力资源管理系统的一个子系统，要服务于组织的战略和规划，不仅要关注眼前的问题，更要立足于长远的发展。

（2）系统性原则

培训是一个为员工提供思路、信息和技能，帮助他们提高工作效率的过程。那么培训原则的重点就在于通过系统的方法和理论来激发员工的全部潜力，并帮助他们认清自己的前途和才能，从而实现培训的目的。培训的系统性原则主要表现为培训过程的全员性、全方位性和全程性。

（3）理论联系实际，学以致用原则

培训与学校教育的根本区别在于培训强调针对性和实践性，讲究实用实效。要考虑员工特点和情况，制定出适合组织和个人共同发展需要的学习和培训内容。

（4）全员培训和重点提高相结合原则

要有计划、有步骤地培训所有员工，以提高全员素质。但在资源的分配使用上要有侧重，比如优先培训和开发技术和管理方面的骨干人员，特别是中高层管理人员。

（5）反馈与强化培训效果原则

反馈的作用在于巩固学习技能、及时纠正错误和偏差；强化是将反馈结果与受训人员的奖励和惩罚相结合。培训不能只追求过程的轰轰烈烈，更重要的是通过反馈与强化将培训的作用落到实处。

（6）效益原则

市场化的企业作为一种经济组织，从事任何活动都是讲究效益的，都要以最小的投入获得最大的收益。在培训费用一定的情况下，要使培训的效果最大化；或者在培训效果一定的情况下，要使培训的费用最小化。

3. 培训的分类

对培训进行分类是为了提高培训的针对性和适用性。培训的类别有很多，按照不同的标准可以进行不同的类别划分，常见的分类标准如下。

（1）按照培训对象的不同，可以将培训开发划分为新员工培训和在职员工培训两大类。按照员工所处的层级不同，在职员工培训又可分为基层员工培训、中层员工培训和高层员工培训三类。

（2）按照培训形式的不同，可以将培训开发划分为在职培训和脱产培训两类。在职培训指员工不离开工作岗位，在实际工作过程中接受培训；而脱产培训指员工离开工作岗位，专门接受培训。

（3）按照培训内容的不同，可以将培训开发划分为知识类培训、技能类培训和态度类培训三大类。

（四）培训的基本程序

培训工作的基本程序包括五个步骤，即培训需求分析、培训计划制订、培训方案实施、培训效果评估、培训成果转化，如图 1-4 所示。

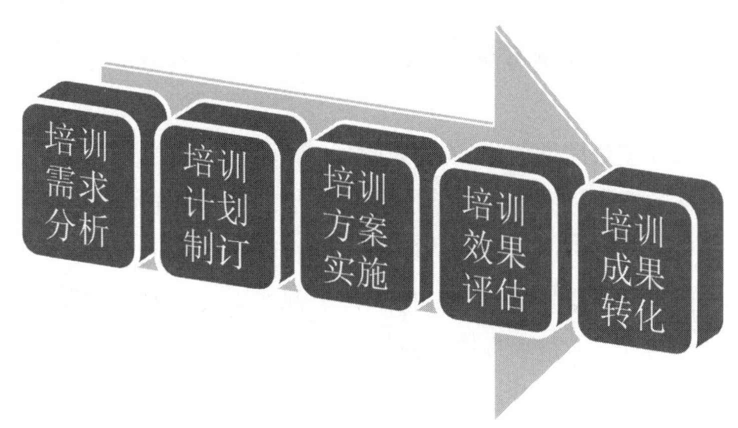

图 1-4　培训的基本程序

培训需求分析是所有培训工作的第一步，它决定着培训的目标和培训活动的方向。培训需求分析的关键是详细分析现状与目标之间的差距，还要判断这些差距中哪些是可以通过培训解决的，哪些是不能通过培训解决的，并以此确定培训需求。只有正确把握了培训的需求状况，才能真正有效地组织实施培训。通常培训从三个方面进行需求分析，即组织分析、任务分析和员工分析，这在以后的学习内容会详细进行阐述。

培训工作的第二步是制订培训计划。培训计划是为了实现培训需求而制定的应对方案，同时，为了保证培训活动的顺利实施，也需要根据培训目标制定出培训方案，它是培训目标的具体化与操作化，以此来指导培训的具体实施。一般来说，一个比较完备的培训方案应当涵盖6个W和1个H的内容：Why，培训的目标；What，培训的内容；Whom，培训的对象；Who，培训者；When，培训的时间；Where，培训的地点及培训的设施；How，培训的方式方法以及培训的费用。

培训工作的第三步是进行培训方案的实施，即将上一步制定的培训方案付诸实践的过程，这一环节是将预先设计的计划落实到实际行动中，涉及许多细节、准备工作和现场的组织管理等。培训的实施包括很多环节，如培训时间的确定、培训师的联系、培训场所的选择和预先布置、培训设备的准备与调试、培训资料的准备、培训评估问卷的准备、培训纪律的规范管理等，每一个环节都可能影响到培训的效果。

培训工作的第四步是培训效果的评估。现场培训完成后并不意味着培训工作的结束，培训是否实现了设计的目的？培训需求是否得到了满足？培训是否会对实际工作产生积极影响？这些问题都需要培训管理者去回答。培训的效果如何，可以从学员所获得的知识、技能、态度的变化反映出来。培训效果可能是积极的，这时工作绩效会得到提高，这也是培训的根本目的；也可能是中性甚至是消极的，工作绩效可能没有变化或是恶化。培训效果评估在技术上是培训工作乃至整个人力资源管理工作的难点之一，最为流行的柯氏模型通常从反应、学习、行为、结果四个层面进行评估，后文将详细阐述。

培训工作的第五步是培训成果的有效转化。培训的目的之一在于促使受训学员持续而有效地将所学的知识和技能运用到工作中。培训成果的转化并不等同于学习，学员在培训过程中可能通过一系列的努力掌握了某种知识、技能、行为、态度，也许学习效果很理想，但这并不意味着其在任何工作中都能应用这些学习所得。学习的内容转化为个人所得之后，只有进一步转化为实际的个人绩效，才能说是培训成果的转化。由于培训成果长时间的维持以及在工作中的应用不单纯是培训活动能够解决的，所以组织必须创造有利的氛围，确保培训成果的应用，并防止受训学员回到已经掌握的习惯或行为方式上。

（五）培训从业者的职业发展路线

培训业务是十分适合职业经验不丰富的应届毕业生从事的一项人力资源管理工作，主要原因有两个方面：其一在于培训效果的体现需要一定的周期，因而为职场新人提供了重要的适应时间；其二在于培训工作可以获得许多便利的学习机会，有助于新人的成长。在组织中从事培训工作，未来可以选择两种职业发展路线，一是管理路线，二是专业路线。

1. 管理路线

所谓管理路线，就是在组织中从最基础的培训岗位做起，按照岗位级别逐步提升的发展路线，其核心在于所负责工作权限的扩大，甚至负责超过培训工作的内容。例如在组织中从培训助理做起，然后可以做培训专员、培训主管、培训经理、人力资源经理（或其他部门负责人）、人力资源总监乃至其他高管，如图 1-5 所示。

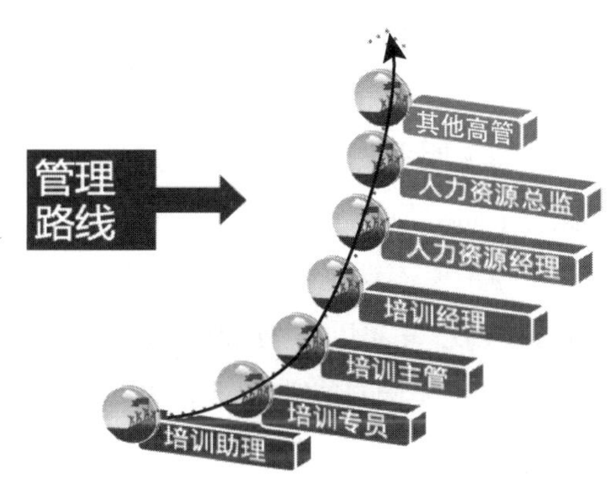

图 1-5　管理路线

2. 专业路线

所谓专业路线是指从培训组织管理基础工作做起，通过专业水平的提升，结合自身的特长，走培训师或咨询师的发展路线，其核心不是工作权限的扩大，而是专业深度的增加。选择这一发展路线除了需要具备深厚的专业知识外，还需要一定的个人特长或系统而专业的训练，例如做培训师要有很好的表达能力、沟通能力、课程设计与实施能力等，做咨询师要有极强的问题诊断能力和创造性解决问题的能力。其路线如图 1-6 所示。

应当指出，选择哪一条发展路线都可以走向职业的成功，首先应结合自身特点进行判断，如不喜欢更多公开的表达就不要勉强去走专业路线，而不喜欢严格的工作时

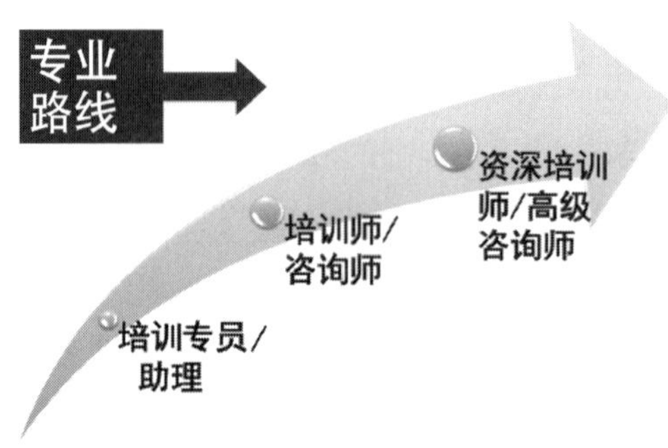

图 1-6 专业路线

间、工作地点限制就尽量不选择管理路线。另外，还要看所处的环境和面临的机遇，这样才能更好地发展自己。

二、任务要求

（一）任务基本要求

搜集并整理某单位培训岗位说明书及其所在组织的背景资料。每个人通过网络或查阅图书的方式搜集不同行业、不同类型组织人力资源部门培训助理、培训专员、培训主管的岗位说明书，并附上该单位的基本情况（如主营业务、所属行业、单位规模、组织文化等）。可以是现成的岗位说明书，也可以根据招聘信息进行提炼加工整理，注意岗位说明书的格式与内容的完整性，并思考不同的单位对培训岗位职责和任职条件要求的差别。

（二）任务完成常用实际业务工具

本次任务的完成要以培训岗位说明书的形式呈现。岗位说明书没有统一的格式，不同的组织会根据自己工作的特点进行设计，但其内容必须包括岗位基本信息、岗位职责、关键绩效指标、任职资格、主要关系、岗位环境和条件等信息，表 1-8 所示是常见的一种岗位说明书格式。

表 1-8　　×××公司岗位说明书

岗位基本信息	
岗位名称： （POSITION）	所在部门： （DEPT.）
岗位编码： （CODE）	编制日期： （DATE）

续表

<table>
<tr><th colspan="2">岗位基本信息</th></tr>
<tr><td colspan="2">岗位概要：</td></tr>
<tr><th>岗位职责（DUTY AND RESPONSIBILITY）</th><th>数量、质量标准</th></tr>
<tr><td>1.
1. 1
1. 2
……</td><td></td></tr>
<tr><td>2.
2. 1
2. 2
……</td><td></td></tr>
<tr><td>3.
3. 1
3. 2
……</td><td></td></tr>
<tr><td>4.
4. 1
4. 2
……</td><td></td></tr>
<tr><td>5.
5. 1
5. 2
……</td><td></td></tr>
<tr><td>……</td><td></td></tr>
<tr><th colspan="2">关键绩效指标（KPI）</th></tr>
<tr><td colspan="2">1.
2.
3.
……</td></tr>
</table>

<table>
<tr><th colspan="3">任职资格（REQUIREMENT）</th></tr>
<tr><td>项目（CATEGORY）</td><td>必备要求（JUNIOR）</td><td>期望要求（SENIOR）</td></tr>
<tr><td>学历及专业要求</td><td></td><td></td></tr>
<tr><td>所需资格证书</td><td></td><td></td></tr>
<tr><td>工作经验</td><td></td><td></td></tr>
<tr><td>知识要求</td><td></td><td></td></tr>
<tr><td>技能要求</td><td></td><td></td></tr>
<tr><td>能力要求</td><td></td><td></td></tr>
<tr><td>个性要求</td><td></td><td></td></tr>
</table>

续表

主要关系（CONTACT）	
关系性质	关系对象
直接上级	
直接下级	
内部沟通	
外部沟通	
岗位环境和条件（WORKING CONDITIONS）	
经常性工作场所、工作设备、工作时间、工作条件：	

培训岗位说明书的内容可以通过实地调查、文献资料查阅的方式获得，而文献查阅除了实物图书资料查阅外，可以通过网络进行搜索，这也是目前信息量较大且效率较高的一种方式。网络查询培训岗位说明书可以通过两种途径：一是查阅一些公司的主页，利用其公开信息进行整理，有的公司在制度介绍中会附有相关岗位说明书的内容；二是通过一些招聘网站的招聘信息，可以获得岗位职责的内容，如在招聘网站上以培训岗位为关键字段进行搜索，可以获得公司的基本情况、岗位工作职责、任职条件等关键内容，加以整理即可完成。

三、搜集并整理某单位培训岗位说明书任务评价指标与标准

搜集并整理某单位培训岗位说明书任务评价指标与标准如表 1-9 所示。

表 1-9　　搜集并整理某单位培训岗位说明书任务评价指标与标准

任务名称	指标	权重	标准（5 级评分法）				
			5 分	4 分	3 分	2 分	1 分
搜集并整理某单位培训岗位说明书及其所在组织的背景资料	岗位说明书格式的规范性	15%					
	培训岗位说明书内容的完整性	15%					
	培训岗位说明书内容的准确性	20%					
	公司背景资料的完整性	10%					

续表

任务名称	指标	权重	标准（5级评分法）				
			5分	4分	3分	2分	1分
搜集并整理某单位培训岗位说明书及其所在组织的背景资料	公司资料与培训岗位说明书的协调一致性	20%					
	能否按时完成任务，任务完成的质量	10%					
	团队合作性	10%					
	小计	100%					

练习题

一、单项选择题

1. 培训的最终目的是（　　）。

A. 个人发展　　B. 提高技术水平　　C. 改进管理　　D. 提升组织整体绩效

2. （　　）的实施主体是以个人为主。

A. 教育　　B. 培训　　C. 学习

3. 培训伴随下列哪项人力资源管理活动全过程。（　　）

A. 工作分析　　B. 招聘　　C. 人力资源规划　　D. 绩效考核

4. 下列哪项不是培训的目的。（　　）

A. 提高员工的工作绩效水平

B. 检验员工工作业绩的高低

C. 适应组织外部环境的发展变化，增强组织和个人的应变能力、适应能力和创造能力

D. 提高和增进员工对组织的认同感和归属感

5. 培训工作的起点是（　　）。

A. 培训需求分析　　B. 培训计划制订

C. 培训方案实施　　D. 培训效果评估

二、多项选择题

1. 培训必然涉及的三项内容是（　　）。

A. 传授知识　　B. 训练技能　　C. 转变态度　　D. 设定岗位

2. 与培训密切相关且要加以区分的概念是（　　）。

A. 教育　　B. 宣传　　C. 学习　　D. 研究

3. 下列哪项是培训的特点。（　　）

A. 内容侧重个人兴趣与特长　　B. 组织形式以小规模为主，较为灵活

C. 方法上较为单一，传授为主　　C. 内容上侧重解决问题

三、判断题

1. 传统培训更加强调工作单位、学员和培训机构的共同责任。（　　）

2. 现代培训在教育观上更加注重对“企业人”的改造。（　　）

3. 培训会增加员工的流失是一种正确的认识。（　　）

4. 培训只适用于中层及普通员工，不适用于高层管理者。（　　）

5. 培训从业者从培训助理做起，到培训专员、培训主管、培训经理、人力资源经理、人力资源总监等的发展路线是管理路线。（　　）

四、简述题

1. 请阐述培训在整体组织中的价值。

2. 请阐述培训的基本原则。

项目二

培训需求分析

【项目导入】

一、主题案例

某单位培训需求调查的案例

B 市某银行响应“开展在职人员教育培训，提高在职人员素质”的号召，积极开展全员培训。银行先后召开高层会议、中层会议讨论培训内容，根据讨论结果，将培训内容划分为“管理技能提升培训”“销售谈判技巧培训”“职业生涯规划与个人修养”三部分。

为期两周的全员交叉培训结束后，并没有达到预想的效果，基层一线员工表示培训内容重复、没有新意，对实际工作没有太大的指导作用。中高层员工则表示培训很有必要，这是一次较圆满的培训。

同学们，你们认为 B 市某银行的这次全员培训效果怎么样呢？为什么员工的反映不一致呢？

案例分析

任何企业的任何培训都必须建立在培训需求分析的基础上，必须以科学严谨的培训需求分析为先导。

培训需求分析是指在培训实施前，培训者采用适宜的调研方法，对企业及其成员的目标、知识、技能、态度等方面进行全面的评估与分析，进而确定培训的价值、内容以及实施的计划、方案。培训需求分析就是采用科学的方法弄清谁最需要培训、为什么要培训、培训什么等问题。它是培训的向导，是论证培训的必要性、目标和实施方案的依据，也是培训效果评估的基础，对培训工作至关重要。

二、学习目标

1. 掌握培训需求调查的各种方法。
2. 掌握培训需求分析的步骤。
3. 能够分析数据并撰写培训需求调查报告。

任务2　多种方法模拟培训需求调查

一、知识准备

（一）培训需求分析基本理论

1. 培训需求分析的概念

有效的培训需求分析是培训活动科学化的前提，它决定了培训能否瞄准正确的目标，能否契合实际需要，进而决定能否提供有针对性的培训。时代在不断发展，社会在不断进步，组织及个人对培训的需求也在不断变化。如果企业的培训需求跟不上时代和社会的变化，必然导致企业在确定培训目标、制订培训计划时的盲目性和随意性，直接影响培训的效果。要改变这种状况，就要做好员工的培训需求分析。

培训需求分析是指在规划与设计每项培训活动之前，由培训部门，各部门主管人员、工作人员等采用各种方法和技术，对各种组织及其成员的目标、知识、技能等方面进行系统的评价与分析，以确定是否需要培训及培训什么内容的一种活动或过程。它既是确定培训目标、设计培训规划的前提，也是进行培训评估的基础，因而成为培训活动的首要环节。

培训需求分析的目的在于论证培训的必要性，确定培训的目标和内容，掌握培训资源，以得到上级支持，获得实际资料，从而增强培训的有效性。培训需求分析要考虑学员的背景，学员的知识、技能和态度，学员的希望和要求，管理者和员工对培训的态度，以及环境因素等问题。

2. 培训需求分析的内容

培训需求分析一般从单个层次进行，分别为组织分析、任务分析和个人分析。

（1）组织分析

培训需求的组织分析主要是通过对组织的目标、资源、特质、环境等因素的分析，准确地找出组织存在的问题与产生问题的根源，以确定培训是否是解决这类问题的最有效的方法。培训需求的组织分析涉及组织的各个组成部分，包括对组织目标的检查、组织资源的评估、组织特质的分析以及环境的影响等方面。组织分析的目的是在收集与分析组织绩效和组织特质的基础上，确认绩效问题及其原因，寻找可能的解决办法，供培训部门参考。一般而言，组织分析主要包括下列三个重要步骤。

步骤一，组织目标分析。

明确、清晰的组织目标既对组织的发展起决定性作用，也对培训规划的设计与执行起决定性作用。组织目标决定培训目标。比如，如果一个组织的目标是提高产品的质量，那么培训活动就必须与这一目标一致。若组织目标模糊不清，培训规划的设计与执行就显得很困难。

步骤二，组织资源分析。

如果没有确定可被利用的人力、物力和财力资源，就难以确立培训目标。组织资源分析包括对组织的财力、时间、人力等资源的描述。

步骤三，组织特质与环境分析。

组织特质与环境对培训的成功与否也起重要的作用。因为当培训规划和组织的价值不一致时，培训的效果将很难得到保证。组织特质与环境分析主要是对组织的系统结构、文化、资讯传播特质情况的了解。其中，系统结构特质指组织的输入、运作、输出、次级系统互动以及与外界环境的交流特质，这使得管理者能够系统地面对组织，避免在进行组织分析时出现以偏概全的情况。文化特质指组织的软硬件设施、规章、制度、组织经营运作的方式、组织成员待人处事的特殊风格，这使得管理者能够深入了解组织，而非仅仅停留在表面。资讯传播特质指组织部门和成员收集、分析和传递信息的分工与协作，这使得管理者能够了解组织信息传递和沟通的特性。

（2）任务分析

培训需求的任务分析主要是为了通过现有岗位资料分析和员工现状对比，找出员工素质的差距。

任务分析包括确定重要的任务及完成这些任务需要在培训中强调的知识、技能和行为方式，一般是以工作说明书、工作规范或工作任务分析记录表作为确定员工达到要求所必须掌握的知识、技能和态度的依据，将其与员工在平时工作中的表现进行对比，以确定员工在完成工作任务上的差距。它是一种非常正规的培训需求分析方法，结论可信度高。但这种培训需求调查方法需要花费大量的时间和费用来收集和分析数据，一般只是在一些非常重要的培训项目中运用。

任务分析的工作步骤如下。

第一，根据组织的经营目标和部门职责选择有代表性的工作岗位。

第二，根据该工作岗位的说明书列出初步的任务及完成这些任务所需要的知识、技能和能力清单。

第三，对工作任务和所需技能的确认：

①反复观察员工的工作过程；

②对有经验的员工、部门主管以及制定工作说明书的部门负责人进行访谈，加强对工作任务和所需技能的了解；

③向专家或组织顾问委员会再次求证，以确定各项工作的重要性，任务的执行频率，完成每一项任务所需的时间、质量标准，以及完成任务所需的技能要求和规范的操作程序等；

④为该工作岗位制定针对培训需求分析的工作任务分析表，通常包括主要任务和子任务、各项工作的重要性、执行频率、绩效标准、所需的技能和知识，以及学习技能的场所等；

⑤请参与调查的上述人员对工作任务分析表上的项目打分；

⑥负责培训的人员根据以上信息确定各项培训活动的先后次序。

（3）个人分析

个人分析主要是通过分析工作人员个体现有状况与应有状况之间的差距，来确定谁需要和应该接受什么培训。个人分析的重点是评价工作人员实际工作绩效及工作能力，确定培训的必要性和培训的内容。一般来说，培训需求的确定应从以下几点来论证。

第一，员工工作绩效差异是否存在。

工作绩效差异是指实际工作绩效和期望的工作绩效之间的差异。企业可通过员工标准工作绩效和实际工作绩效进行对比判断。

对员工目前实际工作绩效评估的主要分析项包括以下内容：

①个人绩效考核记录。该记录内容主要包括员工的工作能力、平时表现（请假、怠工等）、意外事件、参加培训情况、离（调）职访谈记录等。

②员工自我评价。自我评价是以员工的工作清单为基础，由员工针对每项工作成就、相关知识和相关技能的掌握情况，真实地进行自我评量。

③知识技能测验。知识技能测验是以实际操作或笔试的方式测验工作人员真实的工作能力。

④员工态度评价（运用定向测验或态度量表）。员工对工作的态度不仅影响其知识技能的学习和发挥，还影响与同事的关系及其与客户的关系，这些又直接影响其工作表现。

第二，绩效差异产生的原因。

绩效如有差异，则应该进一步分析差异出现的原因。绩效差异产生的原因比较多，可能是：绩效标准制定得不合理，员工尽力也无法完成；员工自身欠缺适当的知识技能；生产、工作环境的限制；缺乏适当的激励手段；员工的身心健康状况不佳等。这些都可能成为影响绩效的因素。上述因素需要企业人力资源经理和业务部门主管来共同分析，并确认哪些是主要原因。

在分析绩效过程中要注意不能将培训当成解决员工绩效问题的唯一手段，应将员工绩效与组织的评价系统、薪酬系统、奖惩系统及其他方面进行联合分析。前面已经分析过，只有属于员工自身能力不足、主观认识偏差等影响因素造成的绩效差异，才能通过培训加以弥补。通过培训来提高员工的知识和技能是有效的，但要改变员工的工作态度，除了培训之外，还需通过薪酬管理、工作设计及其他激励办法来实现。

第三，绩效差异的重要性。

只有绩效差异对组织有负面影响时才值得重视，其重要性依组织的目标和方向而定。当绩效差异影响到组织目标的实现与组织未来的发展时，就必须进行调整。

第四，培训是否为改进绩效的最佳途径。

培训不仅能提高员工的知识和技能水平，还能影响员工的工作态度和观念。但是，培训是否为解决问题的有效途径，还应考虑培训的成本和绩效差异所造成的损失，如果不经过这种比较，将会导致培训边际效用的减少，从而使最终效用受到影响。这应该由高级管理人员进行判断。

培训需求的绩效分析模型可以更详细地说明培训需求个人分析的过程（如图 2-1 所示）。培训的绩效评估主要是考察员工目前的实际绩效与理想的目标绩效之间是否存在偏差，然后决定是否可以通过培训来矫正偏差。如果员工因为缺乏完成工作任务所应具备的知识和技能，或者是因为态度出现问题，在达到一定严重程度影响员工绩效的情况下，就应该安排相应的培训。在这一过程中需要完成以下三项工作：

①开展绩效评估，发现绩效偏差；

②判断到底是员工的知识问题、技能问题，还是态度问题；

③进行成本效益分析，即确定通过努力来弥补这一绩效偏差是否值得。

通过培训需求的组织分析、任务分析和个人分析三个环节，我们可以清晰地了解培训需求分析的技术性问题，得到是否需要培训、谁需要培训及需要培训什么等结论。

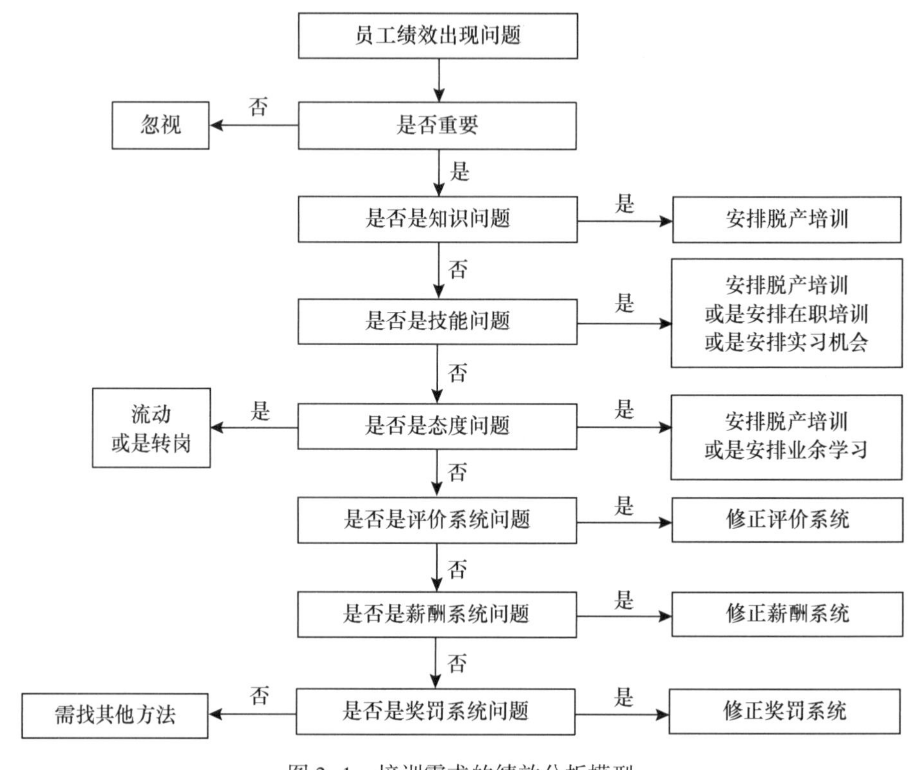

图 2-1　培训需求的绩效分析模型

（二）培训需求分析方法

适当的培训需求分析方法是进行有效需求分析的必要前提，也是培训需求分析的关键环节。下面介绍几种常用的培训需求分析方法。

1. 调查问卷法

调查问卷法是应用较广泛的调查方法，一般由培训实施者设计一系列有关培训需求的相关问题，以书面问卷或电子问卷的形式发放给培训对象，待培训对象填写之后再回收进行问卷分析，以获取培训需求的信息和相关数据。

利用调查问卷法进行培训需求分析，可以遵循五个步骤，如表 2-1 所示。

在设计调查问卷的问题时，应该注意以下几个问题：

（1）调查问卷的问题应尽量简短，并注意使用简单的、固定用法的术语，避免调查对象不了解或者容易引起歧义的名词；

（2）一个问题只涉及一件事，避免结构复杂的问句；

表 2-1　　　　调查问卷法的实施步骤

步骤	内容	说明
1	制订调查计划	明确调查目标、调查对象及调查任务
2	编制问卷	调查问卷的题目一般采用选择题的形式，问答形式的问题尽量不超过 2 个
3	收集数据	发放调查问卷，并组织回收、整理
4	处理数据	利用统计工具分析数据，将问题进行汇总、分析
5	得出结论	根据分析结果得出结论，编写培训需求分析报告

（3）题目设计简单明了，不要使调研对象做计算或逻辑推理；

（4）避免出现诱导性问题，保证调研对象陈述的完全是自己的观点。

培训需求调查问卷例表如表 2-2 所示。

表 2-2　　　　培训需求调查问卷例表

姓名：	部门：			岗位：	
您对现在岗位的工作程序	非常熟悉	比较熟悉	一般	不太熟悉	很不熟悉
您对本行业的新知识	非常熟悉	比较熟悉	一般	不太熟悉	很不熟悉
以您现有的知识，您觉得对现在的工作	非常胜任	比较胜任	一般	不太胜任	很不胜任
备选课程	培训需要程度				
	很高	高	中	低	不需要
专业知识					
专业技能					
创新性思维					
目标管理					
成本管理					
时间管理					
沟通与表达技能					
会议管理与技巧					
团队领导与协作					

续表

备选课程	培训需要程度				
	很高	高	中	低	不需要
商业礼仪					
办公自动化					
心态培养和压力管理					
潜能开发					
日期：					

备注：填表时在对应的内容下面用“√”标明。

2. 访谈法

访谈法也是普遍应用于数据收集的一种重要方法。它是指为了得到培训需求的数据和信息，与访谈对象进行面对面交流的活动过程。这个过程不只是收集硬性数据，比如事实、数据等，同时也包括印象、观点、判断等信息。

访谈法的实施步骤如表 2–3 所示，访谈记录例表如表 2–4 所示。

表 2–3　　访谈法的实施步骤

步骤	内容	说明
1	访谈计划	确定访谈目的，准备相关资料，确定访谈相关人员名单
2	访谈演练	进行访谈预排练习，发现问题并及时更正
3	正式访谈	首先进行访谈前的目的概述，营造和谐的访谈环境，然后进行正式访谈
4	收集信息	通过向访谈对象提问获得基本信息和相关数据
5	访谈结束	复述访谈小结并让访谈对象确认，追问没有详尽回复的问题
6	访谈总结	整理、总结访谈记录并收集归档
7	访谈整合	对访谈资料进行总结，整合访谈中的发现及结论

表 2–4　　访谈记录例表

访谈对象：	职位：
访谈人：	访谈时间：
具体问题	**访谈记录**
员工的性格特征、个人素质如何	
员工的知识、技能表现在什么方面	
员工需要学习的知识和技能有哪些	
员工对工作的热忱度、关心度如何	

续表

具体问题	访谈记录
员工期望取得的成绩或者晋升的职务	
对员工参加培训的意见和建议	
其他需要说明的内容	
备注：	
记录人：	日期：

3. 观察法

观察法多用于观察体力劳动者，如生产型或服务型行业，是指到培训对象的实际工作岗位上去观察并了解其工作技能、态度、表现，以及在工作中遇到的主要问题的一种方法。为了提高观察效果，一般要设计一份观察记录表，作为培训需求分析的参考依据，如表 2–5 所示。

表 2–5 观察记录表

观察对象：	部门：	岗位：
观察地点：	观察时间：	
观察内容	**记录**	**评价**
工作态度		
工作方法		
工作熟练程度		
工作制度遵守情况		
工作沟通与协作情况		
灵活性与创新性		
工作效率		
工作完成情况		
时间管理情况		
突发事件应对能力		
备注：		
记录人：	记录时间：	

4. 现场取样法

现场取样法较多应用于服务性行业的培训需求分析调查（如饭店、卖场等），是通过选取培训对象现场实际工作的部分片段进行分析，以确定培训需求的一种分析方法。

现场取样法的两种主要形式为拍摄和取样。

拍摄是指在培训对象的工作环境中安装监控录影机、摄像机等拍摄设备，对培训对象的现场工作过程进行实际拍摄，事后通过 VCR 进行观察分析，得出培训需求结论。如表 2-6 所示为拍摄样板例表。

表 2-6　　拍摄样板例表

拍摄对象：		拍摄地点：	拍摄人：
拍摄时间：　年　月　日—　年　月　日		是否隐蔽拍摄：　□是　□否	
分析项目	**员工表现**		
服务态度			
顾客反映			
必备工作实施情况			
沟通表现情况			
工作完成情况			
存在的问题			
拟改善的内容			
备注：			
制表人：		日期：	
后期剪辑：		存档部门：	

取样分为两种形式：一种是“神秘访客”取样，即由取样人乔装成顾客，在培训对象不知情的情况下与其进行沟通、合作或者进行买卖活动等，事后以取样人对取样对象工作表现的评价和分析为依据，确定培训需求；另一种是客户录音取样，即选取培训对象与顾客对话的录音为需求分析的依据，总结培训需求的信息和数据。

取样分析报告例表如表 2-7 所示。

表 2-7　　取样分析报告例表

取样对象：		岗位：	取样人：
取样时间：		取样地点：	
取样形式（用“√”标出）		□神秘访客　　□客户录音取样	
分析项目	**员工表现**		
工作态度			
专业知识			
工作技能			

续表

分析项目	员工表现
沟通能力	
工作完成情况	
存在的问题	
拟改善的内容	
备注：	
制表人：	日期：

5. 小组讨论法

小组讨论法是指从培训对象中选出一部分有代表性且熟悉企业各类问题的员工作为代表，通过讨论的形式调查培训需求信息。小组讨论法的形式比较灵活，可以是正式的也可以是非正式的，可以通过头脑风暴、组织对照等多种方式进行。

在小组讨论开始之前，会议的组织方要提前确定好讨论的形式和内容，以便有效地控制讨论的方向和进度。会议一般会形成一份讨论记录表，如表 2-8 所示。

表 2-8　小组讨论记录例表

讨论时间：		讨论地点：
讨论形式：		主持人：
小组成员：		
讨论主题：		
讨论项目	**内容**	**结论**
问题一		
问题二		
问题三		
问题四		
备注：		
记录人：		日期：

6. 档案资料法

档案资料法是指利用企业现有的资料，如组织目标、岗位工作说明书、人员分析等档案资料，进行综合分析以确定培训需求。由于档案资料信息纷杂，通常需要利用表格工具进行提炼归纳，如表 2-9 所示。

表 2-9　　档案资料信息归纳例表

归纳人：		归纳时间：
归纳方式（用“√”标出）：	□资料收集	□资料整理
资料份数：		
资料完整情况：		
资料信息分类	**内容**	
企业信息		
外部信息		
管理层信息		
部门信息		
岗位信息		
个人信息		
备注：		
整理人：	日期：	

7. 关键事件法

关键事件法是指通过分析企业内外部对员工或者客户产生较大影响的事件，以及其暴露出来的问题，来确定培训需求的一种方法。常见的典型事件如顾客投诉、重大事故等。表 2-10 给出了关键事件收集例表。

表 2-10　　关键事件收集例表

员工姓名：	部门：	岗位：
访问者：	访问时间：	访问地点：
访问背景陈述：		
访问内容及其描述	工作中遇到哪些重要事件	
	事件发生的情境	
	采取了怎样的应对行动	
	事件结果	
	经验教训	
分析及评价	导致事件发生的原因和背景	
	员工采取的特别有效或多余的行为	
	关键行为的后果	
	员工自己能否支配或控制上述后果	
	员工在事件处理方面欠缺的能力	
备注：		
制表人：	日期：	

8. 自我分析法

自我分析法是指通过培训对象的自我评价，比如对岗位知识、技能、掌握程度等内容的分析，来判断个人培训需求的一种方法。表 2-11 为自我分析例表。

表 2-11　　自我分析例表

<table>
<tr><td>姓名：</td><td>部门：</td><td>岗位：</td></tr>
<tr><th>项目</th><th colspan="2">分析</th></tr>
<tr><td>岗位任务所需条件</td><td colspan="2"></td></tr>
<tr><td>岗位工作胜任情况</td><td colspan="2"></td></tr>
<tr><td>工作成绩</td><td colspan="2"></td></tr>
<tr><td>工作失误及遇到的问题</td><td colspan="2"></td></tr>
<tr><td>自身优点</td><td colspan="2"></td></tr>
<tr><td>个人不足</td><td colspan="2"></td></tr>
<tr><td>应加强哪些方面的学习</td><td colspan="2"></td></tr>
<tr><td>学习目标及学习标准</td><td colspan="2"></td></tr>
<tr><td>学习方式</td><td colspan="2"></td></tr>
<tr><td colspan="3">部门主管意见：</td></tr>
<tr><td colspan="3">备注：</td></tr>
<tr><td colspan="3">年　　月　　日</td></tr>
</table>

9. 培训需求分析方法的使用

（1）培训方法优劣比较

上面提到的培训需求分析方法各有优劣，如表 2-12 所示，企业可以根据自身状况自由选择。

表 2-12　　培训需求分析方法对比表

方法	说明	优点	缺点
调查问卷法	将有关事项转化成问题，以问卷的形式进行调查	成本低；信息比较齐全；可大规模开展	针对性强；很难收集具体信息；难以保证回收率
访谈法	可根据访谈的对象和内容灵活变换形式	方式灵活；信息直接；易得到支持和配合	主观性强；分析难度大；需要高水平的访谈员
现场取样法	包括拍摄和取样	资料直观、真实	实施设备成本高；可能以偏概全

续表

方法	说明	优点	缺点
观察法	到员工的工作岗位上了解员工的具体情况	可以得到有关工作环境的信息；所得资料与培训需求相关性较高	可能会影响观察对象的行为方式；观察结果只是表面现象
小组讨论法	选择有代表性的成员组成小组进行讨论	分析全面；允许当场发表不同观点	持续时间长；需要保证讨论的组织性和结构性
档案资料法	利用现有文件资料综合分析培训需求	耗时少；成本低；信息质量高	不能显示解决办法；需要专家参与
关键事件法	以影响较大的事件来收集培训需求信息	易于分析和总结	事件具有偶然性；易以偏概全
自我分析法	通过个人情况来判断自己的培训需求	信息真实、直接	只代表个人情况

（2）确定需求分析方法

确定培训需求方法，要求企业从自身出发，结合各种方法的优缺点，确定培训需求分析方法的最佳组合。

在选择培训需求分析方法时，有如下建议：第一，使用两种或多种方法进行组合，可以弥补缺点，改进效果；第二，允许培训对象就他们认为重要的问题自由发表意见；第三，做好充分准备，在进行分析之前一定要明确分析目标，找准关键数据和关键人。

不同的企业使用的调研分析方法侧重点也有所不同，例如：一个 20 人的小企业通过访谈法就可以明确每位员工的基本培训需求和岗位差距；而拥有 2 000 员工的企业进行培训需求分析调查时只靠访谈法肯定很难实现，需借助调查问卷法进行规模性调查。在具体调查方法的使用过程中，调查问卷法和访谈法都是自上而下进行的，由于职务、工作性质不同，被调查对象反映的问题不一定是真实情况，这时候就需要采用现场取样法。但是现场取样法在使用时也有一定的局限性，不能覆盖企业管理的各个层面。因此，企业在实际操作中，可以结合自身特点，综合利用各种方法进行培训需求分析，得出培训需求结论。

（三）培训需求分析步骤

培训需求分析可以分为四步，如图 2-2 所示。

1. 前期准备工作

（1）建立员工背景档案

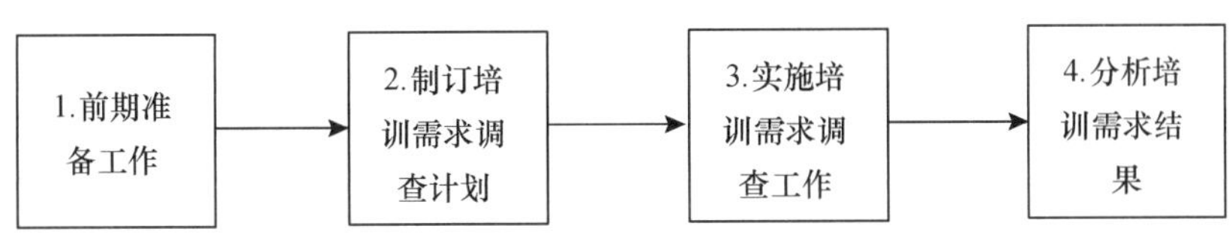

图 2-2　培训需求分析的实施程序

培训部门应建立起员工的背景档案，背景档案应注重员工素质、工作变动情况以及培训历史等内容的记载。

（2）同各部门人员保持密切联系

培训工作的性质决定了培训部门应该和其他部门保持密切的合作，随时了解企业生产经营活动、人员配置情况、企业发展方向等方面的变动，使培训活动更能满足企业的发展需要，更有效果。

（3）向主管领导反映情况

培训部门应建立一种使员工可以随时反映个人培训需求的沟通机制，可以借鉴投稿信箱的方式，或者安排专门人员负责这一工作。当培训部门了解到员工需要培训的要求后要向上级汇报，并汇报下一步的工作，如果这项要求是书面的，在与上级联系之后，最好也以书面形式作答。如果得到的是一项口头要求，培训者可以口头作答，但应把主要内容以书面形式向上级汇报。

（4）准备培训需求调查

培训者通过某种途径意识到有培训的必要时，在得到领导认可的情况下，就要开始调查的准备工作。

2. 制订培训需求调查计划

培训需求调查计划应包括以下四项内容。

（1）确定培训需求调查工作的目标

一般来说，培训需求调查工作应达到的目标，是完全取决于培训的需要。

（2）选择合适的培训需求调查方法

对于大型培训活动，可以数种方法并施，如将调查问卷法和访谈法结合使用，扬长避短，但会增加成本费用。

（3）确定培训需求调查的内容

首先要分析这次培训调查应得到哪些资料，然后除去已有的资料，就是需要调查的内容，培训需求调查的内容不要过于宽泛，这样会浪费时间和费用；对于某一项内容可以从多角度调查，这样易于取证。

（4）确定培训需求调查工作的行动计划

安排活动中各项工作的时间进度以及各项工作应注意的问题，这对调查工作的实施很有必要，特别是对于重要的、大规模的培训。

3. 实施培训需求调查工作

在制订了培训需求调查计划以后，就要按规定的行动计划依次开展工作。实施培训需求调查工作主要包括以下三个步骤。

（1）提出培训需求愿望

由培训部门发出通知，请各部门负责人针对相应岗位工作需要提出培训愿望。

（2）调查、收集、汇总需求愿望

相关人员调查、收集需求信息，汇总来源于不同部门和个人的各类培训愿望，并报告培训管理部门或负责人。

（3）对培训需求调查信息进行归类、整理

对收集到的信息进行分类，并根据不同调查内容的需要进行信息的归档，同时要制作一套表格对信息进行统计，并利用直方图、分布曲线图等工具将信息所表现出的趋势和分布状况予以形象地展示。

4. 分析培训需求结果

（1）对培训需求进行分析、总结

对收集的调查资料进行仔细分析，从中找出培训需求，此时应注意个别需求和普遍需求、当前需求和未来需求之间的关系。培训管理者需要对申报的培训需求从组织层面、作业层面和个人层面进行分析，由企业的组织计划部门、培训组织管理部门以及其他相关岗位和部门共同协商确定。

（2）汇总培训需求意见，确认培训需求

培训部门对已经汇总并加以确认的培训需求列出清单，参考有关部门的意见，根据重要程度和迫切程度排列培训需求，并依据所能收集到的培训资源制订初步的培训计划和预算方案。

（3）撰写培训需求分析报告

对所有的信息进行分类处理、分析总结以后，就要根据处理结果撰写培训需求分析报告，报告结论要以调查的信息为依据，不能仅凭个人主观看法做出结论。

二、任务要求

新生入学培训是高等教育的起点，是增强大学生思想政治教育的重要载体和手段，是具有里程碑意义的重要一课。新生入学培训能够帮助新生树立科学的世界观、人生观、价值观和荣辱观，使其明确学习目的，端正学习态度，增强学习动力，帮助他们了解大学生活特点和基本要求，从而顺利完成从中学到大学的角色适应和角色转变。

为更好地服务大一新生，某高职院校要对该校大一学生进行一次培训需求调查，请你设计相应的调查问卷和访谈提纲。

（一）设计培训需求调查问卷并进行调查

任务解析：调查问卷法是最常用的调查方法之一，设计调查问卷是培训组织人员必备的知识技能。

1. 问卷的基本结构

（1）问卷标题

标题应简明扼要，易于使被调查者的感兴趣，例如“某银行新入职员工培训需求调查问卷”。

（2）问卷说明

问卷开头应设计标准化的指导语，就调查的目的、意义、答题方式等内容做清楚、简洁的介绍，避免被调查者误答、漏答。例如，某公司员工培训需求调查问卷说明：

本问卷旨在了解同事对培训（内容、方式等）的需求情况，您可以根据所在岗位对工作技能的要求、自我发展计划及公司发展对自身素质提升的要求等方面填写本问卷。您的宝贵意见及需求将有助于完善公司的培训安排。这份问卷需要花费您15~20分钟的时间，请您务必在×月×日前填写完成并发送到人力资源部邮箱。感谢您的支持与参与！

（3）调查主体内容

这一部分是问卷的主体和核心，通常是以一系列问句形式提供给被调查者，这部分内容设计的好坏直接关系该项调查所能获得资料的数量与质量。调查问卷上的问题不宜过多或过于分散。一般来说，每份调查问卷应围绕2~3个主题，提出10个左右的问题，控制在15~20分钟回答完毕。

（4）编码

通常在右上角或右下角进行编码，以方便分类整理和统计分析。

2. 提问的方式

问卷中的措辞方式和提问形式会影响被调查者的合作积极性。因此，应选择恰当的提问方式，将调查内容准确无误地传递给被调查者。

(1) 封闭式问题

在调查问卷中列出可供选择的答案，被调查者只需在相应的答案前填写规定的符号即可，这类问题容易回答，便于统计。常用的封闭式问题如下。

1）是非法。给出两个互相排斥的答案，被调查者选取其中的一个即可。

例：您需要管理知识和岗位技能培训吗？需要（　　）　　不需要（　　）

2）选择法。给出几个可供选择的答案，被调查者选取其中的一个或几个即可。

例：您比较喜欢的培训方式是什么？（可多选）（　　）

A. 课堂讲授　　B. 座谈研讨　　C. 拓展训练　　D. 聘请培训师

E. 外派培训

3）排序法。给出不同的答案，被调查者根据自己的认知对答案做出排序。

例：最吸引您参加培训的因素有哪些？（请按重要性进行排序）（　　）

A. 技能的提升　　B. 观念的改变　　C. 自身的发展　　D. 接触更多的同事

4）语义差别分析法。按照语义的差别给出不同的答案，一般将语义分成五个级别，请被调查者选择。

例：您认为本次培训的培训师授课水平如何？（　　）

A. 很好　　B. 较好　　C. 一般　　D. 较差

E. 很差

5）利克特量表法。利克特量表法是一种常用的衡量态度的量表（如表 2-13 所示），即通过被调查者回答某些问题或填写问卷的自我报告形式，将态度转换为可以度量的数值或等级的测定方法。它可以反映两个方面的内容：第一，态度的方向，比如是否满意的基本倾向；第二，态度的深度，指被调查者所持某种态度的量化程度。

表 2-13　　利克特量表

问题	非常满意	满意	一般	不满意	非常不满意
培训内容	5	4	3	2	1
培训形式	5	4	3	2	1
培训师类型	5	4	3	2	1
培训设备	5	4	3	2	1
培训时间	5	4	3	2	1
……	……	……	……	……	……

(2) 开放式问题

在问卷中只列出问题而没有可供选择的答案，这类问题能深入了解被调查者的基本情况，但可能会因开放性而削弱了被调查者的参与性。

常用的开放式的问题包括如下三种。

1）自由回答式。不做任何提示，请被调查者自由回答。

例如：您认为本次培训还有哪些方面有待改进？

2）语句完成式，提出一些不完整的句子，请被调查者续写完整。

例如：当您参加培训时，你最看重的是________________________________。

（3）半开半闭式问题

问卷中给出部分答案的同时，又留有余地，让被调查者自由发挥。这种问题既方便回答，又容易深入调查研究。

例：您认为公司的培训重点应该是（　　）。

A. 企业文化　　B. 入职教育

C. 规则制度　　D. 专业技能

E. 核心管理技能　　F. 营销策略

G. 其他__________________

3. 问卷设计要点

（1）问卷的开头语必须亲切，且引人注意。

（2）文字表述清晰、明确。

（3）禁止使用诱导性的提示。问题中所选用的词最好是中性词，避免诱导对方的回答，如“许多人认为在培训师应具备的素养中，渊博的知识是最重要的，您赞同吗？”这一问题就有明显的诱导性。

（4）问题通俗易懂，尽量使用朴素、口语化的语言。

（5）尽量用肯定的语言明确问题的含义。

（6）避免过于敏感的问题。

（二）设计培训需求访谈提纲并实施、记录

1. 设计访谈提纲

一般在访谈之前都要设计一个访谈提纲，明确访谈的目的和所要获得的信息，列出所要访谈的内容和要提出的主要问题。

（1）编写访谈提纲前的准备

第一，选题准备。首先要确定调查的对象，选择调查和撰写的角度。确定的题目要大小适中，选择的角度要有新意、不落俗套。

第二，理论准备。调查报告要有观点、有分析、有议论，这都需要有一定的理论修养，所以在确定了选题后，就应该学习与此专题有关的方针、政策和法律法规。

第三，思想准备。要以唯物论的观念来端正调查态度，深入基层、深入实际、深入群众，不能想当然、走形式、感情用事、人云亦云。

第四，提纲准备。要列出调查计划，包括调查对象、调查内容、调查重点、调查方法、调查时间以及注意事项。

（2）访谈提纲设计

访谈提纲应包括以下八部分的内容：

第一，确定访谈目的；

第二，确定访谈方式；

第三，确定访谈对象；

第四，确定问题提纲；

第五，确定访谈步骤；

第六，设想可能遇到的问题；

第七，设想解决的方法；

第八，采访前要携带的器材备注。

案例：关于“广州某公司培训周活动”的访谈提纲

一、访谈目的

了解此次培训活动的影响及培训对象的反应。

二、访谈方式

面对面访谈。

三、访谈对象

各部门中层、高层领导。

四、提问提纲

（一）访谈开场语

您好，我是负责本次培训周活动的×××，现在在做一个关于这次活动的专题调查，最多耽误您3分钟的宝贵时间完成这个访谈。本次访谈主要通过问答形式进行，访谈内容将严格保密！为保证访谈的有效性，请真实地回答每个问题，如果没有疑问的话，我们就开始吧！

（二）访谈对话

（1）您支持本次培训周活动吗？

（2）您认为公司现在有哪些培训需求？什么原因促使公司开展这方面的工作？

（3）您认为本次培训周的培训应该覆盖整个公司的所有业务单元，还是侧重于最重要的部门？

（4）您认为何种形式或方法可以最快、最有效地达到期望的培训效果？

（5）您认为何种形式或方法会使培训最困难、最没有效果？

（6）您认为此次培训的预算大概是多少合适？

（7）您认为是强制培训还是自愿参与更合适？

（8）您对此次培训有什么看法？

五、访谈步骤

（1）观察活动现场；

（2）选取对象；

（3）开始访谈并记录；

（4）访谈的反思与评估。

六、可能遇到的问题

（1）被访者拒答；

（2）访谈地点干扰性大；

（3）访谈过程中被访者不耐烦；

（4）访谈过程中被第三者打断；

（5）被访者敷衍回答。

七、设想解决的方法

（1）选取适当的访谈对象，明确告知其目的；

（2）选择适当的访谈时机和地点；

（3）尽量速战速决；

（4）可以一对多进行访谈，形成交流小组的形式；

（5）如果对象敷衍回答，应尽早结束访谈，并将此次访谈作废。

八、访谈前要携带的器材备注

（1）笔记本、笔及相关个人证件；

（2）录音笔；

（3）访谈提纲。

（3）设计访谈时应注意的问题

第一，访谈题目既要精练，又要表述清晰；既要有学术性，又不能太学术化；既不能因为精练而语焉不详，又不能因为学术性而使得语言晦涩难懂。

第二，访谈题目之间既是并列关系，也是递进关系，不能是重叠、重复或相互包含的关系；各访谈题目构成总主题的各个方面，换言之，总目标是各分题目的逻辑总和。

第三，访谈的题目不宜太多太细，一定要有针对性，问题要具体，更多采用开放性而非封闭性的问题，避免出现简单的是否题，同时也要避免出现诱导性的题目。一般而言，访谈题目以6~8个为宜，最好不要超过10个。

第四，自己使用的访谈提纲要简明、全面，把各要点罗列清楚，切忌过分复杂，不知所云。

2. 实施访谈，并做好访谈记录

在实施访谈的过程中，要准确捕捉信息，及时收集有关资料。访谈法收集资料的主要形式是“倾听”。“倾听”可以在不同的层面上进行：在态度上，访谈者应该是“积极关注地听”，而不应该是“表面上或消极地听”；在情感层面上，访谈者要“有感情地听”和“共情地听”，避免“无感情地听”；在认知层面，要随时将受访者所说的话或信息纳入自己的认知结构中加以理解和同化，必要时还要与对方进行对话和平等的交流，共同建构新的认识和意义。另外，“倾听”还需要特别遵循两个原则，即不要轻易地打断对方原则和容忍沉默原则。

访谈者不只是提问和倾听，还需要将自己的态度、意向和想法及时地传递给对方。回应的方式多种多样，可以是诸如“对”“是吗”“很好”等言语行为，也可以是点头、微笑等非言语行为，还可以是重复、重组和总结。

为及时做好访谈记录，一般还要录音或录像，但要征得对方同意。

（三）任务完成常用实际业务工具

为了完成任务所使用的调查方法、调查形式以及调查统计工具如表2-14所示。

表2-14　　调查方法、调查形式和调查统计工具

调查方法	调查形式	调查统计工具
调查问卷法	纸质问卷人工派发	SPSS软件、Excel等
	电子问卷网络派发	“问卷星”“问卷网”等网络工具
访谈法	面对面访谈、电话访谈等	纸、笔、录音笔、录像设备等

1. “问卷星”调查问卷范例

新员工培训调查问卷

*1. 您的性别：

○A. 男　　　　　○B. 女

＊2. 您的年龄：

○A. 25 岁以下　○B. 26~35 岁　　　○C. 36~45 岁　　　○D. 45 岁以上

＊3. 您对本人的工作岗位是否满意？

○A. 很满意　　○B. 满意　　　　○C. 一般　　　　○D. 不满意

○E. 极不满意

＊4. 您认为培训多长时间合适？

○1 天

○2~3 天

○3~5 天

○一周以上

＊5. 您认为新员工培训首先要解决的问题是什么？

○企业文化

○工作流程

○心态调适、职业素养

○公司规章制度

○工作技能技巧

○公司办公系统

○其他

＊6. 您认为在今后的工作中哪些方面可以通过培训提升？

○人际关系技能

○职业素养

○工作技能

○团队建设

○领导能力

○管理技能

○产品知识

○业务知识和专业技能

＊7. 您最喜欢的培训方法有哪些？

○课程讲授

○角色扮演

○案例研讨

○培训游戏

○拓展训练

○实战模拟

*8. 通过入职以来的培训，您对公司和部门有哪些建议？

提交

2. 访谈提纲范例

培训需求访谈提纲范例如表 2-15 所示。

表 2-15 培训需求访谈提纲范例表

序号	访谈问题	记录要点
被访谈者姓名：		职务：
		所在部门：
访谈者姓名：		地点：
访谈时间：		
1	能否请您先介绍目前的工作内容	
2	目前部门内有哪些培训	
3	为了达到您的工作期望，您希望提升哪些关键能力	
4	您认为本部门的优秀员工应具备哪些优秀特质	
5	您认为部门同事之间的配合是否默契？团队凝聚力如何	
6	您认为哪些方式能提高您的工作积极性和创造性	
7	您认为日常工作中最大的困惑是什么？经常会遇到哪些难题	
8	请列出您认为提升绩效最紧迫的三个培训重点	
9	对于公司内部培训师和外部培训师授课，您更倾向于哪一种	
10	如果有机会，您是否愿意担任内部培训师，向同事分享您的经验和技巧	

三、多种方法模拟培训需求调查任务评价指标与标准

多种方法模拟培训需求调查任务评价指标与标准如表 2-16 所示。

表 2-16　　多种方法模拟培训需求调查任务评价指标与标准

任务名称	指标	权重	标准（5级评分法）				
			5分	4分	3分	2分	1分
设计培训需求调查问卷并进行调查	培训需求调查问卷格式的规范性	20%					
	培训需求调查问卷内容的合理性	20%					
	调查过程的规范性	20%					
	数据处理的合理性	20%					
	能否按时完成任务，任务完成的质量	10%					
	团队合作性	10%					
	小计	100%					
设计培训需求访谈提纲并实施、做记录	培训需求访谈提纲的规范性与专业性	20%					
	培训需求访谈记录的规范性与合理性	20%					
	调查过程的规范性	20%					
	访谈报告的质量	20%					
	团队分工合作效果	20%					
	小计	100%					

任务 3　撰写培训需求分析报告

一、知识准备

（一）培训需求调查数据处理

1. 培训需求信息分析的原则

对培训需求信息进行分析需遵守以下四点原则。

（1）审查准确性和一致性

对收集的数据必须进行审查，以确保信息的准确性和一致性，要尽可能消除不正确的、不充分的或极端的数据。因为，准确性是最基本的要求，只有数据本身具有较高的准确性，对信息和数据的分析解释才会可靠。如果不能确保数据的准确性，那么整个过程中的其他步骤也就毫无意义。

（2）使用所有相关的信息和数据

在多数分析活动中，得到改进是进行分析的人员渴望得到的结果，但是分析本身可能存在偏差。得到改进并非是总能实现的事情，而有些结果既有正面作用又有负面作用。人们通常希望消除那些不能支持所期望效果的数据，这是不正确的，应该使用所有相关的数据。如果没有使用某项数据，那么就应该解释清楚为什么将其删除。

（3）对个人信息保密

所收集的数据通常包括每个员工的绩效情况。在对数据进行分析和解释并报告结果时，应该将信息保密视作一个重要问题，除非有其他措施可以防止数据被公开。在收集数据的过程中所采用的保密制度，也应该用在分析和报告阶段。此外，还应该在评估开始之前将信息保密的细节明确告知员工。

（4）尽量使用最简单的统计方法

统计方法有很多种，在分析统计过程中应尽量选用适合的、简单的统计方法，遵循成本效益原则应尽量避免不能提高效益的额外分析。

2. 以“问卷星”为例介绍调查数据的处理

通过线上回收的调查问卷，可以直接通过“问卷星”查看数据统计结果。

（1）分类统计

通过分类统计中的分类筛选，可以选择不同的分类标准查看统计结果，如图 2-3 所示。

图 2-3　“问卷星”分类统计

例如，可以性别为分类标准，分别得到女性培训需求和男性培训需求的统计图表；

以部门作为分类标准，可以得到各个部门的不同培训需求统计图表；还可以以性别和部门同时作为分类标准，得到不同部门男性、女性的不同培训需求统计图表。

（2）交叉分析

“问卷星”网站可以设定一个或多个自变量和因变量，从而得到自变量取不同值时因变量的数据分析结果，并以数据表格或折线图、柱状图等方式呈现，如图 2-4 所示。

图 2-4 “问卷星”交叉分析

例如，以部门为自变量、培训满意度为因变量进行交叉分析，可以得到各部门员工满意度对比情况数据统计图表；以部门和性别为自变量、满意度为因变量进行交叉分析，可以得到各部门男性员工和女性员工满意度对比情况数据统计图表；以年龄和性别为自变量、培训意愿为因变量进行交叉分析，可以得到不同年龄和性别的人群的培训意愿数据统计图表。

（3）文字主观题自动归类分析

对于文字形式的主观题，“问卷星”可以自动提取所有答案中包含的关键词并统计，然后以饼状图、柱状图、条形图、折线图来呈现统计结果。

（4）利用“问卷星”录入纸质版数据

可以通过“问卷星”把回收到的纸质调查问卷手动录入为 Excel 和 SPSS 格式的数据，可以多人同时利用电脑、手机等设备录入，但需保持数据格式一致，如图 2-5 所示。

实施步骤如下：

第一，在“问卷星”上创建一份与线下调查相同的问卷；

第二，获取问卷的链接，开始录入。

图 2-5　利用“问卷星”录入纸质版数据

但需要注意以下事项：

第一，为更加快速地录入数据，可以把问卷的链接放在问卷结束后呈现的感谢信息中（如图 2-5 的设置）。这样录完一份数据后，就可以立即录入下一份。

第二，因为纸质问卷可能会出现缺失数据的情况，建议在编辑问卷时，设置所有题目为非必答题。

（二）培训需求分析报告的内容

撰写培训需求分析报告的目的在于掌握不同层级员工对培训的实际需求，找出各层级员工对培训的共同需求，并以此为基础规划下一阶段培训的方向、时间安排及培训方式。

1. 培训需求分析报告的主要内容

（1）标题。标题是对整个培训需求分析报告要点的概述，要求简明扼要。

（2）培训需求分析实施的背景。即员工产生培训需求的原因或期望。

（3）开展培训需求分析的目的和性质。

（4）培训需求分析的调查对象。

（5）培训需求分析的调查方法及实施过程。

（6）培训需求分析调查的主要内容。

（7）培训需求分析调查的分析结果。

（8）培训计划建议。

（9）附录。附录包括收集和分析资料用的图表、问卷、部分原始资料等。

2. 生成培训需求调查报告

利用“问卷星”在线上回收答卷之后，系统会自动进行分析统计，用户能查看和下载调查报告，可选择默认调查报告和自定义分析的调查报告，如图 2-6 所示。

默认报告	分类统计	交叉分析	自定义查询

图 2-6 “问卷星”默认报告生成

二、任务要求

根据上一任务收集的“新生入学培训”数据分析结果及访谈总结，按要求完成下列具体工作。

（一）撰写培训需求分析报告

依照培训需求分析报告的要求撰写即可，在撰写过程中要注意以下四个问题：

（1）报告中各项情况的分析和说明，必须有出处、有依据，不能主观臆造；

（2）报告内容要全面，基本涵盖以上九项内容；

（3）表述要准确，尤其是“培训计划建议”部分的表述要准确无误，避免发生歧义；

（4）简明扼要，具有很强的说服力。

参考案例：中层管理人员技能培训需求分析报告

一、培训需求分析实施背景

××××年××月，通过对中层管理人员进行年度培训需求调查，了解到企业现任的中层管理人员大部分在现任的管理岗位上任职时间较短，并且大多是从基层管理职位或各部门的业务骨干中提拔上来的。

通过需求调查分析，把管理技能的提升列为中层管理人员需要培训的重点内容之一。

二、调查对象

企业各职能部门主要负责人（共计40人）。

三、调查方式及主要内容

1. 调查方式：访谈、调查问卷

（1）访谈。由人力资源部经理作为培训需求分析的主要负责人，同企业各职能部门负责人（共计40人）分别进行面谈，并与企业部分高层分别就这40人的工作表现进行沟通。

（2）调查问卷。调查问卷共发出40份，回收有效问卷35份。

2. 调查的主要内容及分析

（1）岗位任职时间：从表2-17可以看出，50%的中层管理者到现任职位的时间不足一年，这足以说明其管理经验不足。

表2-17　岗位任职时间调查表

任职时间	1~6个月	6个月~1年	1~2年	2年及以上
中层管理者人数（人）	4	16	8	12
所占比例（总人数40人）	10%	40%	20%	30%

（2）管理幅度：从表2-18中可以看出，20%的中层管理者的直接管理人员在10人及以上，40%的中层管理者的直接管理人员在4~6人。目前有8个管理者没有直接管理的下属，但只是暂时的，因为企业对这部分业务正在进行调整或重组，所以管理者的角色认知是其必备的管理知识之一。

表2-18　管理幅度调查表

管理幅度（人）	无	1~3	4~6	7~9	10及以上
中层管理者人数（人）	8	0	16	8	8
所占比例（总人数40人）	20%	0	40%	20%	20%

（3）制订工作计划：从在访谈及回收问卷中获得的信息来看，大多数中层管理者是以月或者季度作为制订计划的时间单位的，很少有人制定长期规划。并且在具体制订计划的过程中，在如何围绕总目标制订具体的可行性计划、如何确保计划的实现等问题上，他们存在着诸多不足之处，因而制订工作计划将是培训的重要内容。

（4）有效授权与激励：授权和激励是管理者的重要管理技能之一，根据培训需求调查的结果来看，35 人都表示自己会授予下属一定的权限并激励员工，但在工作中具体如何操作，40%的人员表示希望得到此方面的培训。

（5）高效团队的建设：团队作用发挥得好，就能产生 1+1>2 的效果，至于如何带领及组建一支高效的团队，60%的人员表明自己缺乏这方面的技巧。

（6）员工培训：所有作为此次培训对象的管理者都会对下属员工进行培训，但只有 10%的管理者制订了员工培训计划且认真执行，10%的管理者认为没有时间对下属进行培训。由此可以看出，他们大都意识到对下属进行培训的重要性，但真正能落实的人比较少，而且他们对于培训技巧还需要学习。

四、培训计划建议

（1）时间安排。培训时间：××日至××日，共计××天。

（2）课程设置安排（见表 2-19）。

表 2-19　　中层管理人员培训课程安排一览表

培训课程	培训课时
管理者的角色定位与主要工作职责	2
部门工作计划的制订与执行	4
有效的授权	4
员工激励	4
高效团队的建设	4
培训技巧	3
如何与上级领导进行有效沟通	2
如何与下属员工进行有效沟通	2

（二）制作汇报 PPT 并汇报

工欲善其事，必先利其器。PPT 是汇报的一种辅助手段，目的是让听众通过图片、表格、视频等表现手法，更加清楚地了解汇报内容。制作汇报 PPT 的步骤如下。

（1）明确汇报思路。即确定要将培训需求分析报告分成哪几部分进行汇报，需条理清晰、主题鲜明。

（2）组织素材。即提前准备好汇报所需的图片、表格、视频等资料。

（3）选择 PPT 模板或自行设计符合主题的 PPT 模板。

（4）将汇报素材按照设计好的思路放入 PPT 中，并完成 PPT 排版、切换、动画等设计。

（5）预演排练。

（6）正式汇报。

在汇报培训需求分析报告时需注意，PPT 只是汇报的辅助手段，需要图文并茂，而不是简单的文字搬家，切忌大篇幅的文字堆积。主题鲜明、条理清晰、图文并茂的 PPT 和精彩的讲解才能发挥最大的功效。

在利用 PPT 进行汇报展示时，汇报成员应该穿着得体、谈吐大方、不怯场、思路清晰。

（三）任务完成常用实际业务工具

任务要求与任务完成所需的辅助工具见表 2-20。

表 2-20　　任务完成所需的辅助工具

任务要求	任务完成所需的辅助工具
撰写培训需求分析报告	调查问卷分析报告、访谈法分析报告等
制作汇报用 PPT	PPT 模板、调查问卷分析报告、电脑等
利用 PPT 进行汇报	投影、音响设备、电脑等

培训需求分析报告数据统计范例如下。

（1）您认为公司对培训的重视程度如何？如图 2-7 所示。

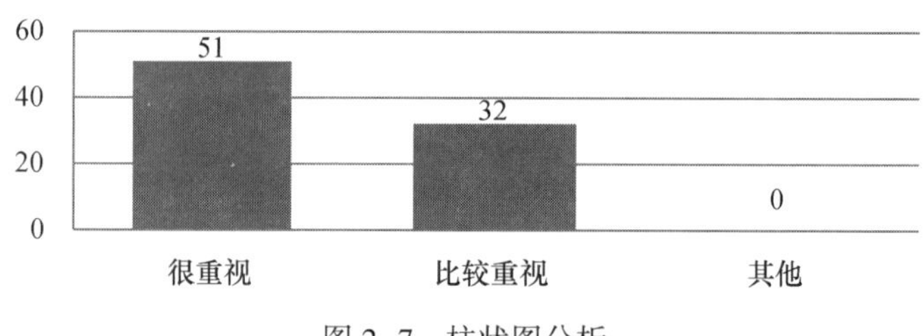

图 2-7　柱状图分析

（2）对于培训中培训师的授课水平，您认为如何？如图 2-8 所示。

图 2-8　饼状图分析

（3）您认为目前影响培训效果的因素是什么？如图 2-9 所示。

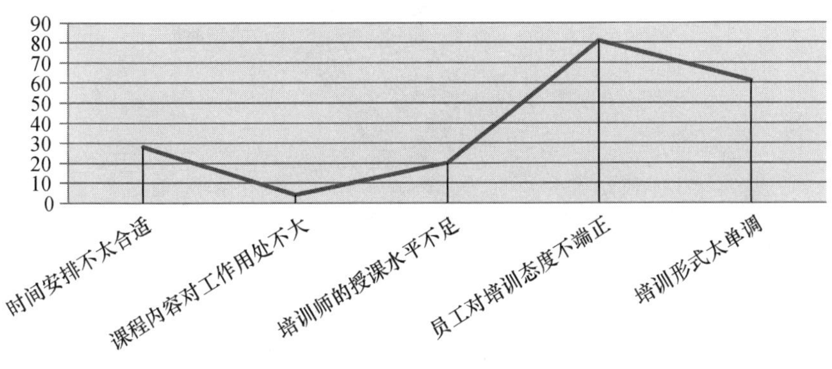

图 2-9　折线图分析

（4）您认为目前公司培训需要改进的地方是什么？如图 2-10 所示。

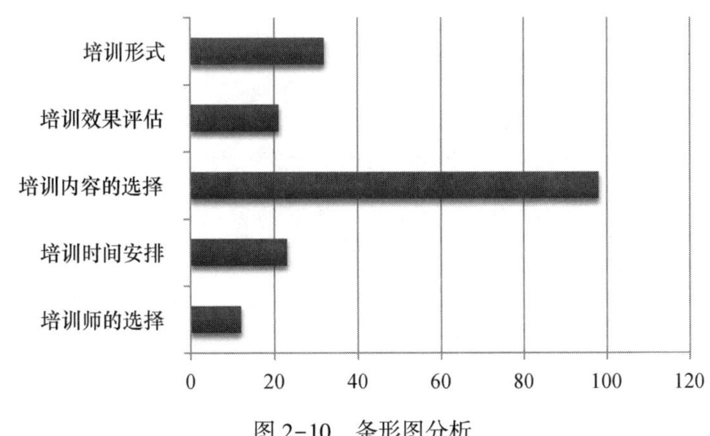

图 2-10　条形图分析

（5）您最喜欢的培训方式是什么？如图 2-11 所示。

（6）您认为公司的培训重点应该是什么？如图 2-12 所示。

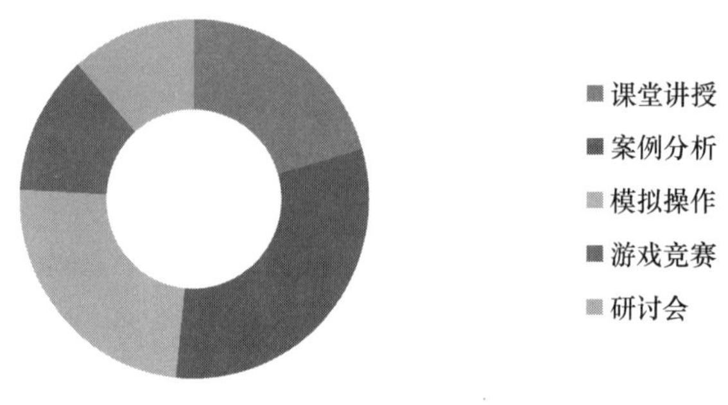

图 2-11　环形图分析

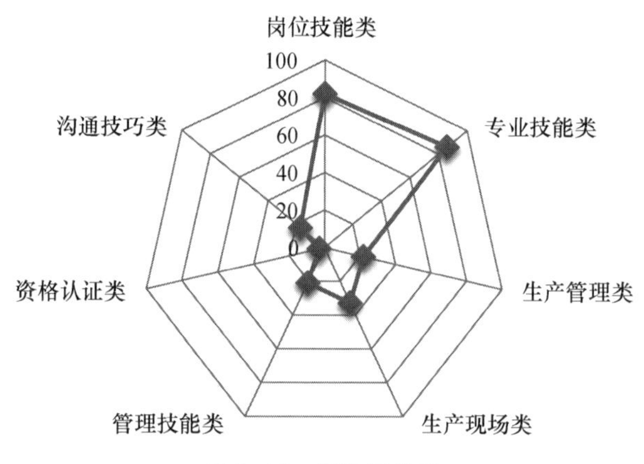

图 2-12　雷达图分析

三、撰写培训需求分析报告任务评价指标与标准

撰写培训需求分析报告任务评价指标与标准如表 2-21 所示。

表 2-21　　撰写培训需求分析报告任务评价指标与标准

任务名称	指标	权重	标准（5 级评分法）				
			5 分	4 分	3 分	2 分	1 分
撰写培训需求分析报告	培训需求分析报告的规范性	20%					
	培训需求分析报告的完整性	20%					
	培训需求分析报告内容与观点的合理性	40%					
	团队合作性	20%					
	小计	100%					

续表

任务名称	指标	权重	标准（5级评分法）				
			5分	4分	3分	2分	1分
制作汇报PPT并汇报	汇报PPT设计的美观性	20%					
	汇报PPT内容的合理性	20%					
	现场汇报效果	20%					
	时间掌握	20%					
	团队分工合作效果	20%					
	小计	100%					

练习题

一、选择题

1. 现代培训活动的首要环节是（　　）。

A. 培训需求分析　　B. 培训效果评估

C. 培训计划设计　　D. 培训方法选择

2. 培训需求中要考虑的因素主要有（　　）。

A. 学员背景

B. 学员的知识、技能

C. 学员的希望和要求

D. 管理者和员工对培训的态度、环境因素等

E. 学员对培训的态度

3. 培训需求分析的内容为（　　）。

A. 组织分析　　B. 任务分析　　C. 个人分析　　D. 单层次分析

4. 培训需求分析的方法主要有（　　）。

A. 调查问卷法　　B. 访谈法　　C. 观察法　　D. 现场取样法

E. 小组讨论法　　F. 关键事件法

5. 培训需求分析报告的数据统计，可以利用的统计工具有（　　）。

A. Excel 表格统计　　B. SPSS 软件统计

C. “问卷星”统计

二、判断题

1. 培训需求分析既是确定培训目标、设计培训规划的前提，也是进行培训评估的基础，因而成为培训活动的首要环节。 ( )

2. 调查问卷法是最普遍也最有效的收集资料和数据的方法之一，一般由培训组织者设计一系列培训需求相关问题。目前的调查问卷只能以书面问卷的形式发放给培训对象，待培训对象填写之后再收回进行分析。 ( )

3. 访谈法是数据收集的一种重要方法，是指为了得到培训需求的数据和信息，与访谈对象进行面对面交流的活动过程。 ( )

4. 培训需求分析报告中各项情况的分析和说明简明扼要即可，不用必须标明出处或依据。 ( )

5. PPT 是汇报培训需求报告的一种辅助手段，关键还是看报告内容，所以不用太花心思去制作 PPT。 ( )

三、填空题

1. 一般来说，每份调查问卷应围绕________个主题，被调查者回答问题的时间控制在________分钟。

2. 培训需求分析报告的主要内容包括：

____

____

四、案例分析题

某公司是一家高科技生产企业，随着公司生产规模和市场的不断扩大，现有员工的综合素质无法满足公司发展的需要。针对公司频频出现的技术问题和管理部门管理不到位等一系列问题，为全面提升员工的技能和素质，公司决定定期举办专门的培训。为了更好地完成预定的目标，公司有关领导请负责培训的主管尽快制定出一份详细的公司培训需求分析报告。

请结合本案例，说明该公司培训需求分析报告应包括哪些内容。

项目三

培训对象及内容分析

本项目按培训对象进行培训内容的阐述，主要分为新员工培训和在岗员工培训两大类，分别以不同培训内容为导向进行学习。

【项目导入】

一、主题案例

华为新员工培训案例①

如今，华为能成为世界一流的企业，不仅因为公司战略清晰、员工艰苦奋斗，还和其多年来一直狠抓培训密切相关。新员工培训是公司培训的一个重要组成部分，为了做好新员工培训，华为做了大量的工作。

（一）华为新员工入职培训的“721 法则”

华为对新员工培训进行了大刀阔斧的改革，不再采用网络化授课方式，而是采用“721 法则”进行员工培训。所谓的“721 法则”，即 70%的能力提升来自实践，20%来自导师的帮助，10%来自课堂的学习。这一培训法则的变革，是华为为应对各方面变化做出的调整，并据此合理安排各个阶段的培训时间和内容，强调“实践出真知”，以及实践对新员工未来成长的重要性，也给新员工一个明确的信号，就是要想有所作为，就必须扑下身子实干。华为的这一观点，也反映了华为务实的工作态度。

① 资料来源：http://www.hrsee.com/? id=1041；https://www.bilibili.com/video/av44993538；https://v.qq.com/x/page/v0892f9izcf.html.

（二）华为新员工入职培训的三个阶段

华为新员工入职培训主要分为三个阶段：从入职前的引导培训，到入职时的集中培训，最终到在岗的实践培训。这三个阶段的培训流程实实在在走下来，基本上要持续6个月，所以也称为“新员工入职180天详细培养计划”。

第一阶段：入职前的引导培训

华为的校园招聘一般安排在每年的11月份，对拟录用并分配到各个业务部门的高校毕业生，在他们入职之前，华为会为每个人提前安排导师。为了能更好地降低由于大学生还未入职带来的风险，华为要求员工导师必须定期给将入职的员工打一次电话，通过电话了解他们的个人情况、精神状态、毕业论文进展、毕业离校安排等。如果毕业生确实想加入华为，在这个过程中导师会给他们安排一些任务，提前让他们了解一些岗位知识，看一些书籍和材料，提出岗位知识的学习要求等，让他们做好走上工作岗位的思想准备。

第二阶段：入职时的集中培训

这个阶段比较简单，主要围绕着华为的企业文化展开，包括规章制度的设立等，这个阶段一般持续5~7天。外媒曾报道过华为数百名新员工早上6：30走出宿舍，绕着面积巨大的华为深圳总部慢跑，这种方式类似于我们熟知的军训。另外，华为的新员工都要学习华为总裁任正非在华为创业之初写的文章《致新员工书》，还要集体观看一部电影《那山那人那狗》。

第三阶段：岗前的实践培训

在这一阶段，新员工要在华为导师的带领下，在一线真实的工作环境中锻炼和提高自己。当然，不同岗位的新员工，其培训的内容和方式还是有很大差别的。比如要派往海外的营销类员工，他们必须首先在国内实习半年到一年，通过实践掌握公司的工作流程和工作的方式方法，熟悉业务后再派到海外。对于技术类员工，公司会先带他们参观生产线，了解生产线上的机器，让他们看到实实在在的产品。研发类员工在上岗前，会安排做很多模拟项目，以便快速掌握一门工具或工作流程。

（三）华为新员工入职培训的“导师制”

华为在员工培训上采取的是“导师制”的政策，且华为是我国最早实行这一政策的企业。华为在实行“导师制”政策上颇有心得。华为在选拔导师时有两个条件，一是绩效必须好，二是要充分认可华为的企业文化。同时，一名导师名下不能有超过两个学员，以保证传授的质量。在华为，导师也被称为“思想导师”，因为他们不仅要负责指导新员工的工作，而且要定期与新员工进行沟通，了解他们的思想状况，对于外地员工还要帮助他们解决吃住问题，甚至还包括解决个人情感问题。

虽然做导师不易，但有成熟的制度作保障。华为对导师有相应的激励政策：一是晋升限制，规定凡是没有担任过导师的人，不能得到提拔；二是给予导师补贴，补贴会持续发放半年；三是开展年度“优秀导师”评选活动，以及导师和新员工的“一对红”评选活动，在公司年会上进行隆重表彰。这些措施，激发了老员工踊跃担任导师的积极性和带好新员工的责任感。

案例分析

培训对象的不同决定了培训的内容、方式、方法等方面应有差异。从主题案例中可以看到，华为针对新员工的培训从内容到方式方法上均具有鲜明的特点。首先，将新员工培训视为一个长期过程，而不是一个单一的阶段甚至是几天的集中授课，并且将这一过程与新员工融入组织和其他的工作过程有机地融为一体。其次，特别重视老员工的“传帮带”作用，对于导师既有明确的选拔标准，同时也有良好的激励措施，不仅培训了新员工，从另一个角度看也提升了老员工。最后，注重理论与实践相结合、文化与技能相结合、解决单一问题与提升综合素养相结合。

二、学习目标

1. 掌握新员工培训的特点与内容。
2. 掌握各类在岗人员培训的特点与内容。
3. 熟练编写并制作员工培训方案。

任务 4　模拟新员工培训

一、知识准备

新员工是一个相对概念，指新获得一份工作、走上一个岗位或组织的所有员工，一般包括无工作经验的应届毕业生以及具备一定工作经验的社会再就业人员。新员工是员工队伍的“新鲜血液”，是影响企业未来发展的重要力量。

（一）新员工特点分析

1. 心理特点

由于新员工刚刚进入企业，面对一个完全新鲜、陌生的环境，他们的行为举止和内心体验感受都会发生一些或大或小的改变。在进入新环境时，从心理学的角度来看，员工在心理上存在以下特点。

（1）新鲜感

所谓新鲜感，就是由于他们刚刚接触新工作、新任务，又到了一个新环境，同时还要接触新同事，一切都是新的。知识经济时代的员工更注重自身的职业发展，他们非常关注公司提供的发展平台、晋升渠道等，关心能否良好地发展。他们有做好新工作的热情，有一种自我挑战的欲望。

（2）陌生感

有新鲜感自然而然就会有陌生感。无论是刚踏入社会的应届毕业生还是已经身经百战的职场人，在进入一个新的公司时，由于缺乏对企业的了解，工作环境是第一次接触，工作任务是第一次接触，同事是第一次接触，这些第一次，使他们感到生疏和不适应，不知道工作该怎么干，不知道新的同事是否友善，不知道领导是否好相处。

（3）畏惧感

畏惧感是由陌生感引起的。任何人到了一个陌生的环境都会产生这种感觉，不同人感觉的强烈程度不同。对于新员工来说，这种感觉尤其强烈，对新工作、社会环境、社会状态都存在畏惧感。不知道自己以一个什么样的态度对待新工作，不知道怎么样和同事交往，这时他们的心理压力在无形中增大，背上了思想包袱，不自觉地就会在心里产生一种自我保护意识，对于不符合自己意愿的现象就会产生强烈的抵触情绪。

2. 行为特点

基于心理特点，新员工在行为的表现上具有以下特点。

（1）工作主动性强

刚入职的新员工内心充满了新鲜感，一定程度上激发他们在工作中的主动性。在一个陌生的环境中，新员工想尽快地了解企业概况、价值观念、规章制度、工作任务等。同时，为了能顺利度过试用期或脱颖而出，他们的工作态度更加端正，往往会比老员工更主动地去了解需要完成的工作任务，与同事沟通，去适应新的环境。他们也倾向于主动地寻求帮助，解决新工作中遇到的问题。

（2）工作素质较高

企业招聘新员工的目的主要是补充现有岗位或新设立岗位人员的不足，这个不足既包括数量的不足也包括质量的不足，而质量是满足人员需求的核心。基于此，素质能力高低成为求职者能否顺利成为企业一员的关键。往往素质能力较高的求职者更容易应聘成功，这样使得新员工比老员工具备更高的综合素质能力。较高的工作素质，促使他们能更好地胜任工作，将企业增加的显性的人力成本转化为隐性的人力资源，从而更好地推动企业的发展。

（3）工作效率较低

虽然新员工是根据岗位的任职资格进行层层筛选最终进入企业工作的，但是入职后对于企业的规章制度、企业文化、办事流程、同事等都存在一个逐步熟悉的过程。他们所从事的工作很大可能是他们之前没有做过的，即使有所涉及，所处的现实环境也大不相同，需要一个磨合适应期，这就导致了他们在工作中不可能像老员工一样，能够快速高效地完成工作任务。他们工作任务的完成更多需要老员工的指导帮助，才能得以顺利推进。

（4）团队协作较差

团队协作是提高企业效率的重要手段。新员工进入企业之后，他们会担心自己能否被其他员工接纳，上级、同事是否会帮助自己等。因为畏惧感、陌生感，他们甚至会陷入不知道怎样与上级、同事相处的困境。这时候，新员工就倾向于“摸着石头过河”，慢慢地了解上级、同事，逐步融入工作团队中，建立与上级、同事之间的默契，而这一过程的团队协作是不尽如人意的。

（二）新员工培训基本理论

新员工培训是企业管理新员工不可缺少的重要环节。新员工培训需要一定的理论支撑，才能保证新员工在培训中获益良多，从而更好地为企业创造财富。新员工培训可依托的基础理论主要有马斯洛的需求层次理论、柯氏四级评估模型和舒伯生涯发展理论。

1. 马斯洛的需求层次理论能够提升新员工培训的价值

马斯洛需求层次理论在现代行为科学中占有重要地位，是美国行为科学专家亚伯拉罕·马斯洛于 1943 年提出的，其基本内容是将人的需求从低到高依次分为生理需求、安全需求、社交需求、尊重需求和自我实现需求。马斯洛认为，这些需求都是按照先后顺序出现的，当一个人满足了较低层次的需求之后，才会出现较高层次的需求。

在新员工培训中，企业要充分考虑新员工的需求层次，有的放矢，有针对性地开设培训项目，才能提升新员工培训的价值。

2. 柯氏四级评估模型可以检验新员工培训的效果

柯氏四级评估模型由国际著名学者柯克帕特里克教授于1959年提出，是世界上应用最广泛的培训评估工具。柯氏培训评估模型主要从反应、学习、行为、成果四个方面对培训进行评估，具体内容在后文中有专门的章节进行详述。

柯氏四级评估模型能够对整个新员工的培训过程进行系统的跟踪评估，一方面可以检验新员工培训的有效性，另一方面也有利于进一步完善企业新员工培训体系。

3. 舒伯生涯发展理论有利于提高新员工培训的针对性

1953年，美国著名职业生涯规划大师舒伯提出生涯发展理论。在舒伯的理论中，无论是早期的生涯发展论还是晚期的生涯建构论，都强调人的个体差异，以及与之相适合的生涯发展阶段、生涯角色、生涯模式、生涯成熟情况等。舒伯将一个人的职业生涯发展划分为一系列的生命阶段，包括成长、探索、建立、维持和衰退五个阶段，这五个阶段是可以和人一生的发展周期相匹配的，各阶段之间又有“转换期”，通常环境或个人的一些不稳定因素会对其产生影响。成长、探索、建立、维持到衰退这一连串纵贯式的生命全周期发展是一个人生涯发展程度的标志，也包括了个人在不同阶段所要发展的具体任务。舒伯有关生涯发展的五阶段理论，强调从主观动态发展的过程中探寻职业的最佳选择，通过对不同阶段的具体发展任务或角色的划分，帮助个人更好地思考个人生涯发展之路。从舒伯生涯发展理论不仅可以看出人在不同的阶段有不同的重点发展任务，而且在同一发展阶段的不同时期也有不同的重点发展任务。

因此，在新员工的培训过程中，要充分考虑新员工生涯发展所处的阶段以及他们在这个阶段的重点发展任务，有针对性地设计差异化的培训内容，引导员工进行职业生涯规划，让员工在工作中不断提升自我的同时，树立依托企业的职业生涯发展意识，增强员工对企业的忠诚度。

（三）新员工培训内容

作为新员工入门的“第一堂课”，新员工培训在一定程度上决定了员工对企业文化与工作角色的感知与认同，是员工培训工作中非常重要的一环，而培训内容是培训效果得以实现的重要载体。新员工能否快速适应工作环境、胜任岗位工作、认同企业文化、产生绩效，很大程度上取决于培训内容的选择。新员工培训一般分为通用培训和专业岗位培训两类：通用培训包括企业文化、企业规章制度、团队素质拓展、职业生涯发展规划等方面的培训（训练）内容，旨在让新员工快速了解企业情况，快速融入团队，尽快适应岗位工作要求；专业岗位培训主要包括与工作岗位相关的专业技能知识培训，旨在让新员工具备更好地完成岗位工作的知识技能。

1. 企业文化培训

现代企业在新员工培训前期，往往都会引入企业文化培训。加强企业文化的宣传，对于培养新员工成就动机和协作意识，增强工作主动性和坚韧性，提升新员工荣誉感和对企业的忠诚度，均有事半功倍的效果。文化都是通过历史慢慢沉淀而来的，想要让新员工快速地认可企业文化，就需要让他们了解企业的由来和发展过程，以及企业未来的发展方向，并在这个培训过程中增强新员工的荣誉感，减少员工流失。参观企业所在城市的历史博物馆以及企业历史陈列馆，使新员工能感性地了解企业奋斗发展的历史背景、发展历程以及里程碑事件等。此外，邀请高管开启新员工培训第一讲，围绕企业愿景、未来发展、个人与企业共同成长等话题，与高管进行近距离交流，这些都是常见的做法。

2. 企业规章制度培训

没有规矩，不成方圆。企业规章制度是实现企业目标的有力措施和手段，企业要发展，离不开制度的规范。熟悉企业规章制度有利于新员工更高效地开展工作，更快速地融入企业。一般来说，企业的规章制度培训不但包括日常行为规范制度，如日常着装规范、客户接待要求、打卡考勤要求、请假制度、绩效考核制度、薪酬制度、员工培训制度以及员工晋升制度等，还涉及新员工工作的硬性指标要求和弹性激励机制。通过企业规章制度培训，使新员工了解并掌握企业制度规定、基本礼仪、工作常识以及福利待遇，减少后续工作中的失误，激励他们努力工作，提升他们的工作信心和效率。

3. 团队素质拓展训练

良好的团队精神和积极进取的人生态度，是现代人应有的基本素质，也是现代人人格特质的两大核心内涵。团队素质拓展训练是一种以提高心理素质为主要目的，兼具体能和实践的综合素质教育，它以运动为依托，以培训为方式，以感悟为目的。它与传统的知识培训和技能培训相比，少了一些说教和灌输，多了一些运动中的体验和感悟，是新员工培训的常用方式之一。开展户外拓展训练，如无敌风火轮、信任背摔、有轨电车、七巧板等，让新员工亲身感受现代社会的挑战，体验企业与员工之间唇齿相依的关系以及同事之间通力协作的默契，从而有效增强员工心理素质，强化团队协作与集体意识，激发新员工个人潜能，提高其沟通交流的主动性和技巧性，树立相互配合、相互支持的团队精神。

4. 职业生涯发展规划培训

根据企业发展需要以及每个新员工的成长目标和自身特点，企业应帮助员工做好职业发展规划。例如，开展专业的职业生涯规划咨询讲座，从“5W”思考模式展开，即“我是谁、我想干什么、我能干什么、企业（环境）支持我干什么、我的最终职业目标是什么”，基于岗位胜任力模型为员工做出定量评估，再结合员工成长目标，有效地帮助其找到职业定位及发展方向，实现人岗匹配和人才成长的互利。邀请不同职级的老员工开展个人职业发展经验介绍，一般选择工作年限20年以上的专家级别员工或工龄在5年左右的主管级别员工，分享各自不同的发展经历和工作经验，使新员工对短期和中长期职业生涯发展产生感性认识和共鸣，不仅有利于新员工理解企业的人才成长通道建设并思考自身的成长成才规划，还有利于新员工成就动机的培养和工作主观能动性的提升。

5. 专业技能知识培训

作为新员工培训的重中之重，专业技能知识培训是大多数企业较为重视和愿意花较大精力开展的培训。专业知识与技能作为岗位胜任力的显性要素，容易进行考核评估，同时经过短期培训，也可以取得较大提升。专业技能知识培训主要包括岗位职能职责培训、岗位相关基础知识培训、岗位技能培训，将理论与实践相结合，围绕如何让新员工更快融入和更高效地开展工作进行。岗位职能职责培训可加深新员工对岗位工作的理解；岗位相关基础知识培训是工作有效开展的理论支撑；岗位技能培训是指导员工应该如何开展工作。针对刚刚进入工作岗位的新员工，因个人岗位胜任力的差异，可采取现场实习、上机实操、跟组学习、师带徒、编入项目组等形式，开展一对一、小组化的具有较强针对性的“传帮带”培养，帮助新员工尽快掌握岗位专业知识技术，提升工作能力。

二、任务要求

（一）设计新员工培训方案

任务内容：假设你是一家销售企业人力资源部的主管，由于公司业务快速扩张，目前正值销售人员需求高峰期。你已经带领你的部门同事在着手开展销售人员的招聘工作，但总结以往的经验，新入职员工的工作效率在很长时间内都处于较低的状态且离职率较高。为了在短时间迅速提高新员工的工作效率和稳定性，经过再三考虑，你打算在新一批员工入职以后，进行全新的系统化的新员工培训。现阶段，你急需结合前期新员工入职后存在的问题，设计一份新员工培训方案。

任务及其数量：1 份完整的员工培训方案 word 文档、1 份汇报 PPT 文档。

任务呈现：以小组形式，每个小组 5 分钟，以 PPT 形式展示汇报。

（二）模拟执行某个新员工培训课程片段

任务内容：依据所设计的全新的新员工培训方案，在为期 1 天的团队素质拓展训练模块中，包含一个培养员工团队精神和沟通协作意识的管理游戏——七巧板。为了更好地应用于新员工培训，现在准备在公司内部进行小范围模拟内测，其中包括活动组织实施者和新员工两种角色。

任务组织：班级成员分成 8 个小组，其中第 1 小组负责整个活动的筹备、组织和实施，扮演组织实施者角色，需提前做好活动准备；其他 7 个小组成员参与游戏，模拟新员工角色，完成活动。

在第 1 小组的组织筹备下，其他 7 个小组开展活动；活动时间 40 分钟，按照既定的活动规则开展活动，第一组负责登记各小组分数；结束后，8 个小组分享在模拟新员工培训课程片段中的感想。

（三）任务完成常用实际业务工具

1. 新员工入职培训管理流程

新员工入职培训管理流程如表 3-1 所示。

2. 新员工培训课程安排

新员工培训课程安排如表 3-2 所示。

3. 新员工培训记录

新员工培训记录如表 3-3 所示。

4. 新员工培训效果调查

新员工培训效果调查如表 3-4 所示。

表 3-1　　新员工入职培训管理流程

新员工入职培训管理流程（总部级）

	总部人力资源部	各分/子公司
准备阶段	新员工入职培训签到表 新员工入职培训课程安排表	新员工名单汇总 通知新员工
实施阶段	新员工入职培训 新员工入职培训课堂测试 培训资料存档	新员工入职培训效果评估表 是否完成目标（是 → 培训资料存档；否 → 继续培训直至完成目标） 继续培训直至完成目标

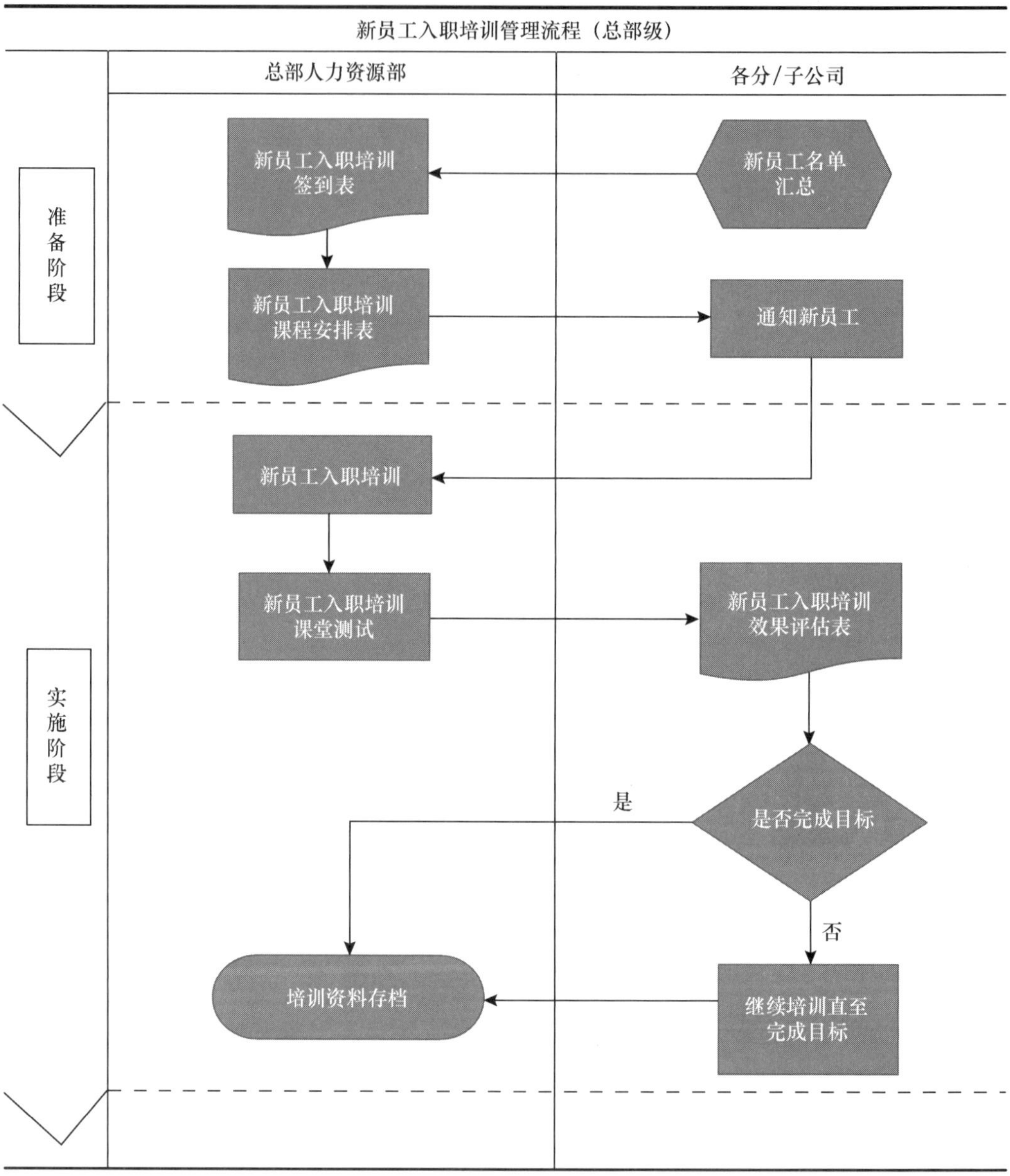

表 3-2　　新员工培训课程安排

时间	年　　月　　日　时　分至　时　分			
地点				
具体课程安排				
序号	培训时间	课程	讲师	备注
1	09：00—09：20	开课致辞	总经理或人力资源部总监	

续表

序号	培训时间	课程	讲师	备注
2	09：20—10：00	公司简介（基本运营、组织体系、主要领导等）	人力资源部经理	播放 10 分钟视频
3	10：00—10：10	课间休息	/	
4	10：10—11：00	公司相关规章制度介绍	人力资源部经理	
5	11：00—11：10	课间休息	/	
6	11：10—12：00	6S 现场管理/商务礼仪知识	公关经理	
7	12：00—13：30	午餐休息时间	/	
8	13：30—14：20	时间管理/心态管理知识	外聘培训师	
9	14：20—14：30	课间休息	/	
10	14：30—15：20	代理品牌公司介绍及产品相关知识	产品经理	
11	15：20—15：30	课间休息	/	
12	15：30—15：50	课程重点回顾及答疑安排	培训经理	
13	15：50—16：10	培训课堂测试	人力资源部经理/培训经理	
14	16：10—16：20	填写培训效果评估表	人力资源部经理/培训经理	
培训结束，培训师批改课堂测试卷				

表 3-3　　新员工培训记录

培训层级	培训内容	培训课时	受训人及时间
公司级	1. 公司简介、现状、企业文化	2~3 小时	
	2. 公司现行人力资源管理制度介绍		
	3. 日常工作行为礼仪		
	4. 本人工作条件、工作时间、工资福利待遇告知		
	5. 劳动安全常识		
培训师：		培训时间：	
部门级	1. 本职位相关管理制度	2~3 小时	
	2. 工作职责及工作内容		
	3. 本职位所涉及的业务流程		
	4. 本职位的考核办法及标准		
培训师：		培训时间：	

表 3-4　　　　　　　　　　　　**培训效果调查**

培训课程名称：____________________

培训主导部门：____________________　　姓名：（可以不填）____________

说明：1. 本表请受训学员如实填写，并请填妥后交到组织部门。

2. 请在您认可的选项上打钩。

3. 请您给予真实的反馈，以帮助我们对将来的培训计划进行改进。

序号	评估项目	差　　中　　好 1 2 3 4 5 6 7
1	培训目标是否达到	□ □ □ □ □ □ □
2	培训师讲解技巧如何	□ □ □ □ □ □ □
3	是否鼓励学员参与课堂教学	□ □ □ □ □ □ □
4	是否很好地回答学员的提问	□ □ □ □ □ □ □
5	讲课内容是否丰富、吸引人	□ □ □ □ □ □ □
6	讲师的知识面是否足够宽	□ □ □ □ □ □ □
7	所讲内容是否切题	□ □ □ □ □ □ □
8	培训内容对自身全面发展是否有启发	□ □ □ □ □ □ □
9	培训内容是否紧密结合实际	□ □ □ □ □ □ □
10	培训内容是否能应用到岗位上	□ □ □ □ □ □ □
11	培训师对所讲内容是否深度掌握并理解透彻	差　　中　　好 2 4 6 8 10 □ □ □ □ □
12	讲义编写质量	□ □ □ □ □
13	整体上，您对这次课程的满意程度	□ □ □ □ □

（注：满分 100 分，前十题满分 7 分，后三题满分 10 分，汇总后填入“培训师总得分”里）

您的其他意见：____

三、模拟新员工培训任务评价指标与标准

模拟新员工培训任务评价指标与标准如表 3-5 所示。

表 3-5　　模拟新员工培训任务评价指标与标准

任务名称	指标	权重	标准（5级评分法）				
			5分	4分	3分	2分	1分
设计新员工培训方案	培训方案的完整性	15%					
	培训方案的规范性	15%					
	培训方案是否符合新员工特点	20%					
	培训方案的可操作性	20%					
	PPT 美观程度	10%					
	汇报展示效果	10%					
	团队协作性	10%					
	小计	100%					
模拟执行某个新员工培训课程片段	培训课程的专业性	50%					
	团队分工的明确性	10%					
	团队活动的参与性	10%					
	团队活动的协作性	10%					
	课程效果	20%					
	小计	100%					

任务 5　模拟在岗员工培训

一、知识准备

（一）管理者的特点与培训内容

1. 管理者的特点

管理是一门复杂的科学，是集计划、组织、指挥、协调、控制等为一体的活动过程，它对管理者的思维广度、逻辑能力、统筹规划等各方面能力都提出了很高的要求。按照管理的层次，管理者可以分为基层管理者、中层管理者和高层管理者三类。基层管理者在计划、组织、领导（指挥和协调等）、控制上所用时间的分布大约为 15%、24%、51%、10%，中层管理者为 18%、33%、36%、13%，而高层管理者则是 18%、

36%、22%、24%，不同管理层次的管理者，呈现各自的特点。

（1）基层管理者的特点

基层管理者是企业不可忽视的中坚力量，是企业发展的基础。基层管理是按照中层管理制度的计划，具体组织人力去完成该计划。别于中层管理和高层管理的特点，基层管理以执行为主。基层管理者在实际工作中发挥着承上启下的作用，一方面，对于上级的规章制度、决策以及目标任务，他们是最基本的传达者和落实者；另一方面，基层管理者要按照决策、目标带领其他员工具体执行。基层管理者既是管理者，又肩负了承担具体工作和实务的责任，个人过硬的业务能力和素质是在队伍中"让人心服口服"的前提，同时也可以极大地促进员工业务能力的提升。除此之外，基层管理者还要具备较强的组织能力和决策能力、识人用人的能力、团队建设能力、敏锐的观察能力及预见能力和亲和力等。

（2）中层管理者的特点

中层管理者主要指企业职能部门的负责人和企业分支机构的负责人，是企业管理中居于中间层级的管理者，主要任务是根据高层管理者拟定的经营方针和经营计划，结合本部门的情况，提出相应的实施计划，以实现总的经营目标。中层管理者处于企业组织架构中的中间位置，在企业中承上启下、上传下达，直接执行高层管理者的指令，贯彻高层管理者的重大决策，协调高层管理者同基层人员之间的关系，监督或协助基层管理人员完成工作，在决策层与执行层之间具有桥梁的作用，是企业重要的中枢系统，决定着企业能否健康持续发展。有调查表明，公司能保持持续改革和发展，达到更高的业绩，关键的因素不在于高层管理者，而在于具有一批改革才能的中层管理者和专业人才。可见中层管理人员在企业中起中流砥柱的作用，因此对中层管理者的素质有更高层次的要求。虽然不同规模的企业在不同的发展阶段，对中层管理者所需要的素质也不尽相同，但有一些素质是必备的，如主动性、执行力、关注细节、影响力、培养他人的能力、带领团队的能力以及专业知识与技能。

（3）高层管理者的特点

高层管理的大部分工作属于战略管理，是公司中直接向董事会负责与报告、执行董事会决议、承担公司日常经营决策与运营管理职责的高层级管理，具体工作一般包括：监督与解释外部环境状况以及就影响整个公司的问题进行决策；负责制定和规划公司战略目标、制定实现既定目标的战略和路径；合理配置资源、组织和监督公司业务的正常运营，确保公司经营总体的成功。基于高层管理者的重要性，对其素质技能的要求要比中层管理者高。美国现代管理学大师彼得·德鲁克曾在《卓有成效的管理者》一书中说："一个重视贡献的人，一个注意对成果负责的人，即使他位卑职小，也应该算是‘高层管理人员’，因为他能对整个机构的经营绩效负责”。这揭示了高层管理者的两大特点——贡献和承担。此外，高层管理者还应具备从战略高度把握企业的经营管理目标以及面临的机遇和挑战，能够科学地制定企业的总目标、总战略以及企业的各项政策的能力。

2. 管理者的培训内容

（1）基层管理者的培训内容

角色认知是基层管理者培训的首要内容。认清角色，是承担责任的开始。什么是基层管理者？基层管理者要承担哪些责任？什么是角色？基层管理者对公司、上级、下级、同级分别扮演着什么角色？只有清晰地对角色认知，才能让基层管理者找准定位，充当好团队领袖、制度规范者、非亲家长、日常导师、第一教练五个角色，高效地完成团队工作任务。其次是专业知识技能培训。“打铁还需自身硬”，要取得团队成员的认同，争取更多的追随者，为成员示范、解答困惑，基层管理者必须具备过硬的业务素质。因此，强化专业知识技能的培训显得尤为重要。团队建设能力和管理能力也是基层管理者培训的重要内容之一。基层管理者要以人格魅力去引领团队成员，以严谨的制度规范团队行为，以非血缘关系的亲情维系团队和谐，以精神高招铸就团队灵魂，以授业者角色带出卓越团队，这些都要求基层管理者要具备较强团队建设能力，是基层管理者需要不断学习提升的能力。

（2）中层管理者的培训内容

这类培训可以分为自我管理、工作管理、团队管理三类。自我管理，如角色认知与定位；工作管理，如时间管理、目标管理；团队管理，如员工激励与领导艺术、授权管理。中层管理者培训中的角色认知相比基层而言，培训的深入度应更高些，如学习怎样做一个成功的管理者，学习作为下属的中层管理者、作为同事的中层管理者以及作为上司的中层管理者，如何与上司、同级、下属沟通。对于中层管理者而言，时间管理培训必不可少，要引导中层管理者分析时间管理的现状与认识误区，掌握高效时间管理的原则与方法，才能让中层管理者高效地处理众多事务。其次是目标管理培训，中层管理者应学会如何制定目标以完成工作计划，如何确保目标的分解与落实。员工激励与领导艺术培训也是重点培训的内容之一，如如何进行员工激励，如何培养与发挥个人领导力，领导者如何用人及推动变革等。当然，在中层管理者培训中还需要有授权管理的内容，什么是授权，怎样授权才能提升团队凝聚力，这都是需要培训的内容。

（3）高层管理者的培训内容

高层管理者处于企业的核心，对于促进企业的成长、发展至关重要。在企业的经营管理中，高层管理者扮演多种角色，承担多种职责，在企业管理团队中占有绝对重要的地位，其战略决策直接决定着企业的发展方向，是企业发展的关键所在。从培训的角度来看，高层管理者的培训内容应包含行业发展前沿、战略管理、企业文化建设。行业发展前沿是企业未来发展的风向标。每个企业的业务都属于既定的行业，而行业的动态决定着企业战略的方向。因此行业发展前沿的培训为高层管理者的战略决策提供了参考。高层管理者的主要任务就是确定目标，制定企业的战略。确定目标的前提是明确企业的使命，仔细考虑“企业是什么以及应该是什么”这个重大问题，结合现实情况，做出能够平衡目前与未来的战略性决策，制定出资源得以合理配置的政策以及决策方案。战略目标制定的科学与否需要高层管理者的战略管理能力作支撑，战略管理培训显得尤为重要。企业文化是企业的灵魂，是推动企业发展的不竭动力，其核心是企业的精神和价值观，是企业核心竞争力的关键所在。企业文化建设培训可以帮助高层管理者增强企业的凝聚力、向心力，激发员工开拓创新、建功立业的斗志，促进企业经济效益的提升。

（二）技术人员的特点与培训内容

1. 技术人员的特点

技术人员是指掌握了特定技术的专业基础理论和基本技能，可以从事该技术领域基本工作的人员，此类人员往往具有以下特点。

（1）成就欲望强

通过对专业技术人员激励因素的研究发现，个体成长、业务成就以及薪酬待遇是对技术人员最有效的激励。与一般员工相比，他们更热衷于富有挑战性的工作，并力求做到完美，成就欲望强。

（2）学习意愿强

技术人员所掌握的专业基础知识和技能不断更新换代，为了满足岗位需求，他们有较强的学习意愿。业精于勤，他们通过学习，进一步提高技术技能，从而更好地为岗位工作服务。

（3）自主性强

技术人员一般都接受过较高水平的文化教育，具备较高的文化水平和扎实的技能功底。他们从事的工作需要将自身的知识和智力水平转化为生产力，具有较强的创造性，因此技术人员倾向于拥有可自由支配的工作时间，强调工作中的自我引导，激发创新动力，提高工作效率。

（4）流动意愿强

知识经济时代，最稀缺的经济要素已经不是资本，而是知识。技术人员掌握的专业知识和技能，以及他们不断钻研累积的工作经验，是企业至关重要的无形资产。技术人员了解自身对企业的价值，他们忠诚于自己的专业，但同时也要追求个人的成长，加之知识经济时代人才竞争的加剧，更加增强了技术人员的流动意愿。

（5）表达意愿低

技术人员一般将精力花在工作上，工作范围相对封闭，人际交流较少，有限的沟通主要是为了达成技术服务目标，日常人际交往范围比较狭小。技术人员疏于表达沟通，会导致不满情绪的积累，而积累到一定程度，很可能会导致工作懈怠，创造力下降，甚至离职的风险。

2. 技术人员的培训内容

技术人员的培训是企业提升核心竞争力的必要措施。培训内容主要包括行业领域发展趋势培训、专业技能培训、职业规划培训以及团队协作培训。

（1）行业领域发展趋势培训是技术人员培训的重要内容之一

对于技术人员而言，了解行业领域的发展趋势是工作有效开展的前提。怎样依据行业领域发展趋势的变化，实现技术革新，适应企业发展，是技术人员在工作中会面临的重要问题。如果没有相关培训的支撑，技术人员的工作将无法与时俱进。

（2）专业技能培训是技术人员培训内容的核心

技术的更新迭代速度很快，专业技能的培训就显得尤为重要。随着企业机器设备的更新、工艺的调整，都要求技术人员具备相应的专业技能，从而有效地转化为现实生产力。专业技能的培训将进一步提升技术人员的技能水平，保障工作任务的高效完成。

（3）职业规划培训是保持技术人员稳定性的关键

技术人员流动意愿较强，如果没有在企业内为技术人员构建相应的职业规划体系，技术人员就会对自身在企业的发展感到迷茫，这样会增大技术人员流失的风险。开展技术人员职业规划培训，为技术人员建立清晰的职业生涯规划，明确其在企业内的职业发展路径，可以提高技术人员的稳定性。

（4）团队协作是技术人员培训不可或缺的内容

现代企业工作的开展，更多的是依托团队的力量，团队协作对于技术人员至关重要。工作中，技术人员倾向于独立完成自己的任务，沟通协作较少，导致工作效率偏低。在技术人员的培训中，增加团队协作的内容，一方面可以增强技术团队的凝聚力，另一方面也可以进一步激发技术团队的创新能力，为企业创造更多的价值。

（三）销售人员的特点与培训内容

1. 销售人员的特点

销售是直接为顾客带来产品，并通过经营顾客关系以便让组织与其利益关系人受益的一种组织功能与程序。销售人员是指直接进行销售的人员，包括总经理、业务经理、市场经理、区域经理、业务代表等，其工作绩效是企业生存发展的命脉。作为企业相对独立的群体，销售人员有其自身的特点。

（1）专业素质较缺乏

相对于财务、IT、研发、质量检验等专业性很强的岗位，销售人员没有专业素质方面的严格要求，相反，更多的是对于性格特质、工作态度等方面的一些特殊要求。

（2）工作稳定性较差

销售人员经常想通过跳槽以改变自己的工作环境，找到最适合自己的工作，从而使自己对未来的职业生涯有所规划。

（3）工作绩效期待高

销售人员通常采用绩效工资制，绩效的高低决定了销售人员薪酬的高低。如果工作绩效偏低，往往会影响员工的工作积极性，甚至会使其产生消极怠工的情绪。

（4）工作压力大

销售人员的工作相比于其他岗位的工作而言，工作强度大，销售人员不仅面临着自身业绩难以完成的压力，同时也要面临客户以及其他同事带来的压力。

（5）工作环境复杂多变

从工作环境来看，销售人员面对的是复杂多变的工作环境。为了与客户达成交易，形成良性的长期合作关系，销售人员必须能够准确分析内部环境和外部环境。在销售工作中，企业的竞争对手策略、客户需求各异，而且随时会发生改变。作为销售人员，每天除了要面对原有竞争对手新策略和老客户新需求的挑战外，还必须面对新的竞争对手、新的客户，复杂多变的工作环境，使得销售人员经常需要承受突如其来的压力，这种工作环境的挑战是许多其他工作无法比拟的。

（6）工作对象复杂多样

销售人员的工作对象是动态变化的，主要分为企业客户和个体客户两类。对于企业客户来讲，不同客户在规模、效益、产品技术特点、产品需求等方面会有所差异，销售人员采取的策略也会有所不同。而组织决策往往是多人共同做出的，销售人员需要对他们的需求做出相应的调整。就个体消费者而言，在年龄、性别、性格、受教育程度等方面的差别致使他们的需求也千差万别，如何满足每一个客户的需求成为销售人员获得成功的关键。顾客是理性的，又是感性的，销售人员必须挖空心思分析客户心理和兴趣爱好，满足客户的需求，采用多样化的销售方式应对多样化的客户，这需要销售人员具有多种素质和能力。

（7）工作过程独立性、自主性、灵活性强

从独立性来看，销售人员独立开展销售工作，工作时间自由，单独行动较多。市场上的客户往往分散在多个地区，分散化营销是市场对销售人员工作的基本要求。销售人员常年驻外，需独立面对客户开展市场信息收集、市场开拓和消费需求调研等工作。在某一个相对独立的区域市场，往往只由少数甚至一个销售人员负责；某一次业务的达成，从顾客信息的收集、客户拜访、签订合同到售后服务等环节，也常常是由一个销售人员完成。从自主性来看，由于销售人员常常远离公司独立面对客户工作，加之市场环境变化迅速，为不错失市场机会，销售人员不可能事事都向主管汇报、请示，他们必须具有处理有关业务问题的决策权力。这些权力包括销售费用的运作权，在允许的范围内，为了完成销售目标，销售人员对于企业给予他们的销售费用可以自由分配。从灵活性来看，销售人员的工作灵活性体现在：第一，销售人员必须灵活应对复杂多变的市场环境；第二，由于年龄、性别、职业、个性等的差异，客户需求千差万别，每一个客户都希望自己的需求能够得到满足，需要销售人员设计创新性的解决方案，这增加了销售人员工作的灵活性和复杂性；第三，在销售过程中，企业希望以较高的价格销售更多的产品，而客户的要求恰恰相反，希望价格要低，质量要好，服务要优。作为销售人员，常常需要灵活地平衡企业利益、客户利益和个人利益。所以，与其他工作相比，销售工作具有明显的非程序性和灵活性特点，销售工作无法按照事先设定的规程完成。

（8）工作结果的不确定性大

影响销售人员工作绩效的因素多且复杂。销售人员的工作业绩受多方面因素的影响，例如社会政治环境、社会舆论、流行趋势、季节变化、消费者心理等，这些因素都会影响客户的购买能力或购买需求，从而影响销售人员的工作业绩。从内部因素来看，销售技能的显性化程度低，不能完全转化为显性知识，可学习性低，销售技能的人际差异较大，正所谓“只可意会，不可言传”。同时，外部因素对销售人员业绩的影响也很大，业绩好的销售人员也许是因为分配在了竞争相对较小的区域，而业绩差的销售人员则可能被分配在竞争激烈的区域。销售人员的绩效除了与销售人员的努力程度有关外，还与市场环境、竞争对手的反应等有关。有许多刚刚进入销售领域的人员，虽然做出了很大的努力，但是在很长时间内仍然没有业绩，或者业绩平平，致使很多人对销售工作望而却步，不得不转行。

2. 销售人员的培训内容

销售人员培训是保障企业具有竞争力的重要条件。提高销售人员的销售能力，使其紧张有序地开展工作，提高工作效率，最大程度地增加销售额，才能为企业创造更好的经济效益。一名优秀的销售人员，应该具备学者的脑、艺术家的心、技术者的手。从培训目标的实现来看，要让企业销售人员具备优秀和卓越的品质，必须要有科学完善的培训体系支撑。销售人员培训应该包括销售沟通技能、客户关系管理、卓越服务、心态、职业生涯规划等方面。

（1）销售沟通技能培训

销售工作是一个“掌握客户需求、赢得客户信任、满足客户需求”的过程。销售沟通技能是销售的基本技术，是销售人员开展工作的指南。销售沟通技能培训是销售人员培训不可或缺的内容，可以适用于在初期业务不足的销售人员，也可适用于熟悉业务后需要能力再提升的销售人员。销售沟通技能培训一方面涵盖销售沟通中的话术训练、顾客异议的处理及需求挖掘技巧，具体来看包括沟通的基本知识、风格、核心技术和销售中的沟通，如熟悉产品工艺、用途，掌握产品财务知识。重点培训内容包括全面了解产品的成本，怎样合理报价，奠定坚实的沟通基础；良好的商务礼仪是销售沟通的有效载体，怎样让销售人员具备礼仪素养，更好地展示公司形象；采取哪一种沟通技巧才能激发客户购买的意愿；怎样学会倾听、表达和提问，掌握沟通的核心技术；怎样培养销售人员随机应变的能力，在与客户沟通中能随机应变。销售沟通技能培训的另一方面侧重于销售流程再造和销售工具使用的销售沟通技能培训，这一类内容强调在销售的过程中，每一个阶段应该做哪些事情来引导顾客，从而更高效地进行沟通，最终走向成功。

（2）客户关系管理培训

客户关系管理培训首先应聚焦于客户心理与行为分析培训。客户的复杂性决定了客户心理与行为分析培训的重要意义，销售人员要通过提问的方式来了解客户的真实需求，这就是客户心理与行为分析的实质。客户提出任何一个问题后，销售人员要做的是确认客户提出这个问题的动机，了解客户的需求是属于产品需求、服务需求、体验需求、关系需求还是成功需求，客户具体的购买动机包括哪些，客户购买过程中的心理特征有哪些，客户购买后心理会发生哪些变化等。其次，要利用发问与聆听的方式挖掘客户的潜在需求，如何通过提问了解客户需求，提问的技巧是什么，怎样更好地提问；如何通过倾听了解客户需求，怎样的倾听才是积极的；如何通过数据挖掘客户需求，数据挖掘的功能，数据挖掘和分析的主要步骤；客户异议处理，如何处理客户反对意见。客户关系管理培训的另一个需要关注的内容，是良好的客户关系维护及重要大客户的管理。如何利用信息技术以及互联网技术协调企业与客户在销售、营销和服务上的关系，向客户提供创新性个性化的交互和服务，从而帮助销售人员挖掘客户深层次需求，强化在向客户展示和推荐解决方案过程中的表达力和说服力，提升客户忠诚度和黏性，创建客户与企业的双赢关系。

（3）卓越服务培训

未来销售的竞争都将成为服务的竞争，给客户创造独一无二的服务体验，才是让客户满意的关键。要想把服务变成让客户满意的产品，强化客户黏性，最终成为企业不可复制的竞争优势，服务就不能仅是浮在表面的行为或口号，企业必须提供卓越服务。销售人员是卓越服务的具体提供者，所以对其进行卓越服务培训就显得尤为重要。卓越服务培训是一个系统化的培训体系，首先要解决“什么是卓越服务”的问题。不同行业、不同企业，在面对不同的客户时，都有不同的服务设计，企业的服务设计是怎样的，聚焦在哪个点，这些都要让销售人员清楚。其次是企业的服务利润链。销售人员要了解企业服务利润链的构建、服务的商业模式，这样才能更准确定位客户的痛点，为企业创造更多收益。服务利润链高效运转的前提是要让销售人员明确在资源有限的条件下，对服务的提供作出取舍，服务利润链是动态的且具有杠杆效应，要使杠杆一端的客户服务成本降低，同时提高服务流程的质量，从而撬动杠杆另一端的客户价值的增加。

（4）心态培训

销售人员工作环境的多变性、工作对象的复杂性、工作结果的不稳定性都决定了销售人员的心态培训必不可少。根据销售人员的特点，一般销售人员都具有较大的工作压力，很容易出现职业倦怠。如果销售人员对工作缺乏热情，整天消极抱怨、责任感不强、执行力不佳，就会对销售目标的达成产生巨大的阻碍。心态是最根本的竞争力，决定销售人员的销售业绩。销售人员如何在极具挑战性的销售工作中保持积极的心态，即使被客户拒绝多次，依然能面带微笑再试一次；怎样把注意力集中到想要的销售业绩上，不受其他不利因素的干扰；怎样保持热情，拥有强烈的决心而不让客户反感，认定对方就是自己的客户；如何树立自信心，怎样从外表到言语都充满自信；怎样转变心态，激活自我，把客户当作朋友而不是对手，为其提供完善的服务，让客户有信任感；怎样勇于行动，停止无限期的准备工作，设立明确的业绩完成期限，即使遭受挫折也坚持不懈；怎样拥有不断成长的热情，挖掘工作所带来的成就感等，这些都是心态培训要解决的问题。

（5）职业生涯规划培训

由于销售人员存在工作绩效考核压力大、工作不确定因素多等特点，使得他们在企业员工中的流动性是最大的，因此职业生涯规划的培训对于销售人员来说显得尤为重要。这类培训将有助于销售人员保持工作的热情与激情，不断在企业收获成长，感受来自工作的成就感和满足感，明确职业发展的路径，从而提高销售人员的稳定性。按照所从事的销售工作的内容，目前销售人员可分为高级营销人员，如销售经理；一般销售人员，多为客户代表；推销人员，包括商场售货员和挖掘客户的推销人员；兼职销售人员。总体来看，销售人员在企业的职业发展方向有两种。一是纵向发展，最终成长为高级销售经理，不过能达到这一目标的销售人员数量很少。实现这一目标的途径有两条，首先是从术的角度出发，销售人员需要在工作的理念、思路、工具和方法上更加专业，从靠感觉、靠冲劲做事转变为讲求定量数据、专业调查分析、把握市场规律性，不断改进和提升工作的方法和能力，从低级的非专业化的销售人员变成职业选手。第二条路径就是从“术”提升到“道”，提升和转换职位角色，增加系统分析、全面思考，从企业战略高度做销售、思考销售，多挖掘一线信息，进行智慧加工，最终为高层决策提供战略咨询。二是横向发展，转向管理岗位。当销售人员在岗位上工作一定时间后，可以结合个人兴趣和企业需求，通过横向流动即轮岗的方式，转向相关的专业化职能管理岗位，如市场分析、公关推广、品牌建设与管理、渠道管理等；如果有管理专业背景或者对管理感兴趣，可以发展的方向包括市场信息或情报管理、行业研究、战略规划、人力资源管理、项目管理等；如果在销售工作中对产品或行业的生产制造、运营、研究开发、设计等技术方面积累了优势，则可以往技术含量较高的岗位流动，如运作管理、售前技术支持、产品测试、售后技术服务等。

（四）生产人员的特点与培训内容

1. 生产人员的特点

生产人员是指直接从事生产工艺操作的人员。由于生产型工作以体力劳动为主，18~30 岁年龄段往往是主要的劳动力来源，这也决定了当前“90 后”“00 后”年龄段的年轻人是生产型员工的主体。但具有危险性因素或者体力劳动强度比较大的生产型工作，“90 后”“00 后”一般都不愿意选择，往往是由“70 后”“80 后”等群体来承担。一般来说，生产人员的整体文化程度要求不高，中专、技校、高中甚至初中文化程度的人群都能胜任工作。生产人员相比其他类型员工，更关注企业提供的物质待遇，例如企业食堂的饭菜质量、企业宿舍的住宿条件、加班工资、节假日福利等。生产人员在企业里属于执行者，日常的工作主要是做事，完成下达的工作任务，这种工作任务一般是可以量化的。在制造型企业，生产人员一般都有自己的老乡、校友、亲戚、同学等，以这种人脉关系形成了非正式的团体。这种非正式的团体往往比企业的正式团体对员工的影响大。

从工作环境来看，企业中生产人员所面对的往往是简单、稳定的工作环境，工作的程序性较强，每天面对相类似的人、财、物、信息等要素，工作的挑战性较小；从工作对象来看，在生产活动中，生产人员的工作对象多是静态的物理要素；从工作过程来看，为了降低成本，企业采取的是大规模集中化的生产方式，将机器设备和生产人员集中到一起；从工作结果来看，工作绩效主要取决于自己的能力和努力程度，受外部因素的影响较小。此外，生产人员的工作还具有订单驱动、分工协作、体力劳动、重复性强等职业特点。

（1）订单驱动

首先生产人员的工作大多是受订单驱动。以订单为核心的生产运作流程是依据销售部门的销售情况，由生产部门制订生产计划，从而编制日生产计划并执行，最终满足销售订单需求。这一流程造成了两个比较普遍的现象：一是会存在生产淡旺季；二是会出现忙闲不均。生产淡旺季，多是由于销售的淡旺季造成的。忙闲不均，可能是接单不均匀，也可能是产品质量问题造成的返工，这使得生产型工作的用工需要比较难把握。

（2）分工协作

生产部门生产不同的产品，一般会采用不同的工序。在技术工艺部门的工序设计中，每一个职位又都承担着不同的工作任务和要求，都有自己再制造流程中的内部客户。上一道工序往往是下一道工序的内部客户，上一道工序出现进度或者质量问题，就会影响下一道工序的进度或者质量。分工协作的特点，使得生产人员按照承担的具体职责和职责的重要性分为一般工序生产员工、关键工序生产员工、多能力生产员工。它要求制造型企业对关键工序生产员工保持一定的稳定性，以确保生产制造流程的顺畅和关键环节的质量；培养一批多能力生产员工，以便于高效率地应对小批量订单的生产需求；一般工序生产员工在使用上可保持一定的弹性。

（3）体力劳动

生产型工作，主要通过操作设备或者手工操作进行，一般以体力劳动为主，工作的重复性强。很多制造型企业把生产型工作称为操作类工作，和销售类、技术类、管理类等以脑力劳动为主的工作区别开来。由于主要是体力劳动，因此生产型工作对生产人员的体力要求比较高，身体健康是必须具备的基本条件。

（4）重复性强

重复性强的工作特点也要求生产人员必须严格遵守职位工作的操作规范，执行好职位相关的操作要求。

2. 生产人员的培训内容

从生产人员和其职业特征分析来看，生产人员的工作更离不开培训的支撑。生产人员的培训能让员工快速地掌握工作的技能方法，更好地完成生产任务。生产人员的培训内容主要包括精益生产培训、质量管理培训和安全生产培训。

（1）精益生产培训

精益生产是美国麻省理工学院数位国际汽车计划组织的专家对日本丰田准时化生产 JIT（Just In Time）方式的赞誉称呼。精，即少而精，不投入多余的生产要素，只是在适当的时间生产必要数量的市场急需产品或下道工序急需的产品；益，即所有经营活动都要有益有效，具有经济性。随着现代企业先进管理理念的发展，精益生产越来越受到企业的重视，成为当前制造业最佳的一种生产组织体系和方式。企业引入精益生产模式有利于降低成本、提高质量、缩短生产周期。基于此，生产人员的精益生产培训是生产人员培训的必要内容之一。精益生产培训应帮助生产人员了解什么是精益生产，精益生产消除一切浪费、追求精益的特点，引导每一个员工在各自的岗位按照精益生产方式完成工作任务。同时，生产人员也要了解与大批量生产方式相比，精益生产在所需人力资源、新产品开发周期、生产过程中的在制品库存、成品库存给企业带来的变革，领悟精益生产的核心，全面地认识精益生产对于企业持续发展的积极影响。

（2）质量管理培训

质量是企业的生命。产品质量不仅代表着企业形象，更是顾客满意的主要因素。质量管理是企业管理的重中之重，对于生产人员来说，他们是产品质量管理的直接参与者，对其进行质量管理培训具有重要的意义。质量管理培训要让生产人员掌握质量管理的基础知识，系统地了解整个生产过程中涉及产品质量管理的环节，引导生产人员从生产的每个细节做起，严格把控产品质量，无论是进厂原材料还是生产工艺，都需要经过严格把关，严格遵循企业的质量管理要求。质量管理培训除了关注产品生产过程以外，还要关注企业的质量管理制度、机器设备操作流程规范、工艺流程指南，进一步规范约束生产人员的行为，从而保证产品质量。

（3）安全生产培训

安全生产是企业发展的重要保障。企业是社会大家庭中的一个细胞，只有抓好自身安全生产、保一方平安，才能促进社会大环境的稳定，进而也为企业创造良好的发展环境。安全生产是企业文化建设的重要组成部分。安全是人类最重要、最基本的需求，是人的生命与健康的基本保障，一切生活、生产活动都源于生命的存在，因此人身安全培训是安全生产培训的首要内容。其次是机器设备使用安全培训。生产人员每一天都会和机器设备打交道，但凡有操作不慎，就会发生危险。因此针对生产人员定期开展设备使用安全规范培训，避免生产安全事故发生，是生产人员安全培训的重要内容。此外，安全隐患防范、安全事故应急处理等都应包含于生产人员的安全生产培训。

二、任务要求

1. 选择一类在岗人员设计培训方案

任务内容：假设你是一家培训机构的员工，现在有一家企业委托你们公司进行某一类在岗人员培训。基于此，你们公司组建了团队，根据团队的分工，你作为小组负责人需要带领你的小组成员完成该企业某一类在岗人员培训方案的设计。你和团队的其他成员一起到这家企业进行了调研，详细地了解他们的培训需求，并形成了培训需求报告。接下来两天，你将和你的小组成员一起共同完成一份完整的《×××企业管理人员/技术人员/销售人员/生产人员培训方案》。

任务及其数量：1 份完整的培训方案 word 文档、1 份汇报 PPT 文档。

任务呈现：以小组形式，每个小组 5 分钟，以 PPT 形式展示汇报。

2. 任务完成常用实际业务工具

（1）培训课程内容（如表 3-6 所示）

表 3-6　　培训课程内容表

培训时间		课程名称	主要培训内容	适合对象
第 1 天	8：30—12：00	收派员服务规范	1. 基本准则 2. 收派员形象规范 3. 收派员用语规范 4. 收派员行为规范	收派员
		仓管员工作流程	1. 仓管员岗位职责 2. 仓管员标准流程及关键环节 3. 常见问题处理 4. 仓管员服务规范	仓管员

续表

<table>
<tr><th colspan="2">培训时间</th><th>课程名称</th><th>主要培训内容</th><th>适合对象</th></tr>
<tr><td rowspan="4">第 1 天</td><td rowspan="3">14：00—17：00</td><td>HHT 操作</td><td rowspan="2">1. 意义及作用
2. 功能介绍
3. 操作说明及练习
4. 注意事项</td><td rowspan="3">收派员
仓管员</td></tr>
<tr><td>DT900 操作</td></tr>
<tr><td>财务常识</td><td>1. 月结客户开发与取消标准
2. 收款注意事项
3. 营业款上缴规定</td></tr>
<tr><td>19：00—21：30</td><td>收派员服务规范演练</td><td>收派件过程服务规范练习及点评</td><td>收派员</td></tr>
<tr><td rowspan="5">第 2 天</td><td>8：30—12：00</td><td>包装及做件规范</td><td>1. 快件包装要求及标准
2. 常用物料介绍
3. 常见快件操作要求
4. 注意事项</td><td>收派员
仓管员</td></tr>
<tr><td rowspan="3">14：00—17：00</td><td>客户开发与维护</td><td>1. 良好服务意识与优质服务标准
2. 客户开发与维护案例解析</td><td>收派员</td></tr>
<tr><td>6S 现场管理基础</td><td>1. 6S 基本概念
2. 6S 推行的目的和意义
3. 分部 6S 要点与实务</td><td rowspan="2">仓管员</td></tr>
<tr><td>物料管理</td><td>1. 常用物料介绍
2. 物料申领与发放
3. 物料日常保管
4. 物料需求统计与分析</td></tr>
<tr><td>19：00—21：30</td><td>做件练习</td><td>1. 常见快件操作练习
2. 子母件操作练习</td><td>收派员
仓管员</td></tr>
<tr><td rowspan="4">第 3 天</td><td>8：30—12：00</td><td>运作常识</td><td>1. 常用运作术语
2. 主要中转与航空介绍
3. 关务知识</td><td>收派员
仓管员</td></tr>
<tr><td rowspan="2">14：00—17：00</td><td>常见问题件</td><td>1. 各类问题件处理的规定
2. 常见问题件分析与预防
3. 特殊快件操作</td><td>收派员
仓管员</td></tr>
<tr><td>内部服务手册测验</td><td>内部服务手册测验</td><td>收派员
仓管员</td></tr>
<tr><td>19：00—21：30</td><td>学员活动</td><td>学员文体活动</td><td></td></tr>
</table>

（2）培训内容方案（如表 3-7 所示）

表 3-7　　培训内容方案表

培训科目	培训内容	培训目的	时间地点	培训师
企业发展史及行业现状分析	讲解企业发展历程、行业现状、趋势分析	促进员工对企业的了解和认同	六楼会议室	
企业文化	讲解企业文化、理念、发展战略	促进员工对企业的了解和认同	六楼会议室	
企业组织架构	讲解企业组织架构和部门职责	加强员工对企业的了解	六楼会议室	
安全生产知识及纪律制度	讲解安全生产要求、安全防范、安全事故处理、管理制度、奖惩规定、员工行为规范	树立员工的安全意识和服从意识、规范意识	六楼会议室	
人事福利制度	讲解企业福利待遇	增强员工的归属感	六楼会议室	
岗位知识和部门职责介绍	讲解岗位专业技能和要求及相关部门的工作职责	帮助员工明确本职工作特点和要求及部门分工、工作流程	六楼会议室	
训练游戏	“七巧板”管理游戏	增强员工的团队协作意识	六楼会议室	

三、模拟在岗员工培训任务评价指标与标准

模拟在岗员工培训任务评价指标与标准如表 3-8 所示。

表 3-8　　模拟在岗员工培训任务评价指标与标准

任务名称	指标	权重	标准（5 级评分法）				
			5 分	4 分	3 分	2 分	1 分
设计一类在岗人员培训方案	培训方案的完整性	15%					
	培训方案的规范性	15%					
	培训方案的适当性	20%					
	培训方案的可操作性	20%					
	PPT 美观程度	10%					
	汇报展示效果	10%					
	团队协作性	10%					
	小计	100%					

练习题

一、单项选择题

1. 基于新员工的心理特点，新员工在行为的表现上具有（　　）的特点。

A. 工作主动性弱　　B. 工作效率高

C. 工作素质较高　　D. 团队协作较强

2. 在马斯洛的需求层次理论中，将人的需求层次分为（　　）个层次。

A. 3　　B. 4　　C. 5　　D. 6

3. （　　）培训的目的是提升新员工的团队协作性，从而更高效地完成工作任务。

A. 企业文化　　B. 企业规章制度

C. 团队素质拓展训练　　D. 职业生涯发展规划

4. 高层管理者培训的核心内容是（　　）。

A. 战略管理　　B. 团队建设　　C. 执行能力　　D. 组织协调

5. 生产人员的职业特点不包括（　　）。

A. 订单驱动　　B. 分工协作　　C. 重复性低　　D. 体力劳动

二、判断题

1. 新员工培训一般是指对应届毕业生的培训。（　　）

2. 马斯洛需求层次理论中，需求的最高层次是尊重的需要。（　　）

3. 新员工职业生涯规划培训旨在增强新员工的稳定性。（　　）

4. 按照管理的层次，管理者可以分为基层管理者、中层管理者和高层管理者三类。（　　）

5. 从销售人员的职业特点来看，工作对象相对比较单一，包括企业和个体。（　　）

三、简述题

1. 简述新员工的特点及培训的内容。

2. 简述技术人员的特点及培训的内容。

3. 简述生产人员与销售人员特点的区别。

4. 简述管理人员的特点及培训的内容。

项目四

培训方法选择

【项目导入】

一、主题案例

某大型互联网企业脱产培训方法运用的案例

某大型互联网企业员工的平均年龄只有30岁左右！就是这样一群还不算成熟的年轻人创造了一个又一个的奇迹。是什么能让他们领先一步？是什么能让他们保持持久的激情？是什么能让他们具有坚忍顽强的意志？一个重要的法宝是细致入微的培训。

该公司优先采用脱产培训，在有充裕时间的条件下，对员工进行集中式的培训，使员工能集中精力学习其在工作中必须具备的知识、技能以及应该具备的态度。为了让员工掌握工作技巧，提高效率，增强他们的成就感，保持积极性，并激发创新意识，从而保证公司的竞争优势，公司常用的培训方法如下。

1. 演讲法

（1）形式

培训师以讲课的形式，运用幻灯片、录像等现代技术工具将公司的发展历程、价值观、产品和组织架构等相关内容传授给新员工。

（2）效果

能够以较直接的方式（如幻灯片、录像等）快速向员工传递相关信息，易于加深员工对培训内容的理解。

2. 行为示范法

（1）形式

1）对于新在职员工的岗位技能。主要运用情景剧参与角色扮演的方式，利用录像将实践过程录制下来，然后再回放给受训者观看，让受训者接受有关关键行为的执行情况的口头或者录像反馈。并通过反馈设定相关岗位技能的改进目标，说明该关键行为在实践应用中的作用。

2）对于新管理人员的管理技能。让受训者准备一份书面材料（包括对公司、对自己所处部门的未来发展规划，明确发展规划中的重要事项），并就重要事项的发展制订一份“合约”，培训者要观察其是否按照合约中的规划实施。

（2）效果

①新在职员工的岗位技能。可以客观地反映受训者的行为，并提供有用且详细的反馈。让受训者观看录像，可向他们展示其模仿正确的行为，以及应如何改进自己的行为。

②新管理人员的管理技能。提升管理人员把握全局的能力，克服可能阻止规划实现的关键因素而创造一个良好的实践机会。

3. 讲授法

（1）形式

该公司的课堂培训就是利用讲授法，运用知识体系相对完整、培训时间集中的课程进行培训，一般要求授课时间在 7 小时以上。讲授的内容主要有计算机技术、P/D 网络、行业发展前景等专业知识，让员工能够系统地学习。

（2）效果

员工能够在短时间内全面系统地学习大量专业知识，企业能够花费较少成本培养更多人才。

4. 情景模拟法

（1）形式

该方法的主要形式包括通用文件处理的模拟；工作活动的模拟；角色扮演模拟；模拟现场作业；模拟会议等。

（2）效果

可以考察管理者处理事件的语言表达能力、沟通能力；有利于提高管理人员的随机应变能力和灵活性；有利于提高员工的实践操作能力，传授技术技能；可以就公司的某一技术难点进行探讨，各个员工自由发言、互相切磋，有利于运用集体的智慧解决技术难题，迸发创新激情。

5. 案例分析法

（1）形式

把实际工作中出现的问题作为案例，交给受训者研究分析，通过总结归类，将更多的实践问题提前抛给员工。让员工通过研究与分析，积累经验，在以后遇到相类似的问题时，能够从这些案例中找到相应的解决办法。

（2）效果

让员工经过这一环节的培训后，对公司在今后的运行中可能出现的问题有了更深的认识，并且知道遇到这些问题应该用什么办法去解决。但要注意的是案例要时常更新，保证其现实意义。并且要向员工强调，每个企业都有自己的特点，市场环境是变化的，要结合实际情况对案例中的办法加以运用。

案例分析

好的培训效果离不开适合的培训方法。培训方法有许多种，随着各种教学技术和信息技术的进步，一些新的培训方法也在不断出现。从实践效果来看，没有哪一种培训方法是万能的，每种培训方法各有其优点，同时也会有局限性，要根据培训的内容、对象，甚至时间、地点等要求来选择最合适的方法，才能取得最好的培训效果。因此，掌握好每种培训方法的操作要点、优缺点等，对培训方法的选择和使用十分重要。

二、学习目标

1. 掌握各种培训方法的操作要点与适用条件。
2. 熟悉各种培训方法的优缺点。
3. 了解各种培训方法实施的注意事项。

任务 6　模拟某种培训方法

一、知识准备

（一）在职培训法

所谓在职培训法是指管理者在日常的工作中指导、开发下属技能、知识和态度的一种训练方法。

培训目标：开发员工潜力，规范员工行为，促使其在岗位上成才。

培训对象：中层、基层员工。

培训内容：指导、规范日常工作，教育、激励下属员工。

培训方式：工作现场的实地演练。

培训时间：工作时间。

在职培训法最早产生于美国，是管理者在日常工作中为开发下属能力而采用的一种训练方法。由于在职培训法在日常工作中使用时具有很大的灵活性和实用性，因而得以快速的发展。现在，人们普遍认为，在职培训是促使员工成才的最有效的手段，它是将培训和工作结合得最好的一种训练方法。在职培训法主要有师徒制、导师制、工作轮换制等模式。

1. 师徒制

（1）师徒制的定义

师徒制在我国由来已久，即老师带领学生进行学习、工作、生活，使学生更好、更快地融入工作当中。通常，中国传统的师徒制分为两种模式：第一种是师傅与徒弟，徒弟在师傅门下学习手艺，师傅将手艺传授给徒弟，徒弟免费为师傅工作。双方多为商业与利益的合作，所以有“教会徒弟，饿死师傅”这一说法。第二种是师父与徒弟，师父不仅是徒弟的老师，承担教授技艺的责任，还要承担起父亲的责任，除了学习以外，还要对徒弟的生活进行照顾，而徒弟对待师父则要像对待父亲一样尊敬。这种没有血缘却胜似血缘的关系，让师父与徒弟往往有非常深厚的感情。

（2）使用师徒制的目的

使用师徒制的目的主要为了提升技术新人的培养质量和融入公司的速度，发挥老员工“传帮带”的作用，推动公司技术经验的传承。

（3）师徒制适用人员

师徒制适用于主管级员工及技术人员入职半年内。

（4）师徒制培训模式在员工培训中的优势

1）师徒制培训模式是最理想的技术传播模式。在师徒制培训模式中，担任师傅的都是高级工、技师、高级技师等高技能人才，是在企业的安全生产、设备维修、自动化操作、技术改造等工作中发挥重大作用的骨干力量。在长期专业的工作和学习过程中，他们通过不断练习、摸索、学习、实践以及一些重要的工作经历，掌握了娴熟的技能，积累了丰富的经验，练就了高超的手艺，这些个人的长期积累，更多地会在工作过程中展现出来，不易用语言来表达与传授，因此，师徒制培训模式的培训效果显著。现代企业的师徒制培训模式通常会签订师徒合同，制定一系列的激励和约束措施，规范师徒双方的培训与学习行为，比如规定培训期限、培训目标以及根据任务完成情况确定的奖励与惩罚等。由于有压力，徒弟提高技术的学习动机变得非常强烈，师傅培训徒弟、教会徒弟的责任感、紧张感也会剧增。师徒制培训模式有效地开发了企业员工队伍的人力资源，推动高技能人才将自身拥有的技术、经验与绝活，传授给青年技术员工，使得企业宝贵的技术资源得到保留与延续，促进企业的可持续发展。

2）师徒制培训模式有力地推动了企业文化的建设。在长期的职业生涯中，优秀的师傅具备高度的职业道德感、遵章守制的自觉性，爱岗敬业、自觉钻研技术，服从组织分配、勇于付出、对工作任劳任怨，团结、帮助、关心组织中的其他员工等优秀品质。师傅的这些品质，会在培训技能的过程中，通过自身的言行，潜移默化地影响徒弟，从而将企业文化中的精髓通过优秀师傅的言传身教，传授、带动或影响更多人，促进企业文化的建设。

3）师徒制培训模式是一种双赢的培训模式。师徒制培养的徒弟，在师傅的教育与影响下，在工作满意度、组织归属感、职业生涯认同等方面，较其他方式培养的员工有更高的满意度；同时，师徒制下的师傅，还承担着教练、顾问以及支持者的多重角色，增强了自身的责任感和荣誉感；另外，师傅在向徒弟传授自己丰富的实践经验时，既帮助了新进人员发展技能、融入组织，又促进了自身综合素质的提高。师徒制培训模式促进了师徒双方的共同发展。

4）师徒制培训模式具有投入少、见效快的特点。徒弟在工作的过程中学习技术，不需要脱产培训，对于企业来说，具有投入成本低，不影响师徒双方本职工作的特点，同时这种培训能够结合企业生产实际，培训内容针对性强、实用性高，能够做到有的放矢。这对于技术人才比较缺乏的企业，更是一种较为实用的办法。

（5）师徒制培训模式的具体做法

1）进行培训需求分析，确定培训时长与培训目标。开展培训前，要对主要技术工种的各岗位员工的技术素质进行摸底、分析，根据主要技术岗位技能人才的需求状况，确定培训时长与技能标准，按照国家职业标准确定考核要求与评估指标。

2）明确师徒标准，进行合理匹配。在选定师傅时，强调能者为师，对师傅的聘用不唯身份、不唯年龄、不唯学历。要求师傅具有优良的职业道德、熟练的操作技能，在本专业有丰富的工作经验，工作业绩突出，能热心传授技艺、绝招，具有培训能力，能帮助徒弟养成良好的职业道德和工作作风，督促徒弟在工作中严格遵守安全操作规程，认真传授技艺，确保徒弟在学徒期满后达到本专业相应技能等级标准。在选拔徒弟时，要求其爱岗敬业，具有一定的学习能力，组织纪律观念强，服从安排，虚心求学，能吃苦耐劳，认真钻研技术。确定师傅与徒弟人选后，师傅与徒弟根据专业岗位自由选择，结成对子，双方签订师徒合同。

3）签订师徒合同。在实践中，师徒合同应当具备以下要素：制定宗旨、培养目标，师徒双方的责任与义务、考核等规定；师徒履行合同的待遇、违约责任，以及师徒合同的监督、考核机构和解释权限等规定。培训宗旨及培养目标，要注重徒弟实际操作技能的提高。

4）确定培训期限，强化各环节管理。培训期限一般为一年左右。企业要努力创造有利于师徒交流的环境，将师徒双方安排在同一岗位、班组，并尽量安排师徒双方共同完成有关具体工作，为师徒培训提供良好的平台，同时加强对培训过程的监控与管理。企业培训考核领导小组定期召开师徒座谈会，反馈各师徒对子的运行情况，提出改进措施。在师徒制培训模式中，培训平台的提供，必要的培训投入，主管部门的组织、监控、考核、验收与激励都是不可或缺的。

5）培训考核验收。培训期满，企业要成立专门的考核组织，对培训对象进行专业理论知识与实际操作技能的考核。在考核中，徒弟的理论与实际考核合格，企业要按照师徒合同中的约定，及时对师徒双方进行奖励，并将师徒双方的业绩记入各自的培训档案。对于未能通过考核的培养对象，按照师徒合同对双方进行一定的惩罚，如徒弟要调离专业岗位，重新培训，师傅解除现任技术职务的聘用等。

6）动态调整培训方案。师徒制培训模式是一个不断完善的动态过程，企业在实施师徒制培训模式的过程中，要不断总结经验教训，及时调整培训流程，完善师徒制培训模式。

（6）实施师徒制培训模式的有关注意事项

师徒制培训模式能否有效地推行并取得实效，有赖于思想、机制、方式等方面的保障措施。

1）在思想上要统一认识，重视员工技能的培训，要把员工素质的提高作为日常管理的重要工作来抓。

2）在机制上要完善激励机制，不断激发师傅授徒与徒弟学艺的积极性。在传统的手工作坊时代，师傅们不愿意将一生在技术及经验方面的积累，全部传授给徒弟们。俗话说“教会徒弟，饿死师傅”，因而在带徒时总会“留一手”。在现代企业里，师傅们因为自身拥有的技术或绝活，在特定专业领域享有权威及被人尊重的地位，如果全部传授给徒弟，那么其自身的权威性及被人尊重的地位就会受到挑战。正是有这样的想法，师傅在教徒弟时势必也会有“留一手”的思想，这样就会造成企业宝贵技艺资源的失传。因而企业在师徒制培训活动中要注意做好思想教育和宣传引导工作，对于师傅给予物质与精神激励，并开展一些竞赛活动，如通过比徒弟来比师傅，提高其传授技艺的积极性，确保师徒制培训模式的质量和效果。同样对于徒弟，也要注意正面引导与反面约束的结合，充分调动他们学技术、长本领的积极性，真正做到从“要我学”转变为“我要学”。

3）在方式上要注重形式多样，教学相长。师带徒培训侧重于即时培训和现场实践培训，加快了员工技能提高的过程，因此，在实用化培训方面有着很好的作用。在抓好师徒培训工作的同时，要注重员工培训方式的多样化，加大培训投入，配备计算机、投影仪等教学设备，努力为员工搭建一个完善的培训平台。

2. 导师制

（1）导师制的含义

所谓导师制，简而言之，就是传统师徒制培训模式的延伸，是在学徒制的基础上借鉴学校中的导师制而用于员工岗位培训的方法。新入职员工不了解企业的规章制度、文化背景、岗位内容等，需要企业的资深员工带领学习，使其迅速了解企业文化和本职岗位内容。导师制是在企业智力层面构建的一种良好的工作学习氛围和机制，是依靠企业内部人才资源，快速培养适合企业发展的学习制度，具备服务功能、管理功能、职业生涯设计功能和心理辅导功能。导师制是现代企业人力资源开发的重要方法，与公司绩效考核、系统培训同等重要。随着企业的不断发展，企业在采用导师制进行新员工培训的过程中，不断扩展了培训内容，有利于对新员工进行全面的培训，使其尽快熟悉工作流程，进入工作状态。

（2）导师制的作用

1）职业支持的作用。通过面对面、一对一的接触，导师向学员传授岗位胜任的知识技能以及解决问题的能力，提高其工作绩效。导师还可以把学员推荐给上级管理者，可以将其纳入自己的社会网络。

2）心理支持的作用。导师一定程度上给学员提供行为的要求和人际关系的指导，充当学员人际问题的咨询顾问。通过准确理解和肯定学员的行为，导师实现接纳和激励功能，促进学员职业自我效能感和职业胜任感的发展，保护其免受负面因素的影响，提高其自主决策的能力。

3）传递企业文化的作用。导师在帮助学员掌握高水平的专业知识、技能的过程中，其言行会直接或间接地传递企业的价值观和行为规范，示范和榜样作用有助于学员接受企业文化。接受企业文化的学员才有可能成为组织的合格人才。

4）企业知识的分享与创造。导师与学员之间是知识分享与创造关系，这是人才开发的重要方式，也是企业知识管理的有效形式。导师通过言行传递知识，同时也在创造新的知识，正所谓“青出于蓝而胜于蓝”。

（3）导师制的优缺点

1）导师制的优点主要体现在以下三个方面：

①对企业而言，导师制强化了适用性人才培育，保障了持续发展的人力资源。一是实施导师制的人才培养模式解决了新员工的“水土不服”问题，缩短了新员工的“同化期”，在增强企业内部凝聚力的同时，也保障了公司后续发展的人力资源；二是能够培养出符合自己企业发展要求的人才，最大可能地发挥人才的潜能，有效地防止人才的无序流动；三是培训资源的最小投入，培养效果的最大回报，特别是对各种资源相对薄弱的中小企业来说，导师制培养人才可谓是一剂良药。

②对导师而言，能提高自身素养和工作满意度。导师往往处在职业高原期和中年危机期，通过参与导师计划，他们可以有效运用自身的专业知识与经验，从而提高自己的工作满意度。导师可以通过协助新员工制定和执行职业发展规划，在企业内构筑自己的权力和支持基础。新学员是帮助导师发展事业的好助手，导师一方面能通过师徒关系巩固自己在企业中的地位并提高工作满足感；另一方面能从新学员身上学习新的工作知识与创意，并获得新学员的人际支持。此外，导师需不断加强自我学习和接受培训，这本身就是对导师综合素质的提高过程。

③对新员工而言，导师制对新员工的影响是最为直接的。导师除了提供专业知识辅导之外，还可以提供支持、保护、咨询甚至友谊，这些都足以影响新员工日后的工作绩效、工作满意度、离职率等。导师对新员工在认知学习过程中，产生不可替代的榜样作用，影响新员工的职业生涯。其次，导师制为新员工提供了尽快进入企业内部重要社会网络的机会，从而使其有机会在高层管理者面前展现自己的能力、获得赏识和重要的信息，因此比较容易成功。

2）导师制的缺点主要体现在以下五个方面：

①导师工具的缺乏。在导师辅导的过程中，一定要有有效的工具进行衡量。尽管已开发了一些衡量个人发展的工具，但这些工具的效用还有待时间来检验。

②很多企业对推行导师制还缺乏足够的认识，仍把推行导师制理解为几天的培训。如果企业希望通过导师制度来达到发展新员工的目的，需要一个完整的系统来支撑。

③很多企业内部导师资源匮乏。一方面，导师需要一定的经验、阅历和成熟度。而在很多企业，尤其是IT和互联网行业，企业员工平均年龄在26~30岁，在如此“年轻”的企业中，即便是管理团队也都缺乏导师所必备的经验和成熟度。另一方面，企业在推行导师制的过程中还发现，公司选定的导师很多并不具备辅导员工的胜任能力。

④新员工不能正确处理和导师的关系。把握好尺度，对于导师计划的成功实施也

至关重要。很多企业，被辅导的新员工不懂得导师承担的角色，有的新员工甚至把导师当作“字典”来用，经常事无巨细，一遇到困难就找导师求助，弄得导师哭笑不得。这样其实对导师尤其是公司高管来说是一种时间上的浪费，也会令导师丧失辅导的积极性。

⑤文化的差异对于导师制的影响。在跨国公司推行导师制，要充分考虑跨文化的因素。某跨国石油公司在将导师计划推广到全球各地时，结果不尽如人意。后来经过分析诊断，才发现公司选定的导师全部是外籍员工，而被辅导的新员工则是清一色的本地员工。这样，非但辅导效果不尽如人意，外籍和本地员工之间的鸿沟也加深了。

（4）导师制员工培训的操作要点

员工培训策略直接影响着培训效果，一个统一、完善的企业导师制培训模式需要从企业、员工、导师三者出发，结合岗位需求，制定科学、合理的培训内容与培训流程。为了完善导师制的新员工培训方案，企业需要做好充足的前期准备工作，主要做好四个方面的工作：第一，合理匹配师徒，达成有效沟通；第二，识别员工需求，高效解决问题；第三，明确互动主题，定期评估近况；第四，营造合作氛围，促进知识转移。

3. 工作轮换制

（1）工作轮换制的定义

工作轮换属于工作设计的内容之一，从 20 世纪初至今，工作设计的理论经历了从工作专业化到工作轮换和工作扩大化，再到工作丰富化以及工作团队化等几个重要的发展阶段。在 19 世纪末 20 世纪初，以泰罗为首，最先在企业中应用工作专业化。然而工作专业化在提升企业效率的同时，也使人感到枯燥和无趣，员工往往变得沮丧且没有激情。在一些企业中，甚至出现了工作专业化带来的高绩效被相伴而来的不满和厌烦情绪带来的损失抵消的情况。因此，人们开始探求更适合的工作设计方法。在这种情况下，工作轮换、工作扩大化、工作丰富化和工作团队化等新的工作设计方法就应运而生。工作轮换是对工作流程不进行很大改变的前提下，员工间隔一个阶段就从一种工作岗位换到另一种工作岗位，主要目的是使员工在不同工作岗位上轮换操作，给他们提供发展技术及较全面地观察和了解整个生产过程的机会，从而可以使单一的常规性工作产生的厌烦和单调感减少到最低程度。工作轮换一般来说有两种类型，即纵向轮换和横向轮换，纵向轮换指的是升职或降职，而横向轮换指在水平方向上的工作变化。通常所说的工作轮换就是横向轮换。

由此得出工作轮换制是指企业有计划地按照大体确定的期限，让员工轮流承担若干种不同工作的做法。从目前众多组织运用工作轮换制的实践来看，工作轮换制具有激励员工、促进员工职业成长、使员工适应组织变化等作用。

（2）工作轮换制的优点

1）工作轮换制能满足员工内在需求。内在需求是指依靠工作活动本身或工作任务完成时所提供的某些因素而满足的需求。这种需求与员工工作本身有关，此时工作本身就具有激励性而不再单纯是工具性的了。内在性需求的满足取决于员工自身的体验和判断，它是人们从工作本身获得的满足。

对员工进行工作轮换，能够很好地满足员工的内在需求：在同一岗位时间长了，就会产生厌烦感，适当的岗位轮换会使人有一种新鲜感，工作本身的趣味性由此产生；当员工面对一个新的工作岗位时，就会面临新岗位的挑战，工作轮换可以培养员工适应新环境的能力；对一般员工来说，可以增加员工对多种技能的掌握，而对于管理人员，能加强对企业工作的全面了解，提高对全局性问题的分析能力；在不同岗位上的轮换，可以增加员工的交流机会；当员工能胜任新的工作岗位时，便可得到一种只有在工作任务完成时才会体验到的满足感。

2）工作轮换制能满足员工成长需要。第一，满足员工的职业选择倾向。从现代激励理论可知，员工的个性（价值观、动机、需求）是选择工作的一个重要因素，只有当工作与员工个人的个性相符时，员工才愿意在某一岗位长时间工作。实行工作轮换制，能使员工依据自己的个性找到合适的工作岗位。只有这样，才能使员工在恰当的工作岗位上施展自己的能力与才华，才能激发出员工的潜力和积极性。

第二，满足员工职业生涯发展的需要。在职业生涯的每一个阶段，人们的性格特征、经验、技术以及对自身工作的认识都是不一样的。因此，根据职业生涯发展的不同阶段，实行相应的工作轮换制，可以满足员工职业成长的需要。

3）工作轮换制能促进组织发展。工作轮换是一项成本较低的组织内部调整和变动，既能给企业员工带来工作的新鲜感和挑战性，又不会给组织带来太大的破坏，但可以使组织重组后更具效率。

第一，可以激发组织的活力。美国学者卡兹认为，一个组织在一年半期间，虽然工作充满了新鲜感，但由于员工需要熟悉组织的工作环境和工作气氛，尚难敞开心扉应付自如，难以达到较高的工作效率；在一年半至五年期间，信息交流水平最高，组织的工作成果数量最多；当组织寿命超过五年后，员工对于工作已经非常熟悉，工作的挑战性明显下降，工作本身已经不能激励员工，组织也因沟通减少、反应迟钝而老化，会出现效率低的倾向。因此，适时的工作轮换，带动企业内部的人员流动，可以延长组织的寿命，激发组织的活力。

第二，可以储备多样化人才。面对多变复杂的经营环境，企业组织结构的柔性特征需要增强，这要求职工具有较强的适应能力，以便当企业经营方向或业务内容发生转变时，能够迅速实施人力资源转移。显然只掌握单项技能的员工不能适应这种变化，于是企业的人才储备就显得尤为重要。首先，人才储备需要培养复合型人才，通过工作轮换，使员工轮换做不同的工作，以取得多种技能，同时也挖掘了各职位最合适的人才。其次，人才储备需要培养管理人员。对于中高级管理干部来说，应当具有对业务工作的全面了解能力和对全局性问题的分析判断能力。而培养这些能力，显然只在某一部门内部做自下而上的纵向晋升是不够的，必须使干部在不同部门间横向流动，开阔眼界，扩大知识面，并且与企业内各部门的同事有更广泛的交往接触。

第三，可以增强部门间协作。工作轮换有助于打破部门之间的界限，增进企业或团队内部的沟通与交流。部门间的本位主义或小团体主义，往往来自对其他部门的工作缺乏了解，以及部门之间人员缺乏交往接触。首先，通过工作轮换，将有助于员工认识本职工作与其他部门工作的联系，从而理解本职工作的意义。其次，适时的工作轮换，可以健全内部控制制度，防止腐败。通过工作轮换，可以避免一些重要部门的人员因长期在一个部门而滋生的腐败。另外，长期坚持工作轮换制，可以使公司员工从不同的角度加强对公司业务和企业文化的理解，从而提高整个公司的效率和凝聚力。

（3）工作轮换制的缺点

1）从员工层面来看，工作轮换在一些工作情景下不仅不能激励员工或者提高生产效率，反而会降低生产效率，降低士气。对于在不确定情景下工作的人来说，工作丰富化意味着要处理的突发事件多，要承担更多的风险和责任。当发生平行的工作轮换时，员工通常会有几个方面的想法：一是认为领导对自己的工作不满意，从而容易丧失对工作的信心；二是认为自己工作失误，从而在将来的工作中不能尽展所能；三是员工意识不到工作轮换产生的长期影响，对自己负责的工作只考虑短期成果，而不做长期的工作打算。

2）从公司层面来看，在实行工作轮换制，大量的横向人事流动是很麻烦的事情，加重了人力资源管理部门的负担，对业务部门的工作也有一定的影响。在工作轮换中也可能出现以下五种问题：第一，轮换意味着员工从原本熟悉的岗位来到一个新的岗位，这就需要企业进行大量的培训工作，否则轮换后的员工都将成为新手；第二，定期的轮换对保持和传承长期积累的经验不利，可能导致工作效率降低，而且对于掌握某些复杂的专业技术更为不利，可能致使这类技术水平降低或停止发展；第三，在工作过程中，可能因为某些变化或是工作需要而使有些员工不能及时参加轮换，可能会影响未能及时轮换的职工的工作积极性；第四，职务轮换会引起职务工资变动，可能影响职工收入或使工资计算复杂化，导致职工本人与财务人员对轮换都缺乏热情；第五，部门内部会有本位主义思想，不愿意放走骨干员工，只愿意让一些一般的人才或本部门不需要的人才参与轮换，因此可能导致轮换后的“垃圾集中营”现象。

（4）实现有效工作轮换应注意的问题

1）为保证工作轮换的顺利进行，实施轮换前应建立完整的职位说明书。建立完整的职位说明书将帮助企业准确描述职能与职责，划分职位权限与内外部沟通，并指出绩效指标，对相应任职资格也进行了规范的描述。在这样的前提下进行工作轮换，可确立各职位间的责任与权限，以避免不必要的业务重叠及不必要的互相牵制。

2）一些工作性质完全不同的职位是无法轮换的。不同工作都有其专业性，由于每位员工的能力及其所在部门的限制，即使再优秀的人才，也可能遭遇专业的瓶颈，不可能对每个部门的工作都特别精通。因此，在轮换前应当考虑工作的性质是否适合轮换、轮换后的人员能否胜任、轮换后能否使工作效率提高等问题。

3）有的职位过于敏感或具有高度机密性，轮换前要三思。例如技术保密部门的职位不能参与轮换。还有企业中有些岗位是非常敏感的，比如，当企业实行保密工资制时，承担财务工作的人员不宜经常轮换。

4）轮换前要进行必要的教育与培训。轮换前要对中层管理者进行企业整体与团队观念的教育，让他们意识到轮换不仅对优秀员工有利，而且对他们所在部门也是有利的，应通过轮换打破部门间的隔阂。此外，轮换前应对员工进行必要的新工作岗前培训，使其尽快适应工作。

（二）脱产培训方法

脱产培训是指在工作时间进行全职进修或培训，这种脱离直接工作场所的培训可能会给现时工作的安排带来不利的影响，所以需要做妥善安排。员工也可以采用半脱产培训的方式，用部分时间参加部门的工作、部分时间进行学习培训。脱产培训法主要包括讲授法、案例研讨法、角色扮演法、管理游戏法等。

1. 讲授法

所谓讲授法，是指内部培训师通过语言表达，系统地向受训者传授知识，期望受训者能记住其中的重要观点。讲授法在介绍、法律法规企业文化、企业规章制度等课程中较为常见。

（1）常见讲授法的类型

1）灌输式讲授。灌输式讲授是指讲授过程中的信息输入完全来自培训师，学员只是接收信息。这种方式的学员参与程度最低，没有反馈，学员也没有任何义务去主动参与。

2）启发式讲授。在启发式讲授中，培训师首先提供一些新信息和结论，然后提出一些问题，以考察学员是否掌握了新信息和结论。如果学员没有掌握，培训师会以容易理解的表达方式努力使其听懂。在这一方法里学员的参与意识在很大程度上得到了提高。

3）发现式讲授。发现式讲授是指学员在培训者的指导下进行学习，并试图得出自己的结论，培训者只提供学员无法得到的某些事实，学员要尽可能多地探索新发现，要独立探求新结论与其他新事物。

4）开放式讲授。在开放式讲授活动中，学员们首先就活动目标及测评标准达成一致。培训师将学员确定的目标进行任务分解，并设计一定的活动，分头完成这些任务，最终取得学员们所预料的效果。

（2）讲授法的要求

有效地运用讲授法，需要遵循以下四个基本要求：

1）讲授内容要有科学性。这是保证讲授质量的重要条件。如果培训师所讲的内容可信度较低，数据精确度和案例准确性不到位，就会遭到学员的质疑和反驳，所以，讲授法最基本的要素就是有较高的可靠性。

2）讲授内容要有系统性，条理要清晰，重点要突出。如果培训师对于课程内容泛泛而谈，就会让学员抓不住重点，也会遭到反问。比如，用讲授法讲企业文化，一共有 10 个纲要，但是重点的只有几个，就应该把这几个做重点标记，格外强调。

3）讲授语言要清晰，生动准确，必要时可运用板书。难以讲解清楚的地方使用板书会有比较不错的效果。

4）培训师与学员要相互配合，这是取得良好讲授效果的重要保证。使用讲授法的课程本身就比较枯燥，如果培训师与学员缺少配合与互动，效果会更加不好。

（3）讲授法的优缺点

1）讲授法的优点体现在以下六个方面：

①易于操作。一般培训内容确定后，只需根据培训的内容确定相应的培训师，再找到一间合适的教室（如会议室），选定培训的时间，召集需进行培训的学员即可进行，学员数量可多可少。

②经济高效。可以同时对大量学员进行培训，可在较短时间内使学员系统地学习并掌握有关的知识。

③有利于培训师作用的发挥。培训师在课堂上对学员进行知识讲解、能力训练、思维启迪、方法示范，在培训中起着主导作用。

④在较短的时间内，培训师能够按照一定的体系和步骤，借助各种教学手段，向学员传授较多的有关各种现象和过程的知识信息，教学效率高。

⑤成本低。一堂讲授课的基本费用即培训师的授课费用和场地费用，连同其他人员和技术设备费在内的所有成本较低。

⑥通用性强。讲授课适用于多种学科的教学，也可以根据教材或听众的变化而增加或减少其中的某些内容。

2）讲授法的缺点体现在以下八个方面：

①讲授内容具有强制性，培训师不能改变确定好的内容。

②学习效果易受培训师水平能力的影响，如果培训师能力有限或授课技巧不足，就会增加培训无效的概率。

③学员之间、学员与培训师之间讨论的概率较小，不利于理解并掌握所学的知识。

④单向式的教学，使讲授法的培训过程是由培训师控制的，讲授的内容、进度取决于培训师，学员基本处于被动接受状态，培训师与学员间缺乏必要的交流和反馈，学员间也缺乏相互沟通和信息交流。单纯地或过多地采用讲授法，会助长学员学习的被动性或抵触情绪，而且不利于学习内容的消化和记忆。

⑤缺乏实际的直观体验使讲授法仅是利用语言从理论上传授知识和技能，不能给学员提供相关的感性认识，可能对知识的理解和运用带来困难。

⑥培训的针对性不强。讲授法主要根据学员的普遍性问题确定讲授内容，采用统一资料、同一方法进行培训，难以顾及每个学员的具体特点和个别问题。

⑦讲授法就其本质而言是一种单向性的思想交流或信息传输方式，在大多数的情况下，学员不能够影响所传递知识的性质、速度和供给量，如果过多地使用，会导致学员思维方式的变化。

⑧讲授法不利于学员记住知识，学员常常忘记讲授的具体内容，这对于较长时间课程尤其明显。学员听的时间越长，所记住的东西比例越小。

（4）实施讲授法的注意事项

在运用讲授法进行教学时，应该注意以下四点重点。

1）适用性。在课堂教学时，选择恰当的讲授内容是关键。

2）启发性。在课堂教学中培训师要注意启发和引导学员思考，要有意识地设置一些与所授内容相关的问题，使学员产生疑问，激发其探索问题的积极性。

3）趣味性。生动形象、富有趣味的讲授，能够激发学员的兴趣，使他们集中注意力、积极思考。尽可能地使讲授的内容贴近学员的工作实际，将枯燥的知识趣味化。

4）整合性。在与其他教学方法结合运用时，应考虑如何扬长避短，根据所授知识以及学员的特点选择不同的教学方法进行教学。

2. 案例研讨法

（1）案例研讨法的定义

案例研讨法是目前国内外企业培训领域应用最多的培训法之一，源自高等院校中的案例教学法，并在企业实践中有所发展与创新，最初起源于美国哈佛大学用来培训MBA 学生。该培训方法侧重培训师与学员之间的互动，结合学员的实际工作或学习的需要，提供现实工作中的事实案例，由学员发挥自己的学识和经验通过讨论来解决问题，更加符合企业人才培养的需要。在对特定案例的分析、辩论中，学员集思广益，共享集体的经验与意见，有助于他们将培训的收获在未来实际业务工作中加以应用，建立一个系统性的思考模式。

案例研讨法一般先由培训师设计好一个教学案例，并提出若干条需要学员事先准备和思考的问题，一并于培训前 2~3 天发给学员。到了培训那一天，培训师先做一个简短的引导报告，讲明必要的理论知识和注意事项。然后对学员进行适当分组，即可按要求开始研讨。半小时后，把所有小组再集合起来，先由各组派出一名代表进行结论汇报，全部完成后由培训师进行点评。若有必要，学员可以进行自由发言，培训师再根据学员综合表现进行评分，得出结论。

（2）案例研讨培训法的优缺点

1）案例研讨培训法的优点体现在以下五个方面：

①培训参与性强，变学员被动接受为主动参与；

②有利于提高学员解决实际问题的能力；

③有利于激发学员参与培训的积极性；

④学员能够交流学识和经验；

⑤激发学员思考，发挥学员潜能。

2）案例研讨培训法的缺点体现在以下三个方面：

①难以对结论进行归纳。案例研究结论的归纳不是统计性的而是分析性的，这必定使归纳带有一定的随意性和主观性。

②技术上的局限和学员的偏见。案例研究没有一种标准化的数据分析方法，证据的提出和数据的解释带有可选择性，学员在意见上的分歧以及学员的其他偏见都会影响数据分析的结果。

③大量时间和人力的耗费。需组织培训者编写、寻找恰当的案例，大量的时间耗费是案例研究中一个非常现实的问题。

（3）实施案例研讨法的注意事项

1）案例编写。案例研讨法培训的成败关键在于提供的案例是否与培训学员急需解决的问题相关，难度是否适中，内容、过程和结论是否具备可讨论性，生动性如何，是否具有标准答案，辅助资料是否充足，相关表格是否就绪等。因此，培训师在开发或选择案例之前要深入研究学员的培训需求，了解学员目前所面临的具体问题，然后选取涵盖学员普遍性问题的案例。除此之外，选择案例时要注意案例是否真实，如果是培训师开发的，就要注意案例的可信性和可行性，并力争使案例生动，让学员读后感觉就像发生在自己身边一样。另外，培训师在向学员提供案例故事的同时，可以提供一些与案例相关的表格、统计数据等资料，以帮助学员了解事实的真相。

2）培训师对现场气氛的调动。一般来说，许多人不太愿意在同事面前发表可能隐含针对性的评论，以免“祸从口出”，当然也有些人就是喜欢发表意见。对案例研讨培训法来说，后一种人是调动现场气氛的种子，是好事，只是注意不要让他们控制局面，否则就变成独角戏了。此外，最好要明确所有案例都存在两难选择，只提出讨论的问题，而案例本身并无答案，最起码没有标准答案。有答案的案例就不会引起学员的争议，谁都知道问题应该怎样解决，就没有人愿意参加讨论了，更无法解决有困惑学员的问题。

3）培训师的点评。点评的深入与否直接关系学员的理解和收获。为此，培训师既要给出理论上的透彻阐述，也要精辟分析学员观点的优劣，既要有总结，又要有提高。这些都要求培训师对理论的融会贯通，并要求其反应敏捷、善于发挥，绝不可照本宣科。案例研讨中，培训师的角色应当是：帮助学员发现案例中的问题，一起来分析；控制学员观察、倾听、沟通和决策的节奏；总结学员的真知灼见，为学员鼓掌。

3. 角色扮演法

（1）角色扮演法的定义和特点

角色扮演又称为情景扮演，是指设定一个最接近现实状况的培训环境，指定学员扮演某种角色，借助角色的演练来理解角色的作用，从而提高学员主动面对现实和解决问题的能力。角色扮演法不需要讲解，通过周边人的表演会比讲解更加逼真，更让人容易接受，但有些时候，演练不到位就无法达到预期的效果。

角色扮演法具有以下五大特点：

1）它要求事先指定参与者扮演的各种角色，可以有两种或两种以上的角色的存在；

2）角色扮演之后有小组讨论的环节；

3）各种角色及其所处的情境都是虚拟的；

4）角色扮演没有成功与失败，参与者从中有所学习获益就是有效的角色扮演；

5）在角色扮演的过程中可以安排角色转换，即扮演某一角色的人和扮演其他角色的人角色互换。

（2）角色扮演法的优缺点

1）角色扮演法有以下七个优点：

①有助于训练基本动作和技能。比如，生产线上的操作、商务礼仪、消防演练等就非常适合角色扮演的方法，角色扮演要选对“演员”才比较逼真，否则就没有效果，失去了角色扮演的意义。

②快速提高学员的观察能力和解决问题的能力。

③活动集中，有利于培训专门技能。比如，在商务礼仪的培训中，有人扮演客户，有人扮演员工；生产现场的操作可以找专人示范。

④可训练态度仪容和言谈举止。

⑤通过亲身体验，更有助于员工理解和把握各种问题存在的深层原因，有助于促进学员把所学所获从学习情境向工作情境转化。

⑥与小组讨论相比，能产生出更多的创造性的解决问题的途径。

⑦与专题讲授、小组讨论相比，能更有效地提高参与者人际沟通方面的技能。

2）角色扮演法有以下五个缺点：

①人为性较强。

②强调个人角色。

③容易影响态度，不易影响行为。看了别人的表演以后感觉非常有道理，但是真正执行起来却非常困难。

④角色扮演的设计非常重要，如果角色设计不好，就很难有好的效果。

⑤角色扮演实施不到位，也无法取得预期效果。实际上，角色扮演法是为了让大家在短时间内对一个事物产生深刻的理解和关注。比如，电视购物就是用角色扮演的方法来做销售，角色扮演到位，才有助于促进消费者购买。

（3）实施角色扮演法的注意事项

实施角色扮演法有四点注意事项：

1）宣布角色扮演的时间限制。

2）强调员工实际参与，体现真实性。

3）使每一个角色都能练习到不同的技巧。每一个参与者扮演不同的角色，使用不同的技巧，让学员得到充分学习。

4）确保每一事项均能代表培训计划中所要教导的行为。确保每一次角色扮演活动都能起到一定的教育作用，给学员带来一定的感触。

4. 管理游戏法

（1）管理游戏法的定义

管理游戏法是当前企业员工培训特别是较高层次人员培训中较多使用的一种先进的教学方法。与传统的讲授法以及目前流行的案例研讨法等教学法相比，具有更加生动、更加具体的特点。此法是先由培训师按照讲授内容的需要，精心选择或设计游戏方案，提供一个让学员依照游戏规则努力达成具有竞争性与挑战性目标的一种学习环境和高度机动的学习途径，特别是对冗长与重复的学习内容，能提供为一个或一群学员同时或多次使用，并通过游戏提高学员能力或解决某些特殊问题的教学技巧。学员以个人或小组形式进行游戏，通过情景的设置，可以充分调动学员参与的积极性，激发他们运用有关理论和原则、决策力与判断力对游戏中所设置的种种“遭遇”进行分析研究，采取必要的有效的方法去解决问题，以争取游戏的胜利。管理游戏法既符合成人学习的特点，又顺应了现代培训“以学员为本”的发展潮流，值得在员工培训教学中进行尝试。

（2）管理游戏法的优点与缺点

1）管理游戏法的优点体现在以下五个方面：

①可以充分调动学员参与的积极性。游戏具有神奇有趣、不断发生意外的特点，这会激发学员内心的好奇与兴趣，让学员在充分享受参与乐趣的同时，实现自己当主角的目的。在管理游戏法培训过程中，学员全身心地投入到活动中去，不仅要动脑、动手，还要动口，争相发表自己的见解，甚至是争论；调动自己所有的知识储备和经验来证明自己的观点，或解决情景设置的问题；在游戏过程中可以充分发挥自己的想象力，使游戏在改变自我认知、释放能量、改变态度和行为方面发挥神奇的效果。

②可以有效地培养学员的创造性思维。在管理游戏法的情景设置中，学员会遇到许多课堂、工作和生活中难以遇到的特殊问题，有些问题甚至超出了学员们的经验范围，需要他们调动自己的全部思维去解答。这就在游戏互动的过程中，引导学员突破传统的思维方式，开启智慧的大门。

③影响和改变学员的态度和价值观。管理游戏法的一个比较突出的特点就是在于它能够让学员“顿悟”。这种自悟的道理，不是培训者硬塞给他们的，因而对他们的影

响和触动是深刻的。在游戏过程中，培训师往往有意让学员先“犯错误”，或者在整个游戏过程中任凭学员“误入歧途”，等到游戏进入尾声或结束后再“揭穿谜底”，这时学员往往会恍然大悟、茅塞顿开，这正是管理游戏法的魅力所在。

④可以让学员在相互交流碰撞中产生“头脑风暴”的效果。现代培训的一个重要理念是“学生是最重要的资源”。过去我们说“给学生一杯水，教师首先要有一桶水”，现在则讲“我们每人都有一杯水，合在一起我们会分享到一桶水”。管理游戏法成功的要素之一就是要充分利用学员的资源，游戏一般都是由多个人共同完成的。在游戏中，每个成员都必须充分调动自己以往的经验，在游戏规定的情境中去努力完成任务。在不同阅历背景、不同知识结构、不同个性成员的接触、交流、思维碰撞的过程中，会闪现出许多智慧的火花。这种集思广益、集众家之所长的结果，会使人受到很大、很多的启发，会体会到团队合作的快乐。

⑤可以改变课堂上的沉闷气氛。用管理游戏法教学可以彻底打破以往课堂教学中那种沉闷的气氛，创造一种温暖、热烈的氛围。有经验的培训师会在讲课开场时运用小游戏进行课前破冰，创造一个紧张、愉快的学习氛围，激发起学员的好奇心；在学员学习疲倦而昏昏欲睡时，调动大家活动一下身体；在学员互相不熟悉时，运用游戏打破僵局；在学员对问题理解过于肤浅时，用游戏让人深思；在强调记忆要点时，用游戏加深记忆；在课程中，游戏运用得当，会产生令人难以忘怀的效果。

2）管理游戏法的缺点主要体现在以下四个方面：

①游戏本身不易设计，尤其是兼具趣味性和管理实质内容的游戏具有很大的设计难度；

②游戏操作控制具有难度，由于每次培训对象不同，在游戏中会出现许多不可控的情况，对这些情况的现场把控需要培训师有非常丰富的管理经验和教学技巧；

③游戏时间一般较长，单位时间传递的信息量有限；

④对游戏结果的总结点评要求培训师具有较强的洞察力和总结提炼能力，才能让学员有所感触。

（3）实施管理游戏法的注意事项

1）精心做好游戏设计。选择一个与本次培训所要阐述的主题比较吻合、难度适当、时间合适，并且易于操作的游戏就让人颇费心思，培训师在平时就要多积累、多开发和设计一些比较好的游戏，在需要的时候才能“信手拈来”，恰到好处，要做好游戏内容和时间的规划。

2）制定并遵守游戏规则。游戏规则是保证游戏顺利进行并取得效果的关键，要科学、准确、简单明了、公正公平。语言表述不能模棱两可，让人产生歧义，否则会影响培训效果。要把机会尽量公平地分配给每位学员，每人都有参与、表述的机会，让智慧的火花通过碰撞闪现。

3）明确参与游戏的态度。管理游戏培训法和其他培训方式一样，都有明确的培训主题、内容和目的，不能嘻嘻哈哈、马马虎虎。游戏前，培训师首先要对参与学员提出要求，使其遵守游戏规则；游戏中，应严格遵循情景设置，并按照程序一步步准确完成。

4）努力营造游戏的氛围。氛围决定着游戏的效果。培训师不仅要指导学员完成游戏的内容，把所要阐述的培训思想穿插在游戏中，更要努力营造一个良好氛围，使人人能够畅所欲言，人人都想发表自己的见解。

5）善于引导和把握学员的反应。一堂成功的管理游戏课，培训师的作用是贯穿始终、不可轻视的。作为“群言堂”的导演，培训师要注意根据学员的表现，快速、果断地拿出应对方案，依据培训目的，或婉拒、或转移、或搁置、或疏导、或鼓励，充分发挥“导”的作用。尤其要注意学员在教学过程中的反应，因势利导，引发双向或多向交流。

6）做好游戏后的点评工作。游戏后的点评工作是使游戏从“玩”到“悟”的重要环节和步骤。培训师恰当的点评往往起到画龙点睛的作用，是整个教学成功的关键。培训师可以通过不断地追问，引导员工进行深思，从而使员工对所学内容有更深刻的认识和理解。

（三）新型培训方法

1. 网络培训

（1）网络培训的定义

网络培训又称 E-Learning、在线培训等，有学者将 E-Learning 定义为：通过应用信息科技和互联网技术进行内容传播和快速学习的方法。通过有效的网络培训，不但能提升企业员工的素质水平，还能使企业发展与时代需求相适应，促进企业的现代化发展，增强企业在市场竞争中的实力。

（2）网络培训的优点与缺点

1）网络培训的优点主要体现在以下四个方面：

①公平公开。企业各层级和各岗位员工可以平等地享受网络培训，获得同等的培训机会。所有员工都可以通过网络参与到企业培训中。

②交互式。网络培训的交互式可以使培训人员和学习者之间建立良好的沟通关系，

拉近了两者距离，通过网络可以为员工之间提供沟通平台，同时也能使培训环境更为自由和轻松。

③信息丰富。网络培训主要借助计算机和网络完成，可利用多媒体技术进行，因此能够综合运用文字、图像、视频等工具辅助培训。多种方式的结合能使培训内容更加具体和丰富，能有效降低企业员工的学习难度，也能打破枯燥的培训模式，使员工更易接受，并主动参与到培训之中。

④自由度、灵活度高。一方面，网络培训具有较高的自由度。员工可以根据自身需求和时间自主利用网络对培训内容进行学习，且不受空间的限制，无须像传统培训模式在培训室进行。同时，网络培训可涵盖多种内容，并可随时进行更新和扩展，员工也可根据自身兴趣选择相应内容和培训者。另一方面，网络培训具有较高的灵活度，可以灵活地对培训课程进行设置，也有助于调动员工的积极性。

2）网络培训的缺点主要体现在以下三个方面：

①系统设计较为复杂。主要表现在培训系统的设计较为复杂、缺少培训效果的评估和反馈模块、培训系统操作难度大等多个方面。

②缺乏有效的管理。一方面，对网络培训的规划不够合理，没有相应的保障措施，限制了网络培训功能的发挥；另一方面，对网络培训工作认识不足，缺乏对实际开展相关工作过程的重视，网络培训只停留在表面，也会对员工参与网络培训的积极性造成影响，导致员工往往采取应付态度，不但无法高效率地开展培训，还会造成培训资源的浪费。

③忽视信息化硬件建设。部分企业在运用网络培训模式的过程中，过于注重培训内容以及形式，而对硬件设施等方面缺乏应有的重视。但实际上，网络培训的基础就是硬件设施，若缺乏相应的配套设备，无法真正进行网络培训。

（3）网络培训实施的注意事项

1）转变观念，积极利用网络进行员工培训。一方面，管理人员需要鼓励企业员工参与到网络培训之中，做好相关方面的宣传工作，使员工了解网络培训的机制和益处，主动利用网络资源提升自身能力；另一方面，企业也要对现有培训资源进行分析，对网络培训效果进行评估，为后续工作的开展提供参考。

2）对网络培训进行有效管理。首先，管理人员需要了解员工需求，通过调查等方法明确员工工作中的薄弱点，有针对性地构建相应的培训内容。其次，需要结合网络培训技术、目标等建立相应的实施方案，在方案中需要明确培训分工、管理人员责任和权利、培训具体流程等各项内容，保障网络培训工作的有序开展，并为实际培训提供参考和依据。

3）注意网络培训效果的监控。由于网络培训的非现场性，需要对培训对象的学习过程和学习结果进行合理而有效的监控，可以充分利用网络信息系统进行学习行为的记录和效果的检验，避免培训流于形式。

2. 虚拟培训

（1）虚拟培训的定义

所谓虚拟培训是指基于虚拟现实技术的培训，是实际培训过程在计算机上的映射。虚拟培训系统是指利用虚拟现实技术生成的一类适于进行教育培训的虚拟环境，它可以是某一现实培训基地或设施的真实再现，也可以是虚拟构想的世界。学员以虚拟环境为依托，沉浸于其中，进行学习和培训。

（2）虚拟培训的优缺点

1）作为一种新型的培训方法，虚拟培训的优点主要体现在以下四个方面：

①虚拟培训从视觉、听觉、触觉等各个渠道激活人的感官，可以较好地实现培训中人的各种感官的协调一致，符合客观的认知规律。

②虚拟培训系统具有信息容量大、多向演示、模拟生动、身临其境等显著特征，这是在有限空间、有限时间下其他传统培训方式无法比拟的。

③它可以非常方便地解决培训中的理论与实践问题，能瞬时反馈各种信息，有助于提高参训人员的概念化理解能力和综合技术水平，检查培训成绩，并且对于同一项目可多次反复训练。

④虚拟培训的效益主要体现在提高教学效率、节约培训成本等方面。

2）虚拟培训的缺点主要体现以下三个方面：

①虚拟环境与真实环境的差异。员工在虚拟的环境中学习，与在真实的生产中训练毕竟不同。虚拟现实技术不能完全代替具体真实操作，它只能在一定程度上实施某些操作技能的训练，而不能完全替代真实环境下的实训教学；同时虚拟培训系统里的设备都是接近理想化的，而真实世界可能存在各种各样的问题；此外，在虚拟培训中可以犯错，容易对员工造成一种误导，可能导致员工在进行现场操作时由于麻痹大意造成严重后果。

②虚拟现实技术的效果还有待加强。目前虚拟现实的表现方式侧重于几何表示，缺乏逼真的物理、行为模型，虚拟现实技术对感知、视觉合成方面的研究较多，而对听觉、触觉的关注较少，真实性与实时性不足，其虚拟的效果还需要进一步加强。

③在虚拟培训中，培训师对培训进程的控制力受到挑战。虚拟培训要求学员要

有良好的学习自觉性，因为整个培训的过程不利于培训师进行监督。培训师的主导作用被减弱，如果自由度太大，就容易偏离原来的培训目标，而且道德教育也被削弱。

（3）实施虚拟培训的注意事项

1）仿真性。在虚拟现实技术支持下，虚拟培训设施应与真实的培训设施功能相同，操作方法也要一样，这样学员通过虚拟培训设施训练技能所达到的效果与在现实培训基地里相同。

2）开放性。虚拟培训环境可以为所有学员在任何时间、地点提供各种培训的场所。事实上，虚拟培训环境的内涵是广泛的，它不同于传统培训基地的概念，它具备可以进行类似于传统培训项目的环境，但应注意它更擅长的是那种使学员置身于培训项目对象之中的逼真环境。凡是学员可以通过有关器具操作来学习或训练某种技能的虚拟环境，都可以称之为虚拟培训环境。

3）超时空性。虚拟培训环境具有超时空的特点，因此应将过去世界、现在世界、未来世界、微观世界、宏观世界、客观世界、主观世界、幻想世界等拥有的物体和发生的事件单独呈现或进行有机组合，并可随时随地提供给学员进行培训。

4）可操作性。学员应能够通过使用专门设备，用人类的自然技能实现对虚拟环境物体的操作，就像在现实环境里一样。例如，学员能抓取虚拟环境中的物体，并让它能够随手的移动而移动。

5）对应性。学员的培训内容应与虚拟环境密切对应。例如，学员要学习飞行器驾驶技术，那么虚拟环境就是飞行器飞行的模拟环境；而在进行医学解剖学实习时，虚拟环境可以是虚拟医院。对应性要体现在能为学员设定各种复杂的情况，以提高学员的应变能力；能为不同行业的员工设置超强难度、超宽领域的训练课程，从而使得他们在实际环境中面对各类问题时能得心应手。

二、任务要求

（一）选择一个主题进行模拟讲授

由学生选择一个主题进行课程设计，制作教案和 PPT，运用讲授法进行演示，限定 10~15 分钟完成。可进行学生互评和教师点评。

（二）模拟管理游戏法并现场实施

（1）内容：领导力游戏模拟——比比抓手。

（2）游戏目的：使学员正确认识自己的实力以及机会。

（3）游戏程序：

1）将学员分成数量相等的若干小组。

2）培训师请学员估计一只手能抓起多少只乒乓球。培训师应对学员的回答做好统计，例如最少的只数是多少，最多的只数是多少，回答每一个数字的人数又是多少。

3）培训师让学员试着抓乒乓球（只能用一只手，不能用另一只手帮忙），看他们能抓多少个。

4）学员观察与他们自己预先估计的数字是否有出入。

5）学员分享讨论：

①游戏中发生了什么样的情况，为什么？

②给我们有何经营管理上的启示？

（4）游戏规则

1）不同编号的乒乓球代表不同的分值。

2）每个人只能抓一次，时间为10秒钟。

3）评分标准：

①小组成员估计抓数与实际抓数的差值的绝对值的和（越小越好）。

②小组成员每个人抓数的分值之和（越大越好）。

（5）游戏反馈

1）学员在抓乒乓球前，一般都不能准确地估计自己究竟能抓起多少只乒乓球，并且多数人是低估了的。同样地，他们往往不能准确地估计自己的实力，会高估抓住机会的难度，而不去尝试，所以错失了很多机会。

2）每个球都有编号，不同的编号，代表了不同的分值，学员在抓乒乓球时，有没有考虑要抓住分值大的乒乓球呢？同样地，不同的机会，其价值大小是不同的，人们面对众多的机会，是否能看清哪些机会的价值较大，并抓住它们呢？

3）现实中人们遇到的机会有很多，企业面对的机会也有很多。抓住了机会，就一定能挖掘利用好一次机会的价值吗？事实上不见得。因为，无论是个人还是企业，其能力总是有限的，所以不可能利用好每一次机会。人们只有在自身的实力与掌握机会的难度两者间做出权衡，才能充分发挥自身的实力，做好自己力所能及的事情，才不会贪多嚼不烂。

（三）任务完成常用实际业务工具

1. 企业培训教案示例（如表 4–1 所示）

表 4–1　　企业培训教案示例

<table>
<tr><td>课题名称</td><td colspan="5">企业培训师备课技巧</td></tr>
<tr><td>培训日期</td><td>2021/7/27</td><td>培训地点</td><td>培训教室</td><td>培训师</td><td>×××</td></tr>
<tr><td>培训对象</td><td>企业内部培训师</td><td>培训时间</td><td>9：00—10：30
90 分钟</td><td>教具</td><td>多媒体</td></tr>
<tr><td>培训目的</td><td colspan="5">提升培训师备课技能</td></tr>
<tr><td>培训目标</td><td colspan="5">1. 能够运用相关工具，准确分析培训需求，合理设定培训目标
2. 能够针对课程内容和学员特点，灵活选用教学方法</td></tr>
<tr><th colspan="4">培训进程及设计</th><th colspan="2">培训方法
及活动提示</th></tr>
<tr><td colspan="4">Ⅰ. 导入：（10 分钟）
（1）自我介绍
（2）提出问题
培训中你遇到过下面的问题吗
承担一次培训，总是不知从哪些方面做准备
有了教学思路，但教案编写总是无章可循
本来设计得很好，但培训效果却不佳
（3）明确课程目标和课程内容
（4）游戏互动：每个学员准备名字卡片</td><td colspan="2">问题互动

培训师讲清卡片要求</td></tr>
<tr><td colspan="4">Ⅱ. 培训主体进程（75 分钟）
引言：林肯曾说，“我相信，我若是无话可说时，就是经验再多、年龄再老，也不能免于难为情的。”
培训师引入第一课题——准备比资历更重要
一、备学员（20 分钟）
问题互动：你在承担某一课题培训任务时，首先准备什么
1. 培训需求分析的三个方面
（1）任务分析
（2）学员分析
（3）环境分析
案例法：数控加工人员出件率缺口分析
2. 确定课程目标
（1）目标表述</td><td colspan="2">
专题导入

培训师讲明要求：
先介绍培训经历，再回答问题

讲授法、案例法 10 分钟</td></tr>
</table>

续表

培训进程及设计	培训方法 及活动提示
课程目标应是在培训结束后，可以观察和衡量到的学员的行为和表现，包括三部分信息： 1）条件。行为表现所处的环境、材料、工具和设备等 2）表现内容（业绩）。学员必须表现出的可观察和衡量的行为 3）标准。衡量目标行为的质和量的具体尺度 （2）学员操练 1）练习分析条件、业绩和标准 2）根据培训课题，描述课程目标 （3）三种课程目标等级 知识类、技能类、观念态度类	
二、备资源（20 分钟）	
1. 教材资源 （1）选择移植法 （2）能力中心法 （3）任务分析法	演示法 6 分钟
2. 学员操练：邀请两位学员做分享 根据培训目标，利用任务分析法，组织培训内容	操练法 8 分钟
3. 培训课题：班组长能力培训 4. 素材资源： （1）素材收集技巧 （2）各种素材来源 5. 教具资源 （1）教学辅助用具的作用 （2）教具资源综合运用	讲授法 6 分钟
三、备教法（35 分钟）	
引言：南宋时期的理学大师朱熹说过，“事必有法，然后可成；师舍是则无以教，弟子舍是则无以学。”	内容切入
1. 讲授法 2. 演示法 （1）实物演示法 （2）图表演示法 （3）演示法缺点 3. 案例教学法 （1）案例内容鲜活性 （2）案例主题多解性 （3）教学目标——关联性	讲授法、演示法 25 分钟

续表

培训进程及设计	培训方法 及活动提示
（4）激励引导——及时性 （5）总结升华——指导性 4. 游戏法（体验教学法） 5. 操练法 四、操练法 1. 要求 以“培训师如何运用教学方法增强培训效果”为题，运用讲授法、演示法完成一分钟的任务呈现 2. 规则 （1）每人一分钟 （2）50 秒提示，超时鼓掌欢送 （3）时间不足，鞠躬至时间到	操练法 10 分钟
Ⅲ. 结语（5 分钟） 1. 自检 总结本课题要点： （1）职业培训师需要掌握的最核心的方法是什么 （2）根据不同的教学目的，我们可以将教学方法归类为哪四种方法 2. 总结 印度哲学家奥修说，“只有鞋子合脚时才不会感觉鞋子的存在，才会轻快地轻松地上路。” 赞许、肯定学员的优点，预习下一课题	讲授法 5 分钟
Ⅳ. 作业布置 根据自身实际和准备试讲的培训内容，设计并选择合适的教学方法	

反思	

2. 角色扮演法示例

（1）角色描述

◇ 图书直销员（角色一）：你是一名大三的学生，你想勤工俭学，这个月你要尽可能多地卖出手头的图书，否则你将发生经济危机。你刚在校党委办公室推销，办公室主任任凭你怎样介绍书的内容，都不肯购买。现在你恰好走进了人事科。

◇ 人事科主管（角色二）：你是人事科的主管，刚才你已经注意到一位年轻人似乎正在隔壁的校党委办公室推销书，你现在正急于拟订一个人事考核计划，需要参考有关资料。你想买一些参考资料，但又怕上当受骗。你一直非常忌讳别人觉得你没有主见。

◇ 校党委办公室主任（角色三）：你认为推销书的大学生没有安心读书，总想利用推销书的办法多赚到一点钱，以使自己的生活过得好一点。推销书的人总是想说服别人买他的书，而根本不考虑买书人的意愿与实际用途。因此你对大学生的推销行为感到恼火。你现在注意到这位大学生马上会利用你的同事想买书的心理，因此决定去人事科阻挠那个推销员，但你又意识到你的行为过于明显，会使人事科长不高兴，认为你的好意是多余的，并产生他无能的感觉。

（2）角色扮演要点参考（仅供评分人参考）

◇ 角色一应：

①避免校党委办公室情形的再度发生，注意强求意识不要太浓；

②对人事科主管尽量诚恳有礼貌；

③防止校党委办公室主任的不良干扰。

◇ 角色二应：

①尽量检查鉴别书的内容与适用性；

②尽量在校党委办公室主任说话劝阻前作出决定；

③校党委办公室主任一旦开口，你又想买则应表明你的观点，说该书不适合校党委办公室是正确的，但对你还是有用的。

◇ 角色三应：

①装作不是故意来为难大学生的；

②委婉表明你的意见；

③注意不要惹恼大学生与人事科主管。

3. 管理游戏法示例

（1）游戏名：地雷阵

1）目标：使学员在活动中建立及加强对伙伴的信任感。

2）教具：界限绳一条、障碍物若干。

（2）规则

1）用绳子在一块空地圈出一定范围，撒满各式玩具（如娃娃、球等）作障碍物。

2）学员两人一组，一人指挥，另一人蒙住眼睛，听着同伴的指挥通过地雷阵，过程中只要踩到任何东西就要重新开始。指挥者只能在线外，不能进入地雷阵，也不能用手扶伙伴。

（3）讨论

1）各位在通过地雷阵的时候有什么感觉？

2）平时你在跟其他人互动时是否需要刚才所讲的想法、做法？

3）若再有一次机会，我们还可以加强些什么？

（4）注意事项

1）不可用尖锐或坚硬物做障碍物。

2）不可在湿滑地面进行游戏。

3）需注意两位蒙眼者是否会对撞。

4. 师徒制跟踪考核（如表 4–2 所示）

表 4–2　　　　师徒制跟踪考核表

<table>
<tr><td rowspan="2">徒弟</td><td>姓名</td><td>部门</td><td>入职时间</td><td rowspan="2">师傅</td><td>姓名</td><td>部门</td><td>职务</td><td rowspan="2">跟踪责任人</td><td>姓名</td><td>部门</td><td>职务</td></tr>
<tr><td></td><td></td><td></td><td></td><td></td><td></td><td></td><td></td><td></td></tr>
<tr><td colspan="12">培训情况</td></tr>
<tr><td colspan="5">公司层面入司培训</td><td colspan="7">店面培训</td></tr>
<tr><td>时间</td><td colspan="2">主要内容</td><td colspan="2">培训专员考核</td><td colspan="2">时间</td><td colspan="2">主要内容</td><td colspan="3">店长考核</td></tr>
<tr><td>__月__日
至
__月__日</td><td colspan="2"></td><td colspan="2">考勤、纪律、学习积极性：□优□良□中□差
考试成绩：□60 分以下（不及格）□60～80 分（良）□80～100 分（优）
综合评价：□合格□不合格</td><td colspan="2">__月__日
__点到__点</td><td colspan="2"></td><td colspan="3">部门情况：□熟悉□不熟悉
工作流程：□掌握□未掌握
岗位职责：□清楚□不清楚</td></tr>
<tr><td colspan="8">跟踪考核情况：</td><td colspan="4">跟踪责任人签名：</td></tr>
</table>

续表

时间	师徒制主要内容	师傅	徒弟
__月__日 至 __月__日		预期目标：□达到□基本达到□未达到 传帮带方法：□满意□基本满意□不满意 责任心：□强□较强□一般□弱 满意度调查：□75分以下□75分以上	学习积极性：□主动□较主动□一般□不主动 协作性：□积极配合□较配合□不配合 解决问题能力：□强□较强□一般□弱 知识接受：□收获很大□有收获□无收获 工作表现：□优□良□中□差 现职工作：□适应□基本适应□不适应

新员工试用期转正评定		
传帮带对象综合评定：□优□良□中□差 传帮带责任人综合评定：□优□良□中□差 新员工转正意见：□由__月__日起提前转正□继续试用□延长至__月__日转正□正常转正□终止试用 用人部门负责人：	人力资源中心总监：	总经理：

三、模拟某种培训方法任务评价指标与标准

模拟某种培训方法任务评价指标与标准如表4-3所示。

表4-3　　模拟某种培训方法任务评价指标与标准

任务名称	指标	权重	标准（5级评分法）				
			5分	4分	3分	2分	1分
模拟讲授法	培训教案的完整性	20%					
	培训教案的合理性	20%					

续表

任务名称	指标	权重	标准（5级评分法）				
			5分	4分	3分	2分	1分
模拟讲授法	培训 PPT 的美观与专业性	10%					
	现场讲授的效果	20%					
	讲授时间控制	10%					
	团队协作性	20%					
	小计	100%					
模拟管理游戏法	团队分工的明确性	25%					
	团队活动的参与性	25%					
	团队活动的协作性	25%					
	管理游戏执行的效果	25%					
	小计	100%					

练习题

一、单项选择题

1. 培训经理不是“照本宣科”的教书匠，而是企业中能够调动员工学习积极性的（　　）。

A. 倡导者　　B. 管理者　　C. 设计者　　D. 领导者

2. （　　）意识是领导力开发的内在动因，是开发领导能力的核心。

A. 培训　　B. 自我提升　　C. 应用　　D. 发展

3. 职业（　　）反映一个人的职业兴趣所在，当一个人从事喜欢的活动时，会精力充沛、满怀热情。

A. 心态　　B. 选择　　C. 需要　　D. 个性

二、多项选择题

1. 战略性培训更强调与组织的（　　）等协调一致。

A. 使命　　B. 核心价值观　　C. 愿景　　D. 战略

2. 在企业培训中，学员的学习主要分为三类，分别是（　　）。

A. 知识学习　　B. 技能学习　　C. 态度学习　　D. 实践学习

3. 为成为优秀的领导，管理人员必须具备的管理技巧有（　　）。

A. 沟通技巧　　B. 倾听技巧　　C. 授权技巧　　D. 表达技巧

三、简答题

1. 不同层次管理人员的培训在管理能力方面有哪些不同的侧重点？高科技企业如何对不同层次的管理人员在核心技能上进行有针对性的培训与开发？

2. 什么是在职培训法？在职培训法有哪几种？尝试举例说明。

3. 什么是脱产培训法？脱产培训法有哪几种？尝试举例说明。

项目五

培训师选择及培养

【项目导入】

一、主题案例

中国移动广东公司“金讲台”计划

中国移动广东公司（简称广东移动）从2007年起，开始打造内部“金讲台”项目，在项目起始，确立了三个基本原则，对很多企业的内部培训师培训计划有着深刻的借鉴意义。这三个基本原则分别是：一是“金讲台”培训师（内部培训师）必须尽可能覆盖各个专业领域（市场、技术、内部管理等），需要针对不同领域的内部培训师细化不同的选拔标准并予以实施；二是“金讲台”培训师必须覆盖各个层级，尤其是经理级别以上员工必须以专业形象讲授专业课题；三是最大程度地鼓励“金讲台”培训师以内部案例为基础，讲授企业外部无法找到而内部业务发展迫切需要的课题。

广东移动以这三个基本原则为基础，设计了“金讲台”培训师的选拔标准和能力模型。

根据能力模型的初步评测，广东移动将现有培训师分成了初、中、高三个级别，针对不同级别的内部培训师采取不同的培养策略：

（1）针对初级的培训师，除了授课技巧层面的基本培训以外，安排了“用图表说话”“分享和教练”等课程，帮助培训师达到能力要求。

（2）在中级培训师层面，安排了“课程开发方法”“引导式授课技术”等课程，来帮助培训师建立课程开发能力。

（3）在高级培训师层面，安排了“独特个人风格塑造”“金字塔思维”等课程，来帮其挑战培训师的能力最高境界。

（4）对于入选内部培训师队伍的高级管理者，还专门安排了“结构点亮思想”“Talk on Public”的特别辅导课程。

同时，还为内部培训师队伍未来两三年的培养路径进行了深入设计，按照规划，进入第二、第三年培养的内部培训师，将经历行动学习、跨界学习、电子化课程开发、品牌课程开发等不同的培养方式来达到广东移动对内部培训师不同阶段的要求。

广东移动“金讲台”项目在实施过程中有五个核心步骤，即队伍选拔、队伍培养、能力提升、项目回报、管理系统。

S：队伍选拔

基于核心能力素质模型（如图 5-1 所示）的评估标准是培训师选拔、培养和晋升的标尺，是衡量培训师真伪的试金石。为了把这个模型应用在后期的大规模选拔中，广东移动又将每个能力细化到具体的行为层面，并对每个能力进行分级描述，分别给予不同的分值，如表 5-1 所示。

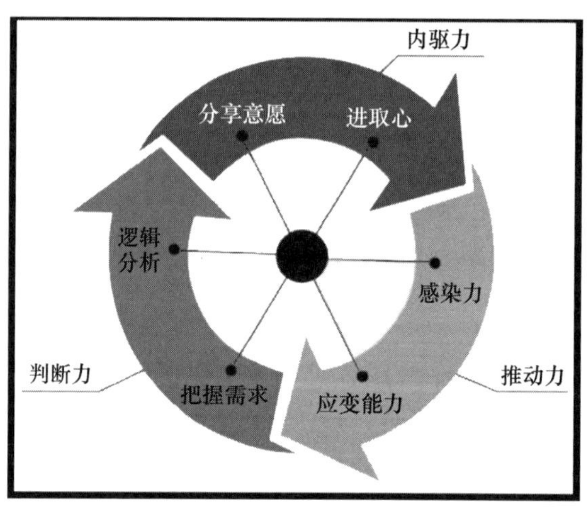

图 5-1　内部培训师核心能力素质模型

表 5-1　内部培训师能力评估标准

评估问题	分值	描述
分享意愿	1 分	有表现欲，喜欢在众人面前演讲
	3 分	乐于主动告之他人自己掌握的新资讯、新知识、新技能
	5 分	乐于主动分享自己总结提炼的经验或心得

续表

评估问题	分值	描述
感染力	1分	仪容仪表得体（服装、头发、配饰等没有不妥之处） 站在讲台上情绪饱满，能吸引学员注意
	3分	肢体语言运用合理 授课清晰流畅、易于理解 能影响学员的思路，掌握现场气氛（或娓娓道来，或情绪激昂，要特点突出、引人注目）
	5分	现场能感受到其独特的人格魅力（例如亲和、威严、幽默等） 可以轻松地带动现场气氛，能有效影响学员的情绪和思路，并产生强烈的吸引力
进取心	1分	讲义完整，基本结构清晰，讲解内容饱满流畅
	3分	讲义准备充分、针对性强，工具完备，案例充分恰当 主动听取意见，不断评估自己的授课情况并做出调整
	5分	知识和案例丰富、新鲜，善于总结精炼 案例、视频、故事安排充分恰当，善于追求完美

T：队伍培养

广东移动依据培训师核心能力素质模型的要求，并根据培训师的现状，同时结合初级培训师与中高级培训师在能力素质方面的差异，针对性地设计了培训师培养计划。在培训师培养上还应用了跨界学习的设计思想，从传统单一的“TTT”培训，到逻辑思维、数据图表的训练，还更大胆地引进了其他领域的实践。广东移动考虑到当今社会影视明星们无疑是富有感染力的一群人，便请来北京电影学院的老师，运用其培训演员的方法来培训这些培训师。培训当天，老师要求将所有桌子搬走，用二十多把椅子围成一个圆，不用任何讲义、幻灯片，而是让他们互相练习嬉笑、嘶喊、怒骂等，以使他们掌握该如何充分释放情感以感染他人。许多学员培训后都感慨地说：“我才发现自己还有这样的潜力。”更有一位高层领导说：“活了四十几年，今天才发现原来自己会说话。”通过学习其他领域的知识和技能来曲线提升本领域的技能正是跨界学习的精髓。

A：能力提升

广东移动通过在全省组建课程开发小组，深入一线采集案例，构建以情境为中心的品牌课程开发框架（如图5-2所示）；通过运用Keylogic公司的课程框架，开发小组往里填写内容的方式，初步尝试自主开发了首批四门品牌课程。

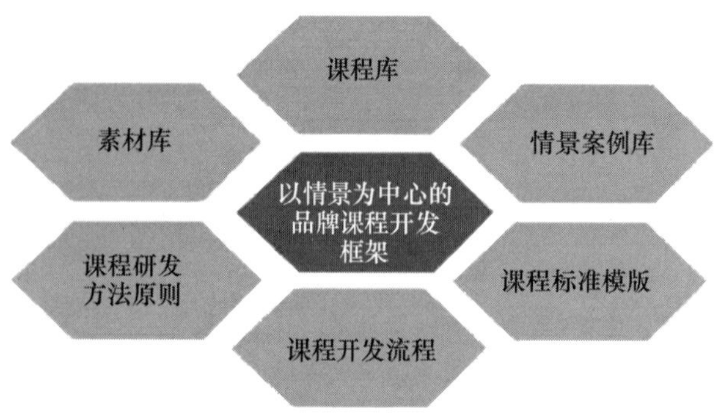

图 5-2 以情景为中心的品牌课程开发框架

例如，广东移动佛山公司数据业务的培训师组织开发的“佛山黄飞鸿——新业务闯关”课程，通过形象生动的“佛山黄飞鸿”这一耳熟能详的人物，带领学员参与一道道新业务的游戏闯关，将以前对一线人员来说特别枯燥、难记忆的新业务知识变为有趣的游戏，从而极大地促进了业务的推广力度。这样不仅丰富了广东移动新业务的培训课程，还将其推向中国移动集团公司，使其成为集团新业务推广的培训课程。

R：项目回报

广东移动通过推动高层管理人员参与内部授课，将其作为“金讲台”的特约培训师队伍，对公司上下积极参与“金讲台”，营造公司自上而下无边界学习分享的文化氛围，起到了强力助推器的作用。“金讲台”从关注培训师个体培养到关注品牌课程的建立，以课程认证推动培训师认证。广东移动内各专业部门要求借助“金讲台”这个平台去推广他们的业务，如全省企业文化的推广、纪检监察政策的宣传、集团客户经理销售技能的提升等。更重要的是，中国移动集团公司也委托广东移动开发部分业务类课程，并借助广东移动内部培训师队伍的力量，在全国各移动公司推广，使“金讲台”真正发挥出了中国移动集团公司“传道授业”的作用。

S：管理系统

广东移动通过《中国移动广东公司内部培训师管理办法》的出台，改变了内部培训师定位缺失、管理缺失、激励缺失和信息共享不足、支持不足的现状，实现了内部培训师体系的可持续发展，从省级内部培训师的定义、级别与职责、管理归属与分工、选拔认证、应用管理以及激励与约束等几个方面加强了企业内部培训师的管理。

“金讲台”项目对广东移动的影响和价值已经远远超出了普通“传道授业”的范畴。首先，它推动了组织内部“隐性”知识的“显性化”。内部培训师体系作为广东移动内部知识管理的载体，既有助于将知识沉淀和转化，又有助于将知识传播和分享。其次，它推动了“无边界”学习的常态化，打破了内部的学习壁垒，促进了资源的共享。“金讲台”项目以一体化管理为指导思想，通过在全省内部培训师体系的统一构建和优化，加强了省、市、县公司之间的联动，实现了全省内部培训师的统一管理、资源共享，并以内部培训师队伍为桥梁，搭建了一条连接各个省、市、县公司内部学习资源，并最终通向“无边界”学习的快速通道。

案例分析

广东移动的“金讲台”项目最大的优点是抓住了一个组织培训体系建设的关键点，即内部培训师的培养。有经验的管理者认为，最好的培训师就是每个岗位的直接上级，这一观点也充分印证了内部培训师的重要性。内部、外部培训师各有优缺点，但从长远来看，一个组织最应该倚重的是内部培训师，广东移动的“金讲台”项目最可贵的地方在于从制度上制定了内部培训师的培养标准和培养路径，大大提高了内部培训师成长的规范性，也保证了培训效果的提升，有效地解决了“会干不会讲”的问题。

二、学习目标

1. 掌握培训师选择的渠道及技巧。
2. 熟悉培训课程开发的一般原理和内容。
3. 掌握培训师的培养内容。
4. 学会设计培训课程大纲和教案的技巧。
5. 学会培训师开场和结尾的技巧。
6. 学会培训师控场和表达的技巧。

任务 7　设计培训课程大纲与教案

一、知识准备

（一）培训师的来源及类型

一般来说，培训师主要是来自国内外高等院校、科研单位相关领域的专家、学者，培训公司的培训师以及咨询公司的咨询师，国内外知名企业中高层管理人员，本企业或行业内其他企业已退休的骨干人员。通常情况下，根据培训师是否为企业内部人员，又将企业培训师分为内部培训师和外部培训师（即外聘培训师），两者优缺点如表 5-2 所示。

表 5-2　　内部培训师和外部培训师的优缺点

	内部培训师	外部培训师
优点	1. 了解内部情况，使培训更具有针对性，有利于增强培训效果 2. 与培训对象之间相互了解，有利于交流 3. 工作经验丰富 4. 培训易于控制 5. 成本较低	1. 选择范围大，可以获得更多优秀的培训师资源 2. 可带来许多新的理念 3. 对培训对象具有较强吸引力 4. 容易制造气氛，从而提升培训效果
缺点	1. 很难树立威望 2. 选择范围小，缺乏高质量的培训师队伍 3. 看待问题可能受环境影响，很难上升到新的高度 4. 培训技巧不够专业	1. 对企业内部缺乏了解，降低培训适用性 2. 成本较高 3. 可能缺乏实践经验，达不到培训的预期效果

（二）培训师的选择与评价

培训师直接面对企业学员，自身水平的高低直接影响学员接受、理解、运用知识的程度。因此，培训师的选择需要经过缜密的内部决策，具体可分为外部培训师选择和内部培训师选拔。

1. 外部培训师的选择与评价

外部培训师选择流程如表 5-3 所示。

表 5-3　　外部培训师选择流程

选择流程	具体内容
1. 确定培训师需求	培训相关部门根据企业实际培训需求，确定培训师的需求，并制定明确的培训师选择标准，如丰富的实战经验、熟悉培训领域、较强的授课能力等
2. 发布培训师需求信息	培训相关部门根据企业对培训师的需求标准、需求人数、选聘时间等编制选聘信息，并通过网站、广告等媒介发布信息
3. 初步筛选	培训相关部门根据培训需求、培训目标对培训师进行初步筛选，确定参加试讲名单

续表

选择流程	具体内容
4. 进行试讲	企业成立培训课程试讲评审小组；培训部门根据公司的培训需求，确定与培训需求相关的试讲内容，要求试讲人员严格按照企业所规定的试讲要求进行试讲
5. 进行综合评价	试讲结束后，评审小组完成试讲综合评价，评价的项目主要有试讲培训师资格条件、课程开发方案、试讲表现等
6. 做出录用决策	根据评审结果，确定培训师最终人选，并与培训师签订培训协议

外部培训师选择标准如表 5-4 所示。

表 5-4　　外部培训师选择标准

选择标准	具体内容
丰富的实践经验	培训师必须具备足够丰富的实战经验，能够将理论知识与实战进行全方位融合，有利于帮助企业解决实际问题
独立的课程开发能力	培训师必须能够根据组织的实际需求，独立开发培训课程，确保培训课程具有实用性和针对性
持续的相关领域研究	培训师必须对相关领域进行持续研究，关注最新发展状况，确保培训内容符合培训对象的需求
一流的授课效果	培训师必须熟悉成人学习过程及特点，能够巧妙地运用各种培训方法，善于调节和控制课堂气氛，确保培训效果最佳化
较强的授课能力	培训师必须具有较强的表达能力、演绎能力、解答问题能力和辅导能力，能够吸引学员的注意力
良好的客户反馈	对培训师进行调查，了解其所授课程、授课风格、授课效果等，只有获得客户认可的培训师才可进入候选名单

2. 内部培训师的选拔与评价

内部培训师选拔的方式有推荐和自荐。内部培训师的选拔应该分步骤进行，并明确各个步骤的操作标准和要求，确保选拔过程的公平、公正。内部培训师的选拔步骤如表 5-5 所示。

表 5-5　　内部培训师的选拔步骤

步骤	实施内容	注意事项
1. 发布公告	发布某课程培训师培训的通知，并附上内部培训师资格选拔范围和选拔标准	制定合理的内部培训师选拔标准和培训要求
2. 提出申请	由企业各部门推荐或自荐，并填写“内部培训师推荐/自荐表”	企业各部门自荐或推荐的人员必须是符合条件的申请人
3. 进行筛选	培训部门筛选出符合选拔条件者	主要依据为内部培训师资格选拔条件和培训部门的实际需求
4. 进行培训	为经初步筛选通过的人员安排培训，使其获得基本的课程设计、语言表达、现场控制等方面的专业知识与技巧	培训主要从课程开发、授课技巧、授课方法三个方面进行
5. 试讲和评价	安排符合条件者进行试讲，组织内部培训师评审小组对参加试讲的人员进行评价	制定内部培训师试讲要求和内部培训师试讲评价标准、细则
6. 确定合格人员	培训部将申请人的综合评价意见上报相关领导审核后，最终确定合格人员	为合格人员发放培训师证书

内部培训师选拔标准如表 5-6 所示。

表 5-6　　内部培训师选拔标准

对培训工作非常感兴趣	内部培训师选拔标准	沟通能力强
专业知识扎实、丰富		工作态度积极向上
性格开朗、幽默、自信		职业道德高尚
身体和心理健康		职业素养高
过硬的教学经验和实战经验		服务理念专业

建立一支有力的内部培训师队伍，对于培训计划的顺利推进和有效实施，促进人力资源培训和开发的规模化、科学化和规范化具有十分重要的意义和作用，同时也能有效降低企业培训成本。企业在确定内部培训师后，一定要对内部培训师队伍进行培训技能方面的培训，具体包括培训师的职责和角色、基本技能、课堂组织技巧、培训效果的评价方法等。在进行培训后，再次进行测试，一方面可以确保被培训人员的培训效果，另一方面可以提高培训队伍的整体素质。当然，在内部培训师的管理上，需

要采用比较独特的方法，因为内部培训师基本上都是兼职的。所以要正确处理好培训师的本职工作与兼职工作之间的关系，可采用“分开管理、双重管理”原则。对于本职工作，由内部培训师所在的部门进行管理，培训部门要对其负责，并与其所在部门及管理者沟通，保证其本职工作顺利圆满地完成。对兼任的培训工作，培训部门要及时、经常地给予内部培训师适当的指导和监督，要保持内部培训师的相对独立性。培训部门与内部培训师之间是合作伙伴的关系，是业务指导与被指导的关系，而不是领导与被领导的关系。为了做好企业内部培训师的管理，企业可加强内部培训师制度建设，如出台内部培训师奖励办法、补助办法、考核办法等制度。

（三）培训课程开发技术

1. 培训课程设计的基本原则

（1）根据培训项目的类别和层次确立培训目标

在进行培训课程设计时，首要任务是对所要设计的培训项目进行定位。一方面要确定培训项目的类别，另一方面要定位培训项目的层次，从而确定培训项目和课程的目标。

培训课程要达到的目标分为三个领域：一是知识领域，主要是由知识掌握、理解与智力发展等目标组成；二是情感领域，主要是由兴趣、态度、价值观和正确判断力、适应性的发展等目标组成；三是精神动作领域，主要是由各种技能和动作技能等目标组成。这三个领域的目标又可以细分，形成目标层次体系。培训课程设计应当明确最终目标以及为了达到最终目标的过程中依次要达到的子目标，从而形成不同的培训课程体系。现代培训按其性质分为知识培训、技能培训、态度培训、观众培训、心理培训五个层次。这五个层次是由表及里、逐步深入且互相联系的。培训课程的目标应该具有综合性和多样性。

（2）在制定培训策略时充分考虑组织特征和学习风格

培训课程主要是针对成人，首先要掌握成人学习的特点。成人学习理论是教育心理学家诺斯在认识到正规教育理论的局限性后开发出的一套成人教育法。成人由于人生经验较为丰富、思想比较复杂，对学习的要求和期望程度比较高。成人学习的特点如图 5-3 所示。

因此，在进行培训课程设计时，要考虑成人的认知规律，选择能调动他们学习积极性的培训策略和方法，以提高学习效果。

2. 培训课程开发流程

培训课程开发是指培训组织在培训课程设计和授课指导方面所做的一切工作，探

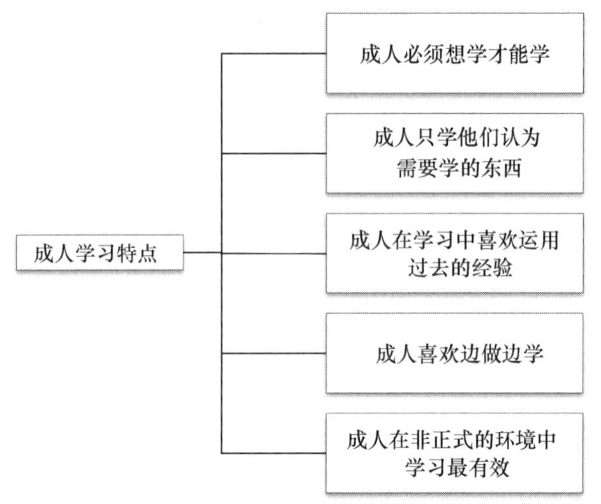

图 5-3　成人学习特点

讨课程的形成、实施、评价及其方式方法，是确定课程、改进课程的一系列活动，是一个可持续发展而且可以变通的过程。其流程如图 5-4 所示。

确定培训课程目的	只有明确培训课程的目的，才能确定课程的目标、范围、对象和内容
进行培训需求分析	进行培训需求分析是以满足组织和成员的需要为出发点，从组织环境、个人和职务各个层面上进行调查和分析，从而判断组织和个人存在哪些培训需求
确定培训课程目标	培训课程的目标是说明员工培训应达到的标准，它根据培训的目的，结合上述需求分析的情况而形成的
进行课程整体设计	课程整体设计是针对某一专题或某一类人的培训需求所开发的课程架构。进行课程整体设计的任务包括确定费用、划分课程单元、安排课程进度以及选定培训场所等
进行课程单元设计	课程单元设计是在进行课程整体设计的基础上，具体确定每一单元的授课内容、授课方法和授课材料的过程
阶段性评价与修订	在完成课程单元的设计后，需要对需求分析、课程目标、整体设计和单元设计进行阶段性评价和修订，以便为课程培训的实施奠定基础
实施培训课程	实施前应做好培训方法的选择、培训场所的选定、培训技巧的利用以及课程控制等方面的准备
进行课程总体评价	培训课程实施完毕后，对培训课程全过程进行总结和判断，重点在于确定是否达到了预期的目标，以及学员对培训效果的满意程度

图 5-4　培训课程开发流程

3. 培训课程开发设计

培训课程开发重点要考虑课程目标、课程名称、课程内容、课程大纲、课程模式、课程策略、课程评价、教材、学员、执行者、时间、空间等要素。

（1）确定培训课程目标

在制定培训课程目标时应该遵守 SMART 原则：

S（Specific）——明确性，即用具体、清楚的语言说明要达到的行为标准。

M（Measurable）——可衡量性，即应该有一组明确的指标，作为衡量达到目标的依据。

A（Attainable）——可达成性，即根据学员的素质、经历等实际情况，以实际工作要求为指导，设计通过培训可达到的目标。

R（Realistic）——实际性，即设定的目标在现实的条件下是否可以实现，是否符合企业对于该目标的投入产出期望。在设计培训课程目标的时候，要充分考虑培训预算、场地、时间等硬件条件的限制，和领导的支持、学员的学历、文化素质、接受能力等软件条件的限制，所确定的目标要符合实际情况。

T（Time-based）——时限性，即目标的实现要有明确的时间限制。没有时间限制的目标就无法考核，或导致考核结果不公正。

课程目标的描述，应是对受训者通过培训后所应达到的行为状态的具体表述，常用的动词如表 5-7 所示。

表 5-7　　课程目标描述常用动词

对学员的期待水平		经常使用的动词
描述认知性目标	记忆并认识事实	分类　定义　举例　说明　掌握　连接 认识　换言　罗列　命名　选定　陈述
	将所学知识应用在实践	选择　计算　组装　作用　执行　预见 润色　解释　应用　证明
	以资料为基础进行分析和分解	分析　分类　比较　区分　区别　试验 对照　批评　分离　表示
	将已分析的要素综合成新的结构或组织	排列　结合　构成　讨论　公式化　一般化 设定　摘要　写出　组织　收集　关联

续表

对学员的期待水平		经常使用的动词
描述定义性目标	对事件或活动倾注关心并给予响应	应答 注意 醒悟 喜欢 接纳 记录 敏感 倾听 反应 完成
	提出实施见解	接纳 假定 采取 显示 参与 影响 决定 增加
	接纳他人的意见后下结论、站在对方的立场或拥护他人的观点	联合 决心 形成 寻找 相关联 判断 选定
	当特定的价值、信念与行为一致时，把该种价值观念作为个人特征	实施 交换 开发 改正 行动 实现
描述动作性目标		调整 排列 组装 移动 替代 表现 执行 均衡 形成 计划 说话 移动 连接 制动 提示 产出

（2）培训课程设计

1）培训课程名称。设计一个既专业又有吸引力的课程名称是培训课程设计开发的一个重要环节。规范的课程名称设计如表 5-8 所示。

表 5-8　　课程名称设计

类型	典型名称
对象+主题	店面人员的职业化修炼 非人力资源经理的人力资源管理 柜员销售技巧培训 中层管理者管理技能训练
主题+对象+量化	高效能人士的七个习惯 高层管理者的十项修炼
双标题	赢在执行——提升中层执行力的五项修炼 情景高尔夫——向下管理之如何有效管理下属

2）课程大纲。课程大纲又可称为课程结构，是在明确培训主题和了解受训人员具备哪些技能及需要掌握哪些知识的情况下，为将要进行的培训课程所撰写的实施纲要。在确定课程大纲时，要考虑设计适用的内容，决定设计内容的优先级，根据内容选择授课方式方法等。

在撰写课程大纲时，主要考虑以下内容。

①撰写课程大纲的步骤。在撰写课程大纲时，遵循的步骤如图 5-5 所示。

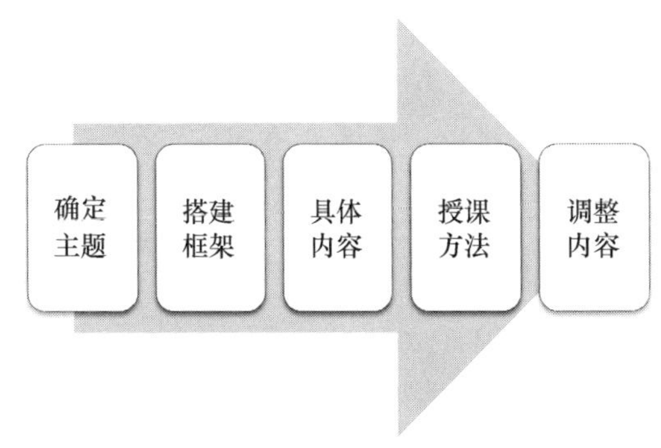

图 5-5　撰写课程大纲的步骤

②设计适用的内容。内容的开发是培训开发流程中最具有创造性、最有价值的工作。为了设计出适合学员学习的课程，在设计内容时应考虑四点：一是培训对象需要知道学习的目的和原因；二是学习的内容是培训对象迫切需要的；三是培训对象对学习内容的实用性和结果很关注；四是培训对象在轻松、愉悦和友爱的环境下学习效果更好。

培训课程的内容是为了满足培训需求、实现培训目标而设计的。因此，课程内容根据受训对象不同可以分为以下三类。

第一类，新员工入职培训课程。如前文所述，新员工入职培训主要让新员工了解有关企业的历史、文化、战略发展目标、组织结构以及工作的流程与制度规范等，使新员工尽快熟悉和适应新的业务内容和工作流程，更快进入角色而胜任工作。新员工入职培训的内容可分为由人力资源部门负责的企业（组织）层次的常规培训和相关部门负责的岗位培训两大类。

第二类，在职人员培训课程。如行政管理培训、财务管理培训、人力资源管理培训、市场营销培训、生产管理培训、质量管理培训、物流管理培训、研发管理培训、销售技巧培训、产品设计培训等。

第三类，通用能力培训课程。如自我管理培训、学习能力培训、时间管理培训、团队建设培训、沟通技巧培训、表达能力培训等。

③决定内容的优先级。内容的编排一方面要满足培训课程的目标和培训对象的需求，另一方面要考虑到企业培训投资效益的因素。在决定内容优先级的时候，要遵循以下指导原则：

- 按照问题由易到难的程度来编排；
- 按照问题的出现频率、重要程度进行编排；
- 按照在工作中应用内容的顺序进行编排。

④选择授课方式方法。授课方式多种多样，需要培训师根据自身风格、培训对象、培训内容等灵活选择合适的授课方法。可以选择的授课方法有讲授法、案例分析法、角色扮演法、小组讨论法、头脑风暴法、户外训练法等。为了达到培训效果，以上授课方法可以综合使用。

⑤培训课程大纲的内容。课程大纲应该包含各种培训课程所需要的内容。课程大纲内容如图 5-6 所示。

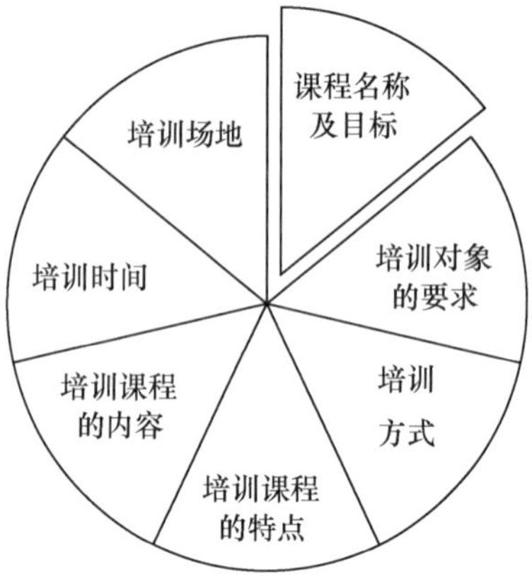

图 5-6　课程大纲内容

（3）培训课程教案设计

在确定培训课程大纲后，就需要对培训课程的每一个教学单元设计教案，以便为培训做好充分的准备。在培训课程教案的设计上，要掌握一定的设计策略：一是要保证学员的积极主动性，培训日程表要有弹性，有一定的自由时间进行讨论；二是多运用相关的故事和案例，运用各种方法调动学员所有感官；三是鼓励学员们相互协作和共享信息。同时，在撰写培训教案时要注意以下事项：一是要充分考虑企业与学员的特点，内容既要保持系统性与完整性，也要重点突出，符合企业需求；二是对整体内容要事先进行时间分配并确保合理性；三是准备两套备选方案，以便及时根据参训者的反应、接受程度作出调整。培训课程教案设计格式如表 5-9 所示。

表 5-9　培训课程教案设计格式

基本课程信息： 1. 课程的名称 2. 时间 3. 地点 4. 对学员的基本分析（学习风格、团队角色、对培训的期望等）	培训课程教案设计： 1. 确定培训的目标（从问题或工作、任务的分析入手） 2. 确定培训的内容（细化为专业知识、工作技能、思维、观念与心理五个方面） 3. 确定培训教材（外部购买或自行编制） 4. 确定培训时间计划 5. 设计培训方法（结合参训者的特点与课程要求，考虑使用何种培训方法可以增强培训效果） 6. 根据培训方法确定培训教具
培训效果的测评： 提供培训效果（包括远期、当期）测评的标准、工具或方法	后期相关培训或工作建议： 该部分主要包括对后期陆续开展相关培训或工作的建议。例如，对销售人员进行相关谈判技巧的脱产培训后，对后期将要进行的培训、工作建议应由其直属经理提供必要指导或加以改进，以迅速将培训内容应用于日常工作

二、任务要求

（一）撰写培训课程大纲和培训教案

1. 背景

湖南某科技有限公司近几年在同行业中业绩遥遥领先，业务量多。近两年新招用大批“90后”“00后”员工，大部分业务部门负责人是从一线成长起来的，且都非常年轻，在团队建设方面经验不足、缺乏沟通技巧、管理能力较弱，导致员工离职率较高。公司董事长迫切希望改善现状，给人力资源部门下达任务，要求采取措施改变这一现状。

2. 任务

如果你是该公司的培训专员，请为公司设计部门负责人培训方案，包括培训课程大纲和培训教案。

3. 要求

（1）根据企业和学员需求确定培训目标和主题，培训课程大纲应从培训目标出发。

（2）选择自己熟悉的一个教学单元撰写培训教案，必须具有操作性，要求进行现场汇报。

4. 实训实施过程

（1）4~6人为一组，将全班分成若干组。

（2）在充分调查研究的基础上，确定培训课程主题。

（3）按照格式要求编写培训课程大纲。

（4）设计教学单元培训教案，制作PPT，进行20分钟的现场模拟培训。

（二）任务完成常用实际业务工具

1. 新员工培训课程内容

新员工培训课程内容如表5-10所示。

2. 在职人员培训课程内容

在职人员培训课程内容如表5-11所示。

表 5-10 新员工培训课程内容表

项目	培训课程	具体内容	负责部门
常规培训	知识类培训	企业概况（创业、成长、发展过程，企业经营范围等） 行业概况 企业规章制度 员工福利和晋升制度	人力资源部门
	态度类培训	职业观的培养 团队精神 职业生涯规划 压力管理	
	技能类培训	职场礼仪（电话礼仪、会议礼仪、仪态礼仪、餐饮礼仪等） 有效沟通技巧	
岗位专业性培训	部门、岗位职责	部门结构、部门工作内容及目标 工作职责说明书、工作流程 合作伙伴或服务对象	相关部门
	专业性技术	根据不同岗位的实际工作而定	

表 5-11 在职人员培训课程内容表

职能划分	培训课程	职能划分	培训课程
经营战略管理	企业经营战略与规划 全脑思维训练营 如何以顾客为中心 七个习惯 开发企业的核心竞争能力 21 世纪组织领导哲学——第五项修炼 运作流程的重组与优化 组织架构设计 变革管理与危机管理 现代企业规范化管理 企业文化系统建设 愿景式领导 情境领导Ⅱ	职业经理人十项技能训练	绩效管理 有效授权 冲突管理 有效沟通 建设高绩效团队 激励艺术 目标管理 教练技巧 时间管理 压力管理

续表

职能划分	培训课程	职能划分	培训课程
行政管理	办公室信息管理 总务管理 文件与档案管理 成功的总经理秘书 总机、行政人员礼仪表达 职业礼仪 员工公务礼仪 实用商业礼仪 商场服务员礼仪培训 公共关系 应急公关 危机事件处理 演讲艺术与技巧 简报表达技巧	人力资源管理	人力资源管理职能在企业中的演变 知识经济时代的人力资源管理 国际化人力资源管理的角色定位和走向 人力资源战略规划 职位评估与工作分析 关键人才的选、育、用、留、评 招聘与面试技巧 人才素质测评在人力资源管理中的运用 五环节（QJXQJ）培训 培训需求分析方法 企业内部培训师培训（初、中、高级） 培训组织与策划 如何根据培训文化建立培训体系 年度培训计划拟订与执行 培训考核与绩效评估 培训游戏的灵活运用 员工职业生涯发展与规划 系统薪酬设计 员工持股计划 绩效考核 基于平衡计分卡的绩效管理 人力资源事务工作重组 劳资关系管理
研发管理	技术档案管理 研发预算管理 产品设计管理 商品开发流程管理 技术移转与技术采购 产品开发可靠性管理 设计审查 研发创新管理 ID（INDUSTRY DESIGN）管理 FMEA&FTA	财务管理	财务管理及控制实务 成本分析与决策 年度经营计划与财务预算 如何建立符合成本管理的成本会计制度项目预算 如何改善财务流程、提升企业营运绩效 如何制定公司财务决策 国际合理避税的管理 利润中心运作实务与绩效衡量

续表

职能划分	培训课程	职能划分	培训课程
研发管理	QAT/DVT 管理 田口工法 专利管理 图面管理 设备管理 实验室管理 标准化管理 研发信息管理 研发组态管理 如何成为成功的工程师 OJT（ON THE JOB TRAINING） 产品设计与制造	财务管理	企业投资规划与风险评估 企业投资项目规划 贸易纠纷之分析与预防对策 信托之财务与税务规划 内部稽核与内部控制实务 应收账款的有效管理 建立企业内控稽核制度的方法 管理层的财务管理 非财务经理的财务管理 非财务人员沙盘推演 管理才能发展系统
市场营销	竞争对手分析与市场预测 营销战略策划 品牌策划与营销传播整合 企业区域市场开拓方略 广告与促销活动策划 营销网络规范化管理 管理和控制分销渠道 销售团队建设 客户关系管理（CRM） 职业销售人员能力训练 区域经营与区域管理 消费者心理分析与应用 销售员的销售技巧（初级、中级、高级） 业务员的销售计划与自我管理 商品陈列策划 市场调研方法与实务 销售中听与说的艺术 电话行销技巧 商业谈判与议价技巧 客户服务体系设计 服务心理和服务创新	生产管理	6S 与目视管理 日常管理的导入与落实 现场改善技巧 现场工作排程与排序 现场管理干部训练 产能需求规划实务 IE 七大手法 客户订单交期与生产排程 多品种少批量生产管理 全员生产性保全（TPM）推行实务 设备保养与管理 制程改善与规划 工厂布置与物料搬运 限制管理在制造业的应用 工厂运筹管理 如何落实提案改善活动 管理图表制作与活用 精益生产（JIT）

续表

职能划分	培训课程	职能划分	培训课程
供应链管理	MRPII 制造资源规划 ERP 企业资源规划 SCM 供应链管理 运筹管理与物料、采购、仓储、配销资讯系统 BOM 制造资料与用料表 PAC 生产作业排程 物料计划与控制实务 物料管理系统与制度 产品资料管理与工程变更 库存管理 仓储运输管理 存货管理与缩短运转周期 采购策略规划 采购与供应人员基础训练 采购管理实务 采购成本分析与议价技巧 供应商评估与管理 境外采购管理 电子化采购 配送中心建设	品质管理	全面品质管制（TQM） 六西格玛 QCC（QUALITY CONTROL CIRCLE） 9000 系列 品质成本管理 质量管理的工具和方法 实验计划 新七大手法 统计的品质管理 管制图与制程能力分析 统计制程品管 品质问题分析与解决程序 产品可靠性管理

3. 通用能力培训课程内容

通用能力培训课程内容如表 5-12 所示。

表 5-12　　通用能力培训课程内容表

管理模块	能力素质	对应课程
自我管理	自我发展	目标管理
	学习能力	思维导图
员工管理	发展他人	绩效辅导
	管理能力	管理技巧
团队管理	团队建设	团队共识
	战略思维	战略管理
关系管理	人际理解	人际关系管理
	沟通能力	沟通技巧

4. 培训课程大纲示例：管理者能力培训课程大纲

管理者能力培训课程大纲如表 5-13 所示。

表 5-13 管理者能力培训课程大纲

课程名称	提升管理能力，打造高效团队
培训对象	中高层管理人员
培训目标	1. 认识领导行为并纠正领导实践中的问题 2. 建立引导行动的价值观，明确企业执行力体系的主要内涵 3. 提高领导力以及激励和鼓舞下属的能力 4. 培养积极发现问题的意识与能力，以求创新和变革的工作态度 5. 建立具有领导力的管理团队，激发出团队成员的潜能、热情和工作动力
培训课时	课时为 1 天，共 6 个小时
课程单元内容	
第一讲 企业的本质及管理的内涵 （40 分钟）	1. 企业的本质 2. 管理的内涵
第二讲 影响团队执行力的因素 （60 分钟）	1. 团队执行力是什么 2. 团队和群体的区别 3. 缺乏执行力的表现
第三讲 管理者的角色认知 （60 分钟）	1. 管理者的角色 2. 角色错位的表现 3. 管理者的职责
第四讲 管理者的素质模型 （60 分钟）	1. 不同管理层级要求的能力构成 2. 管理者的素质模型
第五讲 管理者应掌握的激励理论 （50 分钟）	1. 决策艺术与领导力提升 2. 有效授权与领导力提升 3. 有效激励与领导力提升
第六讲 管理者带团队应具备的能力 （90 分钟）	1. 如何选人 2. 如何育人 3. 如何用人 4. 如何送人
结束语	

三、设计培训课程大纲与教案任务评价指标与标准

设计培训课程大纲与教案任务评价指标与标准如表 5-14 所示。

表 5-14　　设计培训课程大纲与教案任务评价指标与标准

任务名称	指标	权重	标准（5 级评分法）				
			5 分	4 分	3 分	2 分	1 分
撰写培训课程大纲和培训教案	培训课程选题缘由，是否符合企业和受训对象需求	10%					
	培训教案详细、清楚，具有可操作性	20%					
	培训课程大纲详细、明确、富有逻辑性	20%					
	PPT 制作简单、精美，重点突出	15%					
	模拟培训时语言表达顺畅、逻辑性强、课堂气氛好	15%					
	团队分工的明确性	5%					
	团队活动的协作性	5%					
	团队活动的效果	10%					
	小计	100%					

任务 8　展示培训师技巧

一、知识准备

培训师在整个培训过程中应该承担“编剧”“导演”“演员”三种角色，需要掌握的技能如表 5-15 所示。

表 5-15 培训师需要掌握的技能

作为“编剧”角色应掌握的内容	1. 要明确对谁培训，针对什么实施培训 2. 培训前、中、后期的重点和难点分别是什么 3. 如何设计培训课程的主线，包括时间线（即课程的具体讲授时间）、内容线（即授课主题）、方法线（即授课采用讲授、讨论、角色扮演等的方法）、情绪线（即授课对动手、动脑程度的描述）及辅助线（即授课所使用的教学材料）
作为“导演”角色应掌握的内容	如何做好破冰控场应变，并选择合适的培训工具
作为“演员”角色应掌握的内容	1. 打造培训师形象 2. 提升个人魅力 3. 巧妙运用技巧 4. 灵活运用工具

（一）培训师的开场和结尾技巧

1. 培训师的开场技巧

好的开场是成功的一半。一场好的培训，开场是关键。开场的目的是为了打破僵局，为培训师与培训对象建立平等的关系，并营造快乐的氛围。培训开场应该遵循 ABC 法则，即引起注意力（Attention），培训对于学员的好处（Benefit），培训师与学员、学员与学员之间应建立起的心理情绪连接（Connection）。常用的开场形式有提问法、故事法、引经据典法、案例运用法、数据列举法、活动游戏法、综合运用法。

（1）提问法

提问法是利用设问或反问的方式，让学员不知不觉地进入设定的培训主题。设问是用自问自答的形式突出主要观点，引人注意，其特点是本来没有疑问，自己设计悬念，明知故问，引发思考。反问是用疑问的形式表达确定的意思，其特点是只问不答，答案暗含在反问之中。例如，“各位学员，大家好，欢迎大家参加今天的培训，相信很多人都喜欢看葛优主演的电影，其中有一部名叫《天下无贼》的电影里就有一句关于人才的经典台词。是什么呢？对！是‘21 世纪人才最贵’。是的，21 世纪最贵的就是人才，人才是推动企业发展最重要的力量。如果招错了人才，将给企业带来巨大的损失。今天在座的都是各个部门的负责人，是决定是否录用某位人才的关键角色。那么，如何招到合适的人才，为企业创造最大的价值呢？今天我要和大家分享的主题是：运用行为面试法，招到合适的人才。”

（2）故事法

在应用故事法时，讲的故事一定要和主题相关，要有吸引力，要与现场状况匹配，同时要能引发后续的思考。讲故事要包括五个要素，即何时、何地、何人、何事、何故。在讲故事的过程中，尽量用描述性的语言，要注重细节，注意语调和语速，配上恰当的动作，要能够快速进入场景，迅速将自己的观点传达给学员。

（3）引经据典法

是指引用经典的、权威的著作或名言作为开场白。例如，在有效沟通技巧的开场中，可以这样说："知识就是力量，大家赞同培根的这句话吗？其实知识本身不是力量，而知识运用后才是力量。这句话是培根在回忆阿基米德为保卫家乡，运用科学的力量成功击退罗马入侵的历史事件时发出的感慨。所以，这句话的本意是侧重于知识的运用。当我们不了解其背景时，就很容易断章取义。在我们的工作、生活中也是如此。今天的课程是与大家分享沟通的技巧，相信大家已经迫不及待地想了解了，我们马上进入主题。"

（4）案例运用法

运用案例进行开场是培训师常用的方法，这种方法能引发学员的兴趣，激发学员的思考。在案例的选择上，要贴近学员的日常工作，在案例呈现上，要注意内在逻辑性，可运用冲突、疑问的方式说明事件的背景并抛出问题，让学员去思考讨论，从而更快地进入学习状态。

如在"培训制度与落地"的培训开场中，可以这样说："潜客集团生产车间主任老陈是位非常优秀的技术员，根据公司新出台的《传帮带师徒培训制度》，培养新人既有奖金又有升职机会。这日，公司把一位新人小赵派给老陈，让他负责培训，老陈欣然答应。小赵第一天上班，手上就被磨出两个大泡，老陈看到小赵很沮丧的样子，就不屑地说：'这算什么，当年环境比这艰苦多了，我左手起了三个泡，右手起了两个泡，也没像你这样沮丧，现在的年轻人没有吃苦精神，还想学好技术，简直天方夜谭。'小赵第二天就向公司申请离职，老陈感叹：'我说得没错吧！现在的年轻人就是没有吃苦精神，一天就熬不住了。'老陈对人力资源部说：'以后再派人来一定要给我派能吃苦的，不然就算孔夫子再世也是枉然。'老陈的说法正确吗？现在的年轻人真的吃不了苦吗？"

（5）数据列举法

利用真实具体的数据开场讲解，有时候能产生显著的效果。在讲专业技术、产品知识、行业趋势、生产研发时可以多用数据列举法。在运用数据列举法开场时，一定要确保数字的真实性，不能是虚假编造出来的。数字还要具体、精确，不要使用"大约、左右、大概”这样的说法。同时，最好让数据形成排比，给人一连串的数字，这样的开场给人的冲击力更强。

（6）活动游戏法

各种活动或游戏是培训师吸引学员参与、营造良好氛围的手段。但开展活动或游戏前一定要考虑学员的特性（如学员的层次和来源），再选择合适的方法。游戏时间一般控制在10分钟以内，避免过分娱乐，喧宾夺主。作为一名培训师，至少应该掌握30种有效的游戏方法，常见的如九宫格互动游戏法：给每位学员发一张A4纸，请大家把这张纸横着三等分，再竖着三等分，打开之后就是一个九宫格。在最中央的格子里，大大地写上自己的姓名，在其他的八个格子里面写上自己认为最重要的8个关键词。在设定的时间内，请大家在全场寻找格子中有同样词汇的人，在彼此相应的格子内签名。时间截止时，得到签名最多的人获胜。

（7）综合运用法

将以上六种方法综合运用，而不是单纯使用某种方法。这就需要培训师根据培训现场需要，巧妙结合。

2. 培训师的结尾技巧

一个好的培训课程的结尾与开头一样重要，好的结尾有利于激发学员的赞同和热情，有助于激励学员按照所学内容去行动。因此，培训课程必须要有结尾，结尾一定要完整、积极向上。

常见的有效的结尾方法有总结提炼法、发出号召法、展望未来法、推崇法、故事法。

（1）总结提炼法

总结结尾是指简单明了地把培训课程的主要要点提炼出来，分条进行明确。如：到现在为止，我们已经把今天要讲的内容全部讲完。我们一起来回顾总结今天讲的三个重点。

（2）发出号召法

针对主题向学员发出号召，激励大家去努力实施。比如在管理者的五项技能培训中，可以这样结尾：“这两天我们一起学习了管理者的五项技能。这五项技能是一个管理者的必备技能，也是通向卓越管理者的必由之路。让我们携起手来为成为卓越的管理者而共同努力。”

（3）展望未来法

展望未来是让大家相信只要按照你说的去做，一定会有一个好的未来，从而激励学员，促使学员努力奋斗。仍以管理者的五项技能培训为例，可以这样说：“这两天我们共同学习了管理者的五项技能，这是我们作为管理者必备的五种能力。在全球一体化的竞争环境中，未来充满了挑战，同时也面临更多的机遇，一定会有更多卓越的管理者脱颖而出。相信，那就是在座的你们。让我们共同努力，再创辉煌！”

发出号召法和展望未来法可以同时运用。特别是在演讲的时候，这样的方式更加能够将现场气氛推向高潮，引发学员共鸣。

（4）推崇法

推崇法指的是在本次课程即将结束时，推广后续的培训内容，引起学员的期待，以吸引更多的学员积极参加。这是培训师推广自己或他人课程时的常用手段。比如在管理者的五项技能培训即将结束时，培训师是这样结尾的：“这两天我们学习了管理者的五项技能，这是管理者必须掌握的最基本的技能。那是不是掌握了这五项技能就能成为一位卓越的管理者呢？不，这还不够。作为一名管理者，除了掌握以上五项技能之外，还需具备一项非常重要的能力——管理人的能力。如何识人用人留人呢？这是管理者必须掌握的重要内容。这部分内容将由非常优秀的张老师为大家讲述。张老师在企业识人用人留人方面深有研究，并且见解独到。相信会为大家带来非常重要的启示。我今天仅仅是抛砖，为的就是引玉，大家要不要学？那好，请大家准时到场，今天的培训到此结束，明天精彩继续。”

（5）故事法。

通过故事升华培训内容，有利于加深学员对培训课程的印象。如：“大家都看过《西游记》，最后取真经时，佛祖说：‘给他们最上等的佛法。’师徒四人取走后，走到半路，才发现都是白纸，其实那是最上等的佛法。大家虽然都不懂，但也知道，佛法的最高境界是空，空就是没有，所以什么都没有才是最高的佛法。当然他们看不懂，是凡人。所以，再传的佛法其实是次一级的佛法，不是最高佛法，而是工具，是参悟佛法的工具。得到了真正的法，工具就不需要了。培训无定法，有的只是工具，得到了真正的方法，工具就可以扔掉了。”

（二）培训师的控场技巧

培训师在准备培训课程时长时，可遵循“60-90-48 法则”，即 60 分钟的培训时间—准备 90 分钟的课程量—安排 48 分钟必讲的内容。这样可以避免讲不完或讲完了没内容等情况的出现。

培训师在培训实施过程中可能会出现一些意外的情况，而这正是考验一个培训师的最佳时机。因为每一次培训过程都是现场直播，培训师的控场能力直接决定一场培训能否成功。表 5-16 列举了一些培训师控场的典型策略。

表 5-16　　培训师控场策略

场景	应对策略
表达错误时	培训师在讲错的时候一定不要着急，要保持冷静。有两种解决办法： 一是如果是一些无关紧要的错误，如把讲解顺序搞错时，培训师不需要告诉学员，只要在后面进行弥补，能够自圆其说就可以了； 二是针对一些很严重的错误，培训师要及时纠正，要勇于承认自己的错误。因为学员一旦因此犯错，损失是很大的
内容遗忘时	培训师在课堂上突然“短路”，内容记不起来了，这时候不要着急，更不要露怯。一种办法是可以给学员布置一个讨论任务，然后趁机翻看自己的讲义，清楚要讲的内容；另一种办法是先讲后面的内容，等回忆起来再讲前面的内容。针对一些学员已经知道的内容，可以让学员进行讲解
学员走神时	出现这种情况，说明培训师的课堂没有吸引力，这时培训师要运用一些方法吸引学员的注意力。一方面培训师可以调整授课内容，插入一些互动、讨论或游戏，给学员一些不一样的刺激；另一方面培训师可以请各组的小组长管理小组，督促组员把注意力回归课堂
学员聊天时	当培训师发现下面在交头接耳聊天时，培训师可以停下来，沉默地看着大家，不到 10 秒钟，教室就会安静下来。如果总是一拨人聊天，培训师可以在中场休息时与他们交流，了解原因，并希望他们能遵守课堂纪律。针对交头接耳的现象，培训师还可以来回走动，在讲话的学员旁边站一会儿，这样也可以控制交头接耳
学员课堂上睡觉时	一是培训师可以组织游戏、活动，如相互握手、表演、鼓掌等，这样可让睡觉的学员参与，提高兴趣；二是培训师可以走到睡觉的学员旁边，一般旁边的学员会把睡觉的学员叫醒。同时，培训师也可以突然增大讲课的音量，或者使语调更抑扬顿挫些
个人发言时间过长时	培训师可以做时间提醒，如：“你的发言很精彩，只是时间有限，现在用 30 秒进行收尾，好吗？”或者问全班学员，“这位学员答得好吗？”当大家说好时，培训师接下说，“好，让我们用掌声感谢他的精彩发言。来，我们有请下一位学员。”这时候就找下一位学员回答。在培训课堂，培训师如果发现专家特别多时，建议不要随便交出麦克风，因为交出去容易收回来就比较困难了

除了以上应对策略外，培训师还要根据培训现场学员的不同性格做出不同的应对策略。针对不同性格学员的应对策略如表 5-17 所示。

表 5-17　　针对不同性格学员的应对策略

类型	学员性格表现形式	应对策略
强制型	1. 喜欢控制，不喜欢服从 2. 认为自己是对的，喜欢左右他人意见 3. 行动力强，喜欢接受挑战	1. 在培训过程中给予“领导”角色 2. 不要过度对自己的行为和观点进行辩护，敢于承认错误 3. 引导参与团队合作，不搞一言堂
活跃型	1. 表现力强，爱出风头 2. 喜欢形式多样的课堂，喜欢互动和游戏 3. 兴奋来得快去得也快，容易走神	1. 要多表扬和肯定 2. 采用多样化的培训形式 3. 充分利用这些学员的热情来激发、调动、引领其他学员积极参与课程
思考型	1. 非常理性，要求课程具有逻辑性和实用性 2. 喜欢刨根问底、提出质疑 3. 不苟言笑，喜欢思考问题	1. 鼓励其说出内心的感受 2. 尝试反问法，当他们提出问题时，反问“为什么” 3. 当其他学员提出问题时，可适当利用他们的专业来帮助解答
配合型	1. 认真聆听，遵守纪律 2. 缺少主见，不爱出风头，随大流	1. 要让他们感受到温暖和亲近 2. 用恰当的方式让他们做出改变，鼓励他们回答问题

在培训前，培训师要从学员的角度去思考、设计、展开课程。只有围绕学员做出的课程设计，才能让学员跟着培训师的思路走，才能减少控场的需要，培训师才能在课堂上更加游刃有余。

（三）培训师的表达技巧

口才好就能做培训师，就能组织好一场培训吗？未必！

如图 5-7 所示为培训师表达表现率的“55—38—7 原则”：肢体语言占沟通魅力的 55%、说话语调占 38%、语言占 7%，也就是非语言魅力占了 93%。因此，培训师在表达技能的训练上，要加强肢体语言、说话语调的训练。

1. 肢体语言使用技巧

肢体语言主要包括眼神、手势、仪态、表情。

（1）培训师的眼神使用技巧

培训师上场时应该环视一圈，尽可能与每一位学员进行眼神的交流，同时保持微笑。在培训过程中要关注每一位学员，不能只瞪着某人或某处，要覆盖到所有学员。

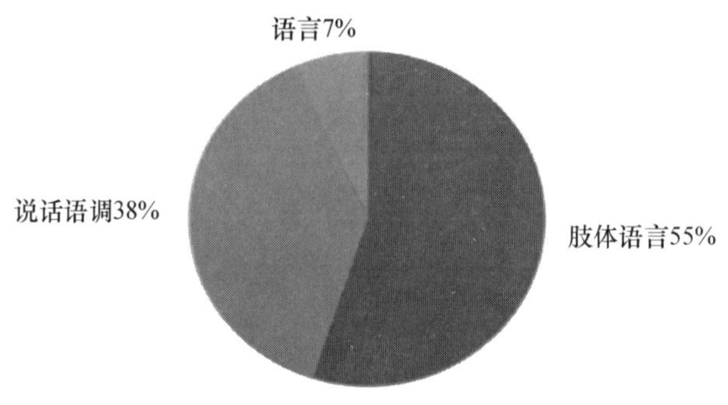

图 5-7　表达的表现率

平时可以通过三分钟眼神练习法进行训练：一是练视野，想看哪里看哪里；二是练时间，想看多久看多久；三是练内涵，想表达什么就能表达什么。

（2）培训师的手势使用技巧

肢体语言以手势为重点，手可以传递信息，表达各种复杂的思想情绪。在使用手势时，需注意如图 5-8 所示的四个原则。

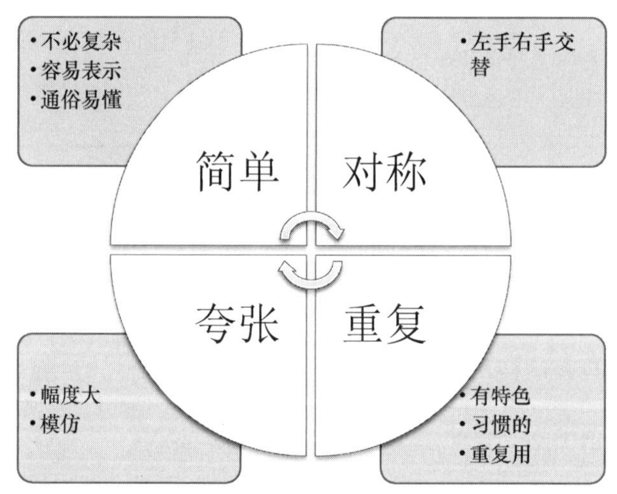

图 5-8　使用手势的四个原则

培训师使用的比较多的手势主要为数字类、阶段类和欢迎类。在平时，培训师应该根据使用手势时的四个原则进行不断训练，形成符合自己风格的肢体语言。

（3）培训师的仪态使用技巧

站姿要求，男性一般双脚与肩同宽，女性一般是丁字步或一字步。上场一定要站在培训场地的中心位置。培训过程不能过于频繁走动，不得背对学员。

（4）培训师的表情使用技巧

培训师的表情要与培训内容相吻合，一般情况下是保持微笑的、轻松的、真诚的表情。

2. 说话语调使用技巧[①]

在说话语调上，要注意抑扬顿挫、声情并茂，不能一直高亢也不能一直低沉，在声音中要注意加入情感。这就需要培训师平时加强朗诵训练。语气，是用不同的声音和气息表达不同的语意和感情的技巧，即“声气传情”的技巧。音随意转，气随情动，因情用气，以情带声；不但以气托声，而且以声、气传情。表达时，总的色彩体现在基调中，具体的色彩体现在语气中。常见的语气色彩如下：

“爱”的语气一般是“气徐声柔”的。发音器官宽松，用声自如，气息深长，出语轻软，给人以温和感。

“恨”的语气一般是“气足声硬”的。发音器官紧，气猛而多阻塞，似忍无可忍，咬牙切齿，给人以挤压感。

“悲”的语气一般是“气沉声缓”的。发音器官欲紧又松，气息于先，出声于后，郁闷沉静，欲言又止，给人以迟滞感。

“喜”的语气一般是“气满声高”的。发音器官松弛，似千里轻舟，气息顺畅，激情洋溢，给人以兴奋感。

“欲”的语气一般是“气多声放”的。发音器官积极敞开，气息力求顺达，给人以伸张感。

“惧”的语气一般是“气提声凝”的。发音器官迟钝，气息似积存于胸，出气强弱不匀。

“急”的语气一般是“气短声促”的。吐字弹射有力，气息急迫如穿梭，出语间隙停顿短暂，给人以催逼感。

“冷”的语气一般是“气少声单”的。发音器官松，气息微弱，给人以冷寂感。

“怒”的语气一般是“气粗声重”的。发音器官力度加大，气息纵放不收，语势迅猛不可遏制，给人以震动感。

“疑”的语气一般是“气细声黏”的，发音器官欲松还紧，气息欲连还断，吐字夸张韵腹，给人以踌躇感。

在汉语中，字有字调，句有句调。我们通常称字调为声调，是指音节的高低升降。而句调我们则称为语调，是指语句的高低升降。语调可分为句末语调和整句语调两种。一句话的高低升降常常表现在最后一个音节上（句末如果是语气词或轻声字，就表现在倒数第二个音节上），一般可分为平、升、降、曲四类。一句话的语调随着语情、语

① 参考资料：朗读小技巧 | 语气和语调的技巧你 get 到了吗？北京市西城区第一图书馆（公众号）

势而出现起伏变化，称为“整句语调”。整句的语调是曲折变化的，是通过声音的高低、强弱、长短，以及音色综合表现的。

3. 语言技巧

在语言上，切记不要加上“嗯、呢”这样的零言碎语，也不要加很多无关紧要的词，如“这个、那个、我们、你们”等。在语言表达上，要求简练、重点突出、有韵律感、理性和感性兼备。这就要求培训师做好课内课外准备。培训师语言表达重点要掌握好节奏。节奏是指表达过程中由声音抑扬顿挫、轻重缓急而形成的回环往复的形式，常见的类型主要有四种。

（1）轻快型

这种节奏语速较快，多扬少抑，多轻少重，声轻不着力，词语密度大，有时有跳越感。多用来描绘欢快、诙谐的情志。例如：“我爱看天上的一片云，那片白白的、会变的云。瞧它一会儿变成只小狗，摇着尾巴，追着太阳跑；一会儿变成只小羊，在草原上撒欢儿跳高。”

（2）沉稳型

这种节奏语势沉缓，多抑少扬，多重少轻，音强而着力，词语密度疏，常用来表现庄重、肃穆的气氛和悲痛、抑郁的情感。例如：“灵车队，万众心相随。哭别总理心欲碎，八亿神州泪纷飞。红旗低垂，新华门前洒满泪。日理万机的总理啊，您今晚几时回？”

（3）舒缓型

这种节奏语速较缓，语势较平稳，声音轻柔而不着力，常常用来描绘幽静的场面和美丽的景色，也可以表现舒展的情怀。例如：“大海上一片静寂。在我们的脚下，波浪轻轻吻着岩石。像朦朦胧胧欲睡似的。在平静的深黯的海面上，月光劈开了一款狭长的明亮的云汀，闪闪地颤动着，银鳞一般。”

（4）强疾型

这种节奏语速较快，多扬少抑，声音强劲而有力，常用来表现紧张急迫的情绪、抒发激越的情怀。例如：“在苍茫的大海上，狂风卷集着乌云。在乌云和大海之间，海燕像黑色的闪电，高傲的飞翔。一会儿翅膀碰着波浪，一会儿箭一般地直冲向乌云，它叫喊着，就在这勇敢的叫喊声里，乌云听出了欢乐。”

以上四种节奏类型，只是大体的分类，每一种还可以再分小类，在此不再一一列举。在实际的表达过程中，节奏不一定是单一的，往往会随着内容情节的变化而相应发生改变。因此在表达过程中，节奏必须因文而异，切忌死板单一、一统到底。

二、任务要求

(一) 模拟一场培训

1. 任务

假如你是一家企业的内部培训师，现在企业要求你给员工进行一场培训。请模拟培训实施过程。

2. 要求

培训过程要有开场、有结尾、有过程。

3. 实训实施过程

(1) 5~7 人为一组，将全班分成若干组。每组选择一名培训师，一名主持人。

(2) 团队确定模拟培训对象及培训内容，由培训师组织实施培训，并进行现场管理。

(3) 制作 PPT，分组展示。

(二) 任务完成常用实际业务工具

1. 培训师试讲评估（如表 5-18 所示）

表 5-18 培训师试讲评估表

姓名		部门		现任职务	
学历		入职日期		申请日期	
试讲课程		试讲日期		课时	

评审项目	评审要素	分值	评估等级	评分
个人形象	穿着仪表	5 分	□优 5 分 □良 4 分 □合格 3 分 □差 3 分以下	
	行为举止	5 分	□优 5 分 □良 4 分 □合格 3 分 □差 3 分以下	
	热情度	5 分	□优 5 分 □良 4 分 □合格 3 分 □差 3 分以下	
表达能力	语音清晰度	5 分	□优 5 分 □良 4 分 □合格 3 分 □差 3 分以下	
	语言逻辑度	5 分	□优 5 分 □良 4 分 □合格 3 分 □差 3 分以下	
	表达丰富度	5 分	□优 5 分 □良 4 分 □合格 3 分 □差 3 分以下	
应变能力	异议处理	5 分	□优 5 分 □良 4 分 □合格 3 分 □差 3 分以下	
	时间控制	5 分	□优 5 分 □良 4 分 □合格 3 分 □差 3 分以下	
	现场控制	10 分	□优 9~10 分 □良 8~9 分 □合格 6~8 分 □差 6 分以下	

续表

评审项目	评审要素	分值	评估等级	评分
专业能力	内容适用性	10分	□优9~10分　□良8~9分　□合格6~8分　□差6分以下	
	结构化程度	10分	□优9~10分　□良8~9分　□合格6~8分　□差6分以下	
	答疑能力	10分	□优9~10分　□良8~9分　□合格6~8分　□差6分以下	
	教学手法	10分	□优9~10分　□良8~9分　□合格6~8分　□差6分以下	
	PPT专业性	10分	□优9~10分　□良8~9分　□合格6~8分　□差6分以下	
评估结果	最终得分：　　分		内部培训师评审小组意见	
	□不合格		评审人（签名）：________	
	□合格，聘为见习培训师			
	□良好，聘为初级培训师			
	□优秀，聘为中级培训师			
	□卓越，聘为高级培训师			
备注	评审分数96~100分可聘为高级培训师，90~95分可聘为中级培训师，80~89分可聘为初级培训师，60~79分可聘为见习培训师，60分以下不合格			

2. 内部培训师考核办法（如表5-19所示）

表5-19　　×××公司内部培训师考核办法

办法名称	×××公司内部培训师考核办法			编号	
				受控状态	
执行部门		监督部门		编修部门	

第1章　总则

第1条　目的

为了有效激励内部培训师的工作积极性和主动性，营造公平而有效地竞争环境和激励体制，特制定本办法。

第2条　适用范围

本办法适用于公司所有内部培训师的考核管理。

第2章　内部讲师考核依据

第3条　学员满意度

学员满意度是指内部培训师授课结束后学员通过问卷评价表进行评价的结果。

第4条　培训部评价

培训部评价的主要内容包括教学质量、教学效果、工作态度、授课技巧、课堂内容的熟练程度、课程开发内容等。

续表

第 3 章　考核实施管理

第 5 条　考核时间安排

对内部培训师的考核一般在年末进行，具体考核时间视公司的实际情况而定。

第 6 条　考核评估组织管理

培训部经理组织成立内部培训师考核小组，由人力资源部经理担任考核小组组长，小组成员包括培训部经理、学员代表、绩效考核专员等。

第 7 条　考核程序

1. 确定考核项目与评价标准

公司对内部培训师的考核一般从三个方面入手，即工作绩效、工作技能和工作态度，具体考核项目、考核指标、考核项目权重、评价标准及考核得分如下表所示。

考核项目与评价标准一览表

考核项目	考核指标	权重	评价标准	得分
工作绩效	培训师开发培训课程质量	____%	1. 培训课程开发数量达到工作计划规定的要求，得 15 分 2. 若未完成工作计划规定的课程门数，少完成 1 门，扣 3 分；少完成 5 门，得 0 分	____分
	培训师讲课累计课时数	____%	1. 培训师讲课累计课时达到工作计划规定的要求，得 15 分 2. 若未完成工作计划规定的课时数，少完成 1 课时，扣 3 分；少完成 5 课时，得 0 分	____分
	学员对培训师所讲课程的满意率	____%	1. 学员对培训师所讲课程的满意率达 95%，得 10 分 2. 满意率每降低 1%，扣 1 分 3. 学员对培训师所讲课程的满意率低于 85%，得 0 分	____分
工作技能	授课能力	____%	1. 所讲授的课程，学员都能够清楚地理解，得 10 分 2. 所讲授的课程，有 5% 的学员不能够清楚地理解，得 5 分 3. 所讲授的课程，有 10% 的学员不能够清楚地理解，得 0 分	____分

续表

考核项目	考核指标	权重	评价标准	得分
工作技能	课程开发能力	____%	1. 所开发课程包含学员学习的所有知识点，得 15 分 2. 所开发的课程，每少 1 个学员所需的知识点，扣 3 分	____分
	解决问题能力	____%	1. 能及时解决学员所提出的问题，得 10 分 2. 出现 1 次不能及时解决学员所提出的问题，扣 2 分 3. 出现 5 次不能及时解决学员所提出的问题，得 0 分	____分
工作态度	工作主动性	____%	考核期间出勤率达到 100%，得满分；迟到 1 次，扣 2 分；迟到 3 次以上者，得 0 分	____分
	工作责任心	____%	1. 除做好自己的本职工作外，还主动承担公司内部的工作，得 5 分 2. 自觉地完成工作任务且对自己的行为负责，得 3 分 3. 自觉地完成工作任务，但对工作中的失误有时推卸责任，得 1 分 4. 不能保质、保量地完成工作任务，且工作态度不认真，得 0 分	____分
	团队意识	____%	1. 能积极协助其他团队成员完成工作，得 5 分 2. 由于个人原因延误团队工作，每次扣 2 分 3. 由于个人原因延误团队工作超过 2 次，得 0 分	____分
综合得分				

2. 实施考核

（1）确定了考核内容后，绩效考核专员搜集相关的绩效记录资料。

（2）资料收集完毕，考核小组依据内部培训师绩效记录资料对内部讲师进行打分。

3. 计算考核得分

考核小组成员打分完毕，绩效考核专员根据打分，计算所考核内部培训师的综合得分。

续表

4. 考核得分复核

综合得分计算完毕，内部培训师要对综合得分进行复核计算，避免出现计算错误。复核完毕，将考核得分填入“内部培训师绩效考核记录表”中。

第 4 章　考核结果应用及异议处理

第 8 条　考核结果的应用

1. 奖励措施

培训部根据培训师的考核得分，对内部培训师进行奖励，具体奖励措施如下表所示。

内部培训师奖励措施

考核得分	薪酬调整
90 分以上	薪酬在原有基础上调 10%
81~89 分	薪酬在原有基础上调 5%
75~79 分	薪酬在原有基础上调 2%

2. 惩罚措施

内部培训师考核得分低于 75 分即被降级，初级讲师将被解聘，待进一步培训后再申报加入。

第 9 条　考核结果异议处理

相关人员若对考核结果持有异议，可向培训部提出申诉，要求重新复核考核得分。培训部自接到申诉起 1 个工作日内必须给出申诉者答复。

第 5 章　附则

第 10 条　未尽事宜的处理

本办法未尽事宜参照公司相关规定执行。

第 11 条　生效日期

本办法由培训部负责起草和修订，经总经理审批后生效。

编制日期		审核日期		批准日期	
修改标记		修改次数		修改日期	

三、展示培训师技巧任务评价指标与标准

展示培训师技巧任务评价指标与标准如表 5-20 所示。

表 5-20　展示培训师技巧任务评价指标与标准

任务名称	指标	权重	标准（5 级评分法）				
			5 分	4 分	3 分	2 分	1 分
模拟一场培训	开场	15%					
	结尾	15%					
	表达效果	15%					

续表

任务名称	指标	权重	标准（5级评分法）				
			5分	4分	3分	2分	1分
模拟一场培训	逻辑性	15%					
	控场技巧	15%					
	职业态度	15%					
	团队活动的协作性	10%					
	小计	100%					

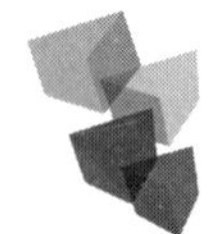

练习题

一、单项选择题

1. （　　）不属于培训课程设计的原则。

A. 符合培训对象的差异性　　B. 符合企业培训的基本目标

C. 符合成人学习者的认知规律　　D. 符合企业和学习者的需求

2. 在课程内容的确定中，（　　）是课程设计的首要任务。

A. 课程内容的选择　　B. 课程内容的制作

C. 课程内容的安排　　D. 课程方法的选择

3. 关于外部培训师和内部培训师的优劣比较，表述正确的是（　　）。

A. 外部培训师更有利于交流的顺畅

B. 企业内部开发培训师资源成本较高

C. 使用内部培训师可能会加大培训风险

D. 内部培训师可能影响培训对象的参与积极性

4. 以下不属于确定培训课程目标的原则的是（　　）。

A. 明确性　　B. 可衡量性　　C. 可达成性　　D. 有效性

二、多项选择题

1. 确定培训课程目标时应遵循 SMART 原则，即（　　）。

A. 可衡量性　　B. 明确性

C. 实际性和时限性　　D. 可达成性

2. 培训师在培训过程中应该承担（　　）角色。

A. 编剧　　B. 导演　　C. 演员　　D. 主持人

3. 培训师的开场方式一般可采用（　　）。

A. 提问法　　B. 故事法　　C. 引经据典法　　D. 游戏法

4. 培训师的表达技巧主要包括（　　）。

A. 肢体语言　　B. 语音语气语调　　C. 语言内容　　D. 幽默感

5. 培训师的结尾方式一般可采用（　　）。

A. 总结提炼法　　B. 发出号召法　　C. 展望未来法　　D. 故事法

三、判断题

1. 企业聘请外部培训师进行培训，培训效果比内部培训师更好。（　　）

2. 培训师只要口才好，就一定能组织好培训。（　　）

3. 培训师既要把握好开场和结尾，又要控制好培训过程。（　　）

4. 培训课程要根据企业和学员的需求来确定。（　　）

四、简述题

1. 简述编制培训课程大纲时需要考虑的内容。

2. 简述培训师在培训过程中的控场技巧。

3. 简述企业选聘外部培训师的标准。

项目六

培训方案与计划的制定

【项目导入】

制定符合企业实际需求、科学合理的培训方案及计划，是有效的培训管理工作核心环节之一，其完成质量直接影响培训效果。

一、主题案例

××公司生产经理培训方案

如表6-1所示为××公司生产经理培训方案表。

表6-1　××公司生产经理培训方案表

方案名称	××公司生产经理培训方案	文件编号：
		执行部门：

一、培训目标

不断提高本公司生产经理的管理技能，改善生产经理的管理方法，提高生产部门的生产效率。

二、培训准备与实施

1. 培训需求分析调查

在开展培训前，人力资源部首先对生产经理的工作行为进行观察，了解其工作表现；并通过与生产经理的上级、下级及生产经理本人进行访谈，了解、分析生产经理的培训需求，最终确定公司生产经理的培训需求。

2. 制订培训实施计划

为确保培训的顺利实施，人力资源部对生产经理培训制订了为期3天的培训计划。

续表

日程	时间安排	培训内容	培训方式	培训师	培训地点
第一天	10：00—12：00	如何从控制型领导转变为教练型领导	课堂讲授	培训专家	培训学校
	14：00—16：00	生产现场的数据管理	现场讲授	培训专家	培训学校
	18：00—20：00	现场管理中的标准化	案例分析	培训专家	培训学校
第二天	10：00—12：00	跨部门合作的现场持续改善	课堂讲授	外部培训师	公司会议室
	14：00—16：00	基于合作的生产效率改善	小组讨论	外部培训师	公司会议室
	18：00—20：00	生产现场管理方法	视频录像	外部培训师	公司会议室
第三天	10：00—12：00	如何培训生产部门基层领导	课堂讲授	培训专家	培训学校
	14：00—16：00	如何培养生产人员职业化思维与职业心态	课堂讲授	培训专家	培训学校

3. 培训费用预算

为确保培训有效进行，人力资源部对制订的培训计划做出如下的详细预算。

培训费用项目	费用估算明细
教材资料费	××××元
培训师课时费	××××元
培训师交通费	××××元
培训场地租金	××××元
培训设备租金	××××元
培训师食宿费	××××元
费用总计	××××元

4. 培训纪律

在培训期间，生产经理须遵守公司相关培训制度，特别是以下三点：

（1）培训课堂上，需要将手机调成静音状态，避免影响其他培训学员。

（2）保证课堂纪律，不在上课期间吸烟，不在教室内随便走动。

（3）若无特殊情况，生产经理不得缺席培训，如有其他工作安排确实无法参加培训者，生产经理需直接与人力资源部经理联系，由人力资源部对此进行协调。

续表

三、培训评估与反馈
培训结束后，人力资源部对培训工作进行评估，主要包含对培训效果的评估、对培训组织者的评估、对培训师的评估等，从中找出问题，下次予以改进。

编制人员		审核人员		批准人员	
编制日期		审核日期		批准日期	

案例分析

为了保障员工培训工作的顺利开展，确保培训效果，应该根据前期培训需求分析的结果，有针对性地设计定制化的培训方案。其根本出发点是保证企业整体发展目标和员工个人发展目标的有机结合，帮助培训管理团队和实践部门实现资源的合理分配和利用，提高培训工作的效率。

二、学习目标

1. 掌握培训方案的设计与撰写。
2. 掌握培训计划的制订与撰写。
3. 掌握培训课程体系的设计。

任务 9　设计培训方案与计划

一、知识准备

（一）培训方案设计方法与过程

一套完整的员工培训方案，应当包括方案制定的原则与目的，实施方案相关组织机构及分工，方案实施步骤及操作流程、工具与方法、预算等模块。各模块对培训活动的不同维度进行设计，相互补充、相互支撑，共同构成一个完整的员工培训方案结构。

1. 培训方案设计方法

在培训方案设计的过程中，需要就前期收集的与培训相关的基础资料，如培训需求、培训方法、培训机构及培训师信息等，通过讨论确定初稿，并在修改完善后形成最终的培训方案设计。头脑风暴法是在培训方案制定过程中经常采用的一种集体研讨方法，通常以会议的形式进行，在自然融洽、不设置任何限制的轻松气氛中，引导与会人员就培训方案设计自由联想和讨论。这种方式的特点就在于能够激发与会人员打破常规、积极思考、畅所欲言、充分发表看法，能够在较短时间内打开方案设计思路，效率高。

但作为一种群体决策行为，头脑风暴法也不可避免会受到群体思维的影响——与会人员之间会有相互影响，会形成屈于权威、或少数服从多数的方案结果，这样的研讨结果并不一定是足够科学的。为了尽可能提高研讨结果的科学性，可以在操作过程中采取一些改进措施，比如在开放讨论之前，与会人员可以先各自思考，把对培训方案设计的想法写在不记名的卡片上，提交会议组织者，之后再统一公布，再集体讨论确定、优化某个培训设计方案。

2. 培训方案设计过程

培训方案设计和制定的过程（如图 6-1 所示），主要包括明确培训方案设计目的，确定方案思路和框架，在此基础上填充方案内容、形成初稿，之后进行多轮讨论、修订，最终形成定稿并发布试运行。

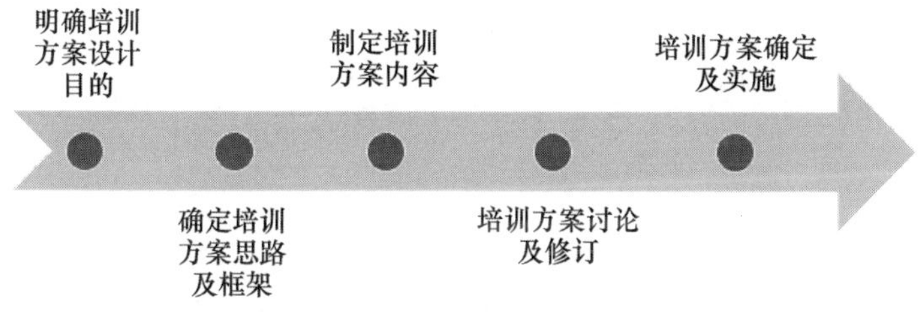

图 6-1 培训方案设计和制定过程

（1）明确培训方案设计目的

培训方案设计需要先明确制定目的，即希望通过培训解决哪些问题或达到什么样的培训效果。只有先明确培训方案设计目的，才能确保方案设计思路的正确性，进而确定培训方案的计划进程，为具体培训方案设计提供指导。

（2）确定培训方案思路及框架

为确保培训方案体系的整体性和思路的系统性，在制定初期，应该首先确定方案的整体思路、内容模块。在确保思路及模块框架清晰的基础上，再充实内容，能够最大程度地确保方案的思路完整、条理清晰。

（3）制定培训方案内容

培训方案的内容是在明确的方案目的及清晰的思路和框架基础之上，对方案各模块的内容进行细化，并形成相对完整和系统的方案初稿，为进一步讨论、修正打下基础。

（4）培训方案讨论及修订

由于培训方案的实施与部门、员工的切身利益息息相关，所以方案的内容必须反复研讨，听取各方相关人员的意见和建议，进行多次修改和完善，以确保培训方案的严谨性、实践性和有效性。

（5）培训方案确定及实施

培训方案经过多次修改和完善后形成的最终版本，需要经过公司的高层管理人员审批后方可实施。通常情况下，培训方案在最初的实施过程中通常被称为“试行稿”，需要进一步收集各相关部门、有关人员的意见和建议，并逐步完善。

（二）培训方案要素分析

培训方案的组成要素有：方案总则、组织机构与分工、方案执行步骤与时间安排、选用培训方法、制定培训预算、方案附则，如图 6-2 所示。

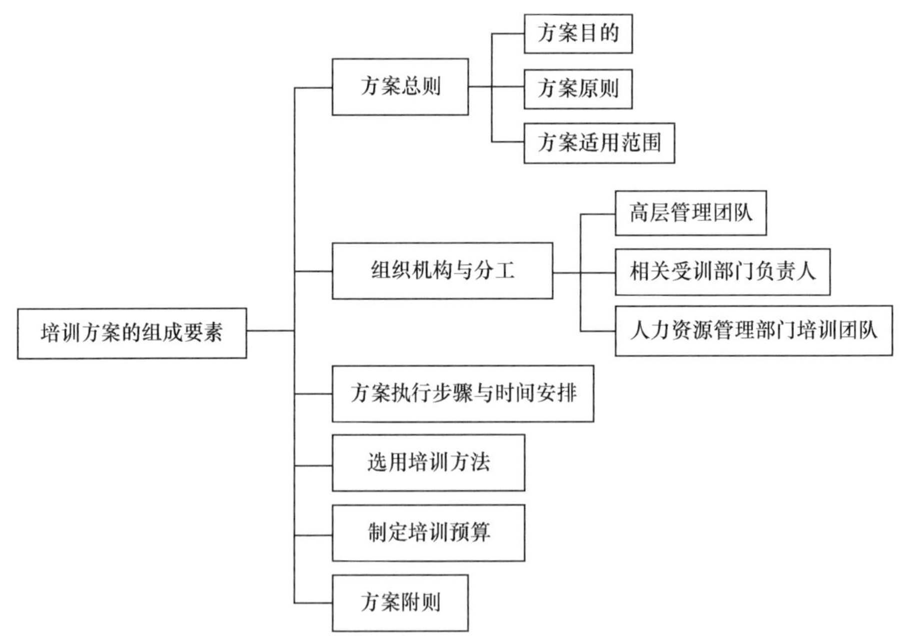

图 6-2　培训方案的组成要素

1. 方案总则

总则是对培训方案的整体说明，主要包括制定的目的、原则及适用范围三个部分。

（1）方案目的

在培训需求分析的基础之上，总结提炼出通过培训所要解决的最根本问题或想要达到的最终效果，是制定培训方案的首要工作。培训方案的目的展现了组织培训活动的基本意图与期望，能够指引公司上下各级培训相关部门、人员向着统一的目标努力，从而达到组织想要的培训效果。

例如，某公司培训方案的目的是：为配合公司的发展目标，确保公司培训工作的规范化，有计划地提高员工的知识水平和工作技能，保证员工能够胜任相应的工作，确保企业人才管理的可持续发展，以利于企业经营发展战略目标的实现。

培训方案目的会在后期逐层分解，从培训方案总则中的目标到某个培训活动的总体目标再到每次课程的具体目标，越来越具体，在本项目后面部分的有关培训计划、培训课程体系设计中会进一步详细介绍。

（2）方案原则

培训方案的原则应该言简意赅，对方案在制定、执行过程中所应遵循的基本原则予以明确。常见培训方案的制定原则如下：

①战略导向原则。培训活动必须与企业发展和要求相适应，其根本目的是为实现企业整体战略目标服务。

②系统性原则。企业中的员工培训是一项系统性的工作，需要经过长时间的积累才能够达到培训效果。

③按需施教原则。员工培训必须来源于培训需求分析，减少低效、无效的培训。

④分层分类原则。员工培训应该在一定程度上实现定制化，不分层分类的统一培训往往收效甚微。

（3）方案适用范围

培训方案制定时一定要界定目标人群，也就是适用对象。例如：财务培训方案只适用于公司中从事财务工作的相关人员，而高层管理培训方案只适用于公司中高层管理人员。

2. 组织机构与分工

培训方案的有效制定与实施，需要公司上下通力合作。首先由人力资源管理部门组织开展工作；其次，相关受训部门需要配合人力资源管理部门参与到培训方案的调研、设计、研讨、起草及修订等过程中；最后，公司高层管理团队负责审批通过。只有这样，制定出来的培训方案才是足够科学并且最具实践价值的。不同部门在具体职能和分工上的差异，带来了在培训管理工作中的分工与协作。

（1）高层管理团队

高层管理团队在培训方案制定中的职责在于从大局上把握方案的指导思想和原则，具体包括审批培训需求、制定培训的总体策略、批准培训计划、确定培训预期效果等。

（2）相关受训部门负责人

作为受训员工的部门负责人，在培训方案的制定过程中承担了非常重要的职责，例如向人力资源部门提供本部门受训员工的岗位类型、数量、需求等信息，参加对本部门培训方案的起草、修改等工作，以及对培训内容提出要求、确定培训师、参与员工培训后的效果评估等。

（3）人力资源管理部门培训团队

公司高层管理团队审批通过的培训方案需要由相关部门来执行，人力资源管理部门是核心、牵头部门，而培训团队成员是培训方案的主要撰写和组织执行人员，其职责有：第一，需要同有关部门一起研究员工培训需求情况；第二，要制定具体的培训策略；第三，要进行具体培训计划的制订。

由此可见，培训方案的设计是人力资源管理部门的职责，需要主导和组织调研、设计、研讨、起草、修订、通过等一系列过程。但这并不意味着这一套培训方案体系是可以仅靠这一个部门独自完成的。相反，一套完整的培训方案需要组织中所有相关部门的通力协作，需要在方案设计、执行的各个环节分解任务，由专人（团队）负责具体事项，进行合理的分工。

3. 方案执行步骤与时间安排

这一部分需要对培训方案的执行过程进行详细、有序地梳理，使方案执行人员能够清楚了解各项工作的流程及时间节点，并按照要求实施。

4. 选用培训方法

培训方案执行过程中，培训方法的选择是一项专业技能要求较高的工作，包括培训形式、培训方式的选择。例如，采用集中培训或分散培训，脱产培训或在职培训，现场培训或网络培训等形式；采用讲授法、案例分析法、角色扮演法等培训方法。需要强调的是，为了增强培训效果，在选择培训方法时，应该根据受训员工特点（例如岗位类型、知识基础等）、培训内容及培训时间等具体情况，综合考量各培训方法的特点及适用条件，将多种方法综合运用。这一部分内容在前文“项目四　培训方法选择”中已有详细介绍，此处不再赘述。

5. 制定培训预算

培训预算是培训方案必不可少的一个要素，它为企业的培训决策提供了充分的依据。但值得注意的是，培训预算并非要多少有多少，其来源于公司分配在人力资源管理方面的经费。通常情况下，由人力资源管理部门负责人主导人力资源管理总体预算方案的设计，同时，人力资源管理部门内部分管不同业务模块的人员，根据各自业务的开展情况，设计相应的具体预算，培训预算就在这一个环节中确定。所以，在培训预算制定之初，需要先明确公司安排在员工培训方面能够使用的经费有多少。通常情况下，培训方案中的培训预算要求按照实际培训工作使用需要，在确定预算总额的基础上，按照其中不同的培训活动分别制订下一级预算计划。具体培训预算管理会在本项目稍后部分内容详细介绍。

6. 方案附则

方案附则一般是培训方案的最后一部分，主要用于明确方案的最终解释权归属以及方案具体生效、执行的时间。

（三）培训预算管理

培训费用是指在培训方案形成后，为完成方案中的各项培训任务所需的全部经费。国家相关政策法规也对培训费用有明确规定，例如《中华人民共和国就业促进法》《中华人民共和国劳动法》中均有相关条款规定。

《中华人民共和国就业促进法》第五章“职业教育和培训”中第四十七条规定，“企业应当按照国家有关规定提取职工教育经费，对劳动者进行职业技能培训和继续教育培训”。《中华人民共和国劳动法》第八章“职业培训”中第六十八条规定，“用人单位应当建立职业培训制度，按照国家规定提取和使用职业培训经费，根据本单位实际，有计划地对劳动者进行职业培训”。

1. 培训预算管理的重要意义

“凡事预则立，不预则废。”这句话高度概括了培训预算管理的重要性。有效的培训预算管理能够使决策者对培训方案有更为直观的了解，对比分析不同培训项目的成本从而做出正确的选择，而且有利于更合理地确定培训项目在设计、实施、评估以及管理上的经费分配比例，也是企业进行成本控制、成本收益对比分析的重要环节。由于企业情况各不相同，培训预算如何设置、分配于哪些项目及比例如何，并没有统一的规定，企业应该根据自身实际需要、具体培训活动的特点来确定。

2. 培训预算的分类

培训预算一般包括讲师费、教材费、场地费、器材费、茶歇费等，如果异地培训，还会涉及交通差旅费、食宿费用等，培训方案在计划过程中应该充分考虑这些费用，做出粗略预算。在培训预算确定以后，应该留出一些弹性空间以便调整。一般情况下，培训费用的弹性空间应控制在前期确定预算总数的10%~20%。

随着社会经济环境的不断变革、科学技术的飞速发展，企业员工培训的领域不断拓展，所涉及的培训内容、形式、方法也逐渐多样化，这也使得培训费用涵盖项目日益繁杂。为了便于管理，我们通常把培训费用分为直接费用和间接费用两大类。

（1）直接费用

直接费用是指在培训项目实施过程中，直接用于培训师和学员的所有费用。

1）当企业采用内部培训的方式时，其直接费用来源主要有以下四种情况：

①培训讲师费。企业可以从内部培养、聘请自己的培训师，也可以借助外部师资力量，所以在制定培训预算时，既要考虑内部培训师的工资报酬，又要支付外聘培训师的费用。

②培训场地、设备租赁费。如果企业用自己的场地、设备进行培训，那么这部分费用分摊当年折旧费即可；但当企业需租借外部场地或器材培训时，这笔费用必须考虑在培训预算当中。在实际操作中，当需要租赁外部场地培训时，培训器材及附带设备的租赁费用往往会使总费用有较大幅度的增加。

③培训课程制作费、教材费、资料费。需要注意的是，视听教材的费用会更昂贵一些，在采购之前，需要确认培训总预算。随着高新技术在企业培训中的广泛应用，直播、录播等形式层出不穷，由此带来的课程制作费用也在培训预算中所占比例越来越高。

④参加培训支出的交通费、餐费、住宿费及其他费用等。尤其是当企业对其所有业务机构中的相关人员进行集中培训时，由此产生的食宿费用是培训预算中的重要组成部分。在一些集团型公司中，这部分费用会由培训相关分公司、培训当地的分支机构分摊。

2）当企业采用外包培训的方式时，其直接费用来源主要有以下四个方面：

①外包项目合同约定的服务费用；

②培训设备、相关培训辅助材料费用；

③为参加培训所支出的交通费、餐费、住宿费及其他费用等；

④选择培训机构时所发生的费用，包括估价、询价、比价、议价费用，通信联络

费用，事务用品费用等。

（2）间接费用

间接费用是指在培训活动实施过程之外，企业为使培训项目得以顺利进行而支付的所有费用，如培训项目的设计费用、管理费用，学员受训期间的工资福利，以及培训项目的评估费用等。

1）当企业采用内部培训的方式时，其间接费用主要有以下五个来源：

①课程设计的所有费用，包括工资支出、资料费支出及其他费用。

②培训学员工资福利等。

③学员参加培训而耽误工作所产生的机会成本。有关统计数据显示，一位一线工人的工资是其创造价值的三分之一，照此推算，如果员工用培训的时间去工作，为公司创造的价值会达到他培训时长薪资的三倍。当然，这部分费用会因工作岗位的种类、性质及所参加培训项目的不同而不同，但这部分间接费用是值得企业在做培训决策时考虑的。

④培训管理人员及办事人员的工资、交通费、通信费等。

⑤一般培训设备的折旧和保养费用。

2）当企业采用外包培训的方式时，其间接费用主要有以下三个来源：

①培训学员、辅助培训人员的工资等。

②培训的管理、监督费用。这部分费用主要包括培训中的耗材费（例如纸、笔、文件夹等）以及其他办公杂项费用。

③其他相关费用。

以上是企业培训中常见的费用预算种类，企业应根据可用于员工培训工作的总预算额度以及各项培训活动的实际情况，确定培训预算内各项目具体的费用分配比例。

3. 培训预算管理的原则

合理制定培训预算应该遵循精准性、信息化和合作三项原则。

（1）精准性原则

传统培训预算认为，为了减少工作所用时间，参与到这项任务中的人越少越好，最简单的方法就是由人力资源部的培训团队全权负责。但这样做出的培训预算并不能够保证与公司的实际培训需求相契合。所以，为了培训预算有较高精准度，必须让所有相关人员都参与到培训预算的制定过程中，多方面获取信息，反复论证，才能够确保最后得出来的培训预算方案是真正有利于公司战略发展目标及员工个人职业生涯发展的。

（2）信息化原则

传统培训预算工作的进行依赖于大量报表的制作，导致精力、时间的浪费，效率低下，也无法满足现代培训决策的要求。现代培训预算管理通常借助计算机信息系统来完成，通过引进专业的培训管理系统来替代传统报表，数据的全面性、精准度大幅提升，从而提高培训预算制定的效率，与此同时还能够降低公司行政管理的相关费用。

（3）合作原则

培训预算管理工作，一定要获得公司从高层到基层所有员工的广泛认可和参与。一个非常有力的做法是，在培训预算工作安排之初，人力资源管理部门邀请公司高层管理团队对培训预算制定工作进行公司范围内的动员。与此同时，为了提高工作效率，培训主管部门要不断完善公司员工培训管理体系，通过相关部门及人员之间的有效合作，让培训真正产出效果，从而实现培训工作的持续高效开展。

4. 培训预算的制定方法

很多财务管理中的预算制定方法都能够应用到培训预算中，这里我们为主讨论最常见的六种培训预算制定方法。

（1）比例预算法

比例预算法是指参照上一年的培训经费，加上一定比例的浮动来确定下一年的培训预算。具体来说，首先判断上一年度中所有的培训支出项目是否都是必要的，如果都必不可少，那么在下一年度中就必须保留，所以只需要在原有项目的基础上进行细节调整。这种预算方法操作简单，并且核算成本低，所以应用广泛。

但如果操作不当，比例预算法的问题也很明显。由于每次培训预算金额都以上一年实际支出为基础再加一定比例的上浮确定，那么上浮比例如何确定，如果毫无根据地随意上浮，当由此形成的新的培训预算方案提交审批时，由于知道预算中有“水分”，但问不出依据，审批者只好直接削减，于是进入到一个“讨价还价”的过程。如果这种培训预算的削减成了常态，会使得有经验的预算制定人员在申报时加大上浮空间比例，使得预算远远超过实际需要，以备审批削减后还能够满足培训需求，从而陷入毫无意义、效率低下的死循环中。

（2）零基预算法

与比例预算法完全不同的是，零基预算法是指每个预算年度都将之前的所有培训管理活动、培训费用清零，重新审核每一项培训活动，每一个培训预算项目对达到企业培训的目标，以及实现当下的组织发展目标的意义，并进行成本收益分析，从而制定出下一年度的培训预算。

零基预算法的优点在于，公司管理层可以对整个培训方案、计划进行全方位的审核，能够避免随意性培训费用的产生，并且能够提升相关人员培训决策、计划、预算的能力，使得培训预算越来越准确。但由此带来的缺点也非常明显，每年企业都需要花费大量的时间精力去做培训预算，缺乏积累积淀，导致培训预算的制定缺乏连续性和系统性。

（3）比较预算法

比较预算法是指通过参考市场上的培训预算数据来确定本公司的培训预算费用。值得参考的培训预算数据主要有两种：一是同行业、同类型企业培训预算的平均数据，获取方法主要是由人力资源管理部门人员和同行的交流沟通。采用这种方法时，建议参考人均培训预算，避免由于企业规模不同而导致的数据差异过大；二是参考同行业标杆型企业的培训预算数据。与以上两种数据作对比，往往能够反映出培训投入对公司发展的重要作用，会对本公司培训预算的制定有帮助。

（4）人均预算法

人均预算法是指先确定人均培训预算金额，再乘以预计需要参加培训人员的数量来粗略估计公司总培训预算的方法。

（5）需求预算法

需求预算法是指先根据培训需求分析结果，确定公司未来一定时期内必须开展的培训项目，预估每个项目所需经费，再加总求和得出公司总培训预算的方法。

（6）费用总额法

很多公司会先确定人力资源管理部门全年开展业务的总经费，再由部门内部分配招聘、培训等各项活动的具体预算。在企业具体实践中，费用总额法通常与前面的一种或几种方法搭配使用。

不管采用以上哪一种培训预算的制定方法，必须以培训需求分析为依据，并充分了解公司提供经费的可能性，否则任何一种方法制定出来的培训预算都是毫无依据、天马行空、不具备实践操作价值的。同样要注意的是，并不存在完美的培训预算方法，每一种方法都有各自的优缺点，有选择性地搭配使用，才能够达到比较理想的效果。

5. 培训预算制定的流程

一般情况下，企业会在进行年末总结和制订下一年度计划时，编制培训预算，具体流程如下：

（1）首先应该明确经由公司高层管理者批准的预算制定原则、培训方针，以及可供使用的人力资源管理总经费额度等。

（2）由培训负责人根据全年的培训规划方案进行分析，确定初步的年度培训计划，例如，今年需要完成多少次什么类型的培训活动等。

（3）公司财务人员和培训负责人根据培训计划，分解培训预算有关项目。

（4）有培训需求的部门根据公司的培训方案以及培训预算项目，拟定本部门下一年度的培训预算总额，这一部分工作需要财务、培训负责人予以协助。

（5）人力资源管理部门收集各部门的培训预算方案，并组织相关高层管理者、专家就拟定的培训预算数额、项目、对象、预期效果等进行多方面评估。

（6）人力资源管理部、有培训需求的部门就专家评估结果进行充分沟通，调整、设定合理的培训预算额度，形成培训预算方案。

（7）培训预算方案经公司高层管理团队审核通过后，由人力资源管理部门、有培训需求的部门存档，这标志着本年度的培训预算正式确定。

（8）人力资源管理部门和有培训需求的部门根据培训预算方案，再次修改年度培训计划初稿，调整确定培训活动，形成最终的培训计划（培训计划的制订将在本项目后续部分详细阐述）。

（9）人力资源管理部门再协助有培训需求的部门根据培训计划，制定每一次培训项目的具体实施方案，培训预算按前期规划进行具体设定即可。

6. 培训预算管理工作的注意事项

（1）统计分析培训对象信息

针对不同培训对象开展的培训项目是不同的，有不同的培训细节需要注意，这会直接影响到培训预算中的科目、金额设置。因此，在培训预算制定之前，一定要对培训对象的情况进行详细摸排，细致分析统计数据。

（2）分配培训预算

根据培训对象信息分析的结果，对培训对象进行分类处理，例如：可以按照基层、中层、高层培训人员分类，或者可以根据培训对象所需培训内容的不同进行划分，如分为财务、法务、销售培训人员。之后，培训预算按照公司方针、人员比例等进行合理分配。

前面提到的人均预算法，这是在确定培训预算总额时会采用的方法，到了后期进行具体分配时，人人均等并不公平，所以员工产出价值就是一个非常重要的参考指标。例如，很多企业都会将培训预算向骨干员工、公司高层管理者倾斜，根据“二八原则”，企业80%的收益是由20%的员工产出的，因此这是合理的，并且这部分人员通过培训提高管理、技术水平后，能够更有效地带动普通员工提高工作效率，从而为企业带来更多的收益。但值得注意的是，这种预算的不平均性可能会导致普通员工的不满。同样，普通员工培训工作的重要性，也是不可忽视的。

（3）确定内部培训、外部培训预算比例

在实践当中，很多企业盲目迷信外部培训的功能，往往忽视公司自身能够进行培训的能力和条件，培训预算全部分配给外部培训项目，从而造成了培训费用的增加。

例如，如果培训预算包含企业内部培训管理人员费用，则总预算可以参考：30%为内部培训相关人员的工资、福利及其他费用，30%为企业内部培训直接费用，30%为派遣员工参加外部培训的培训费用，剩下10%作为机动预算费用。如果培训预算中不考虑企业内部培训管理人员费用，则可以这样安排：50%为企业内部培训的费用，40%为派遣员工参加外部培训的相关费用，10%作为机动预算。值得注意的是，无论从培训效果还是培训成本角度考虑，内部培训都应该受到足够的重视。

（四）培训计划的制订

培训计划是指以公司总体培训方案为依据，从企业战略目标出发，在客观准确的培训需求分析基础之上，按照一定的逻辑顺序，对某一次具体的培训项目就培训目标、培训时间、培训地点、培训内容、培训师、培训对象、培训方式以及具体培训经费等各方面的预先系统设定。培训计划与培训方案就是战术与战略的区别，培训计划的重点在执行，而培训方案的重点在指导。

在培训计划的制订过程中，要想提高培训计划的质量，计划制订团队必须坚持以培训发展需求、企业发展计划、各部门的工作计划以及可以掌握的资源为依据。也就是说，培训计划必须兼顾组织需求和员工需求，充分考虑组织发展目标及资源条件限制、员工职业生涯发展及素质基础。

1. 培训计划的内容

一份完整的培训计划，其主要内容应该至少涵盖八个方面，本教材将其概括为“6W1H+C”体系，该体系用来设计企业培训计划的框架及内容细节。所谓的“6W1H+C”指的是：Why（为什么）、What（内容是什么）、Who（谁）、Whom（对象）、When（时间）、Where（在哪里）、How（如何进行）、Cost（花费）。将其应用到培训计划设计中，我们在培训计划制订中应该明确以下内容。

（1）培训目标（Why）

培训目标是指通过培训项目想要达到的目的。从企业的角度而言，是指通过这次培训能够解决什么问题、达到什么效果；从员工的角度而言，是指通过参加这次培训，能够掌握什么知识或提升什么技能。培训目标为培训计划指明方向，为确定培训内容、培训师、培训对象、培训时间以及培训方法等提供依据，同时也可以作为培训结束后评估培训效果的依据。

（2）培训内容（What）

在确定培训目标的基础上，要明确通过安排什么培训内容能够达到期望的培训效果。培训内容种类繁多，一般包括知识、技能、态度，所以到底要选择哪类培训内容，应根据培训目标、培训需求分析等来确定。

（3）培训师（Who）

培训内容确定后，需要确定培训师的人选，可以选择内部培训师或聘请外部培训师。内部培训师是公司首选，他们更清楚企业的培训需求，了解组织的实际情况。但并不是任何一个公司都有能力培养内部培训师，或者说，针对某一个具体的培训项目，公司内部可能并没有合适的培训师。这就要借助其他社会培训机构的支持，寻找外部培训师。通常情况下，对于高级管理类培训，外部培训师往往比内部培训师更适合。

（4）培训对象（Whom）

通过对培训对象的选择，避免发生培训活动与培训对象需求不匹配的情况。在确定培训对象时，可以考虑两个方面的因素：一是学员自身的基础，其接受和掌握培训内容的能力；二是学员的岗位需要，学员在岗位中有多少机会使用培训学到的知识和技能。

（5）培训时间（When）

在公司整体工作计划的框架下，依据不同培训项目的重要性及培训内容的难易程度，考虑具体培训项目所需时间，从而合理确定培训时间。值得注意的是，培训时间的选择，应该兼顾培训师、培训对象的时间安排。同时，培训时间长短也会影响企业培训方法和形式的选择。例如，内容简单的短期培训，可以采用集中培训的形式；内容难度较大的长期培训，可以采用分散培训的形式。

（6）培训场地（Where）

根据具体培训项目的实际情况选择培训场地，要综合考虑场地的视听效果、空间及温度等。一般而言，一个好的培训场地应该具备以下特征：交通便利，舒适安静而不受干扰，能够为学员提供足够大的工作、活动空间，并且配备常用的培训设备器材，如多媒体设备、投影仪、音响等。

（7）培训方式、形式（How）

可选择的培训方式有讲授法、案例分析法、研讨法、工作轮换法等，可选择的培训形式有集中培训、分散培训、面对面培训、网络培训等。

（8）培训经费预算（Cost）

培训经费是培训工作得以顺利开展的基本保障，也是企业高层管理者在审批培训计划时会考虑的重要因素。

综合上述培训计划的内容不难看出，制订培训计划一定要考虑的四个方面因素是公司高管团队、员工、时间和费用。获得企业高层支持，是制订培训计划的首要内容，毕竟任何不符合高管团队意愿的活动是寸步难行的；征求员工意见，是为了使得培训计划在实施阶段能够得到员工的配合，尽量保证培训效果；在时间安排方面，要尽量按照在职培训准备，这会更容易得到公司上下员工的配合；培训费用自然是能压缩就尽量压缩，追求高性价比。

2. 制订培训计划的方法

企业常采用三种方法来制订培训计划。

（1）召开培训计划会议

在制订培训计划时往往要召开培训计划会议，由人力资源管理部门的培训团队发起，组织受训部门负责人及培训项目中具体活动（如培训课程）的设计人员共同参与，对培训计划进行反复论证，把控其合理性及可行性等因素，最终形成培训计划方案。实践操作中，有时为了使培训计划不偏离学员的培训需求，也可以邀请学员代表参与到培训计划会议中，听取他们对培训计划草案的意见。

（2）与受训部门负责人沟通

直接与受训部门负责人沟通确定培训计划细节，是很多企业常用的做法。因为受训部门负责人最清楚培训需求以及期望的培训效果，缺少他们参与制订的培训计划往往是脱离部门实际情况、得不到部门支持的，再周密的培训计划也是无法落地实施的。另外，为了确保培训计划能够顺利审批通过，报批公司高层的培训计划往往会有备选方案，供公司高层参考。培训计划的备选方案也是为了保证当第一方案出现问题时能够及时采取补救措施，以保障培训效果。

（3）公司高层管理直接决策

由高层管理团队根据企业战略及实际情况，直接决策向下推行落实的培训计划。其中，最关键的问题就在于如何确保培训计划是足够契合培训需求的，以及如何取得各部门及员工的认可和配合。

3. 制订培训计划的程序

按照一定的逻辑顺序和工作流程（如图 6-3 所示），对培训计划中“6W1H+C”的内容进行确定，并形成最终文件。

（1）确认培训预算

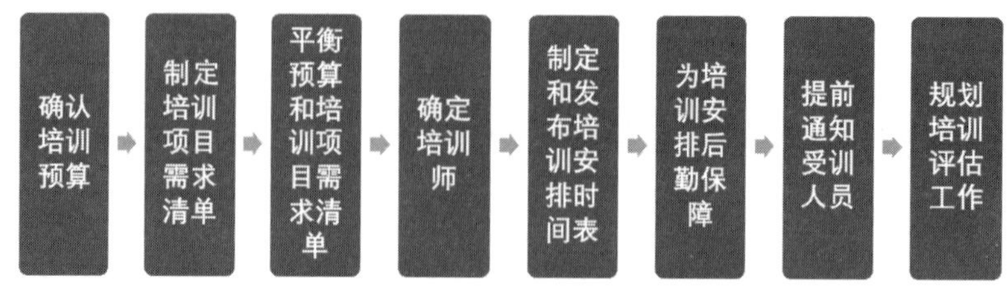

图 6-3　培训计划的制订程序

在制订培训计划之前，应该首先确认公司有多少预算可供培训活动使用。超经费预算、无经费预算的情况下，任何培训计划都是毫无意义的，因为不会被安排实施。

（2）制定培训项目需求清单

在培训需求分析的基础上，列出与之匹配的培训活动或课程清单，包括面向公司所有员工的通用培训活动，以及针对少数个性化培训需求的特定培训活动。

（3）平衡预算和培训项目需求清单

在培训计划制订实践中，培训活动清单超预算的情况并不少见。在这种情况下，需要依据具体情况，对清单上的培训活动需求作出取舍。这需要人力资源管理部门的培训团队和受训部门负责人一起商量决定，因为部门负责人最清楚培训活动需求的优先顺序。

（4）确定培训师

当培训活动确定后，企业需要确定培训师人选，主要有内部培养和外部聘请两个途径。培训师的水平在很大程度上决定了培训的质量，一个好的培训师往往具备扎实的理论知识基础、丰富的实践操作经验以及良好的沟通表达能力。

（5）制定和发布培训安排时间表

在上述工作都解决之后，培训组织部门（通常是人力资源管理部的培训团队）应该制定一份包括所有培训计划活动在内的时间表，并注明培训地点，提供给受训人员，以便他们提前做好参加培训的准备。

（6）为培训安排后勤保障

培训实施过程中的后勤保障工作也是在培训计划阶段需要考虑的细节，包括培训场地环境、教材、教具、交通以及食宿等方面。

（7）提前通知受训人员

通常情况下，企业会将确定的培训计划提前两周分发给受训人员，并通知其所在部门，以便相关部门及员工提前安排好工作和时间，做好参加培训的准备工作。对于员工自愿报名参加的培训，考虑到有可能存在培训前临时取消报名的情况，企业可以预先安排候补学员。

（8）规划培训评估工作

培训结束后，培训评估工作如何开展，也是培训计划应该明确的内容。例如，培训结束后，由受训员工所在部门经理为员工召开培训总结会，并邀请培训组织者参与，听取受训员工的培训反馈，吸取经验教训，为后续培训工作的顺利开展做准备。

此外，鉴于未来的不可预知性，培训计划不可能完美。培训计划在实施的过程中可能会出现一些状况，而这些状况可能并不在初期计划范围内，可能是由于企业内部、外部环境变化引起的。因此，培训计划在执行过程中也要不断修正和完善，而这项工作的完成，又有赖于计划执行者的决策能力和企业管理的灵活性。

4. 制订培训计划过程中的注意事项

培训计划制订过程受到多方面因素的影响，归结起来主要由以下四点：

（1）注重成本效益分析

企业的运营就是把有限的资源分配到无限的需求上的一个过程，培训管理工作面临着同样的问题。培训计划就相当于销售人员的商品介绍，必须充分展现出培训项目的投入、产出效益比，充分展现培训项目的高性价比的特点，才能得到公司高管团队的批准实施。

（2）获得公司高管团队对培训工作的支持

培训计划得以顺利实施的一个关键就在于，能否获得公司高管团队的认可和支持。而高管团队最关心的问题，无非是培训项目是否能够满足组织发展需求、为实现公司战略目标服务。因此，只有瞄准企业长远发展目标的培训计划，才能获得高管团队的全力支持，从而得到计划实施所需要的资源。

（3）基层管理人员参与制订培训计划

培训计划的实施，有赖于公司从上到下所有相关部门、人员的配合。而获得基层管理人员配合的最有效措施，就是让他们参与到计划的制订过程当中。基层管理人员对公司业务的开展情况和具体培训需求是最了解的，他们的参与能够使得培训计划更贴近实际需求；同时，基层管理人员对培训目标的深入理解和认可，可以为后续培训活动的实际开展起到积极的推动作用。

（4）人力资源管理部门（尤其是培训团队）在企业中的地位

培训团队在组织中地位的提高，需要用实力说话。也就是说，当公司各部门工作效率通过培训项目的开展有了大幅提高时，公司员工对培训团队的信任程度自然会提升，对培训工作也会有较高的参与度和配合度。这是一个需要长期积累的过程。

示范案例：××××公司××××年度培训计划（节选）

一、公司级培训计划

第一项：××××年度管理人员培训（中高层管理人员）

（1）责任部门：行政部。

（2）培训时间安排：每月安排1~2课时。

（3）培训形式：以视频授课方式为主，邀请专业培训机构进行主题培训或安排中高层管理人员外出参加培训。

（4）考核方式：参训课时不低于总培训课时的70%。低于要求培训课时的，视为年度考核不合格。

（5）培训内容：由行政部拟定。

（6）参加培训人员：经理助理级及以上人员。

第二项：××××年度管理人员培训（基层管理人员）

（1）责任部门：行政部。

（2）培训时间安排：每月安排1~2课时。

（3）培训形式：视频授课为主，并组织经验交流。

（4）考核方式：参训课时不低于总培训课时的80%。低于要求培训课时时，视为年度考核不合格。

（5）培训内容：由行政部拟定。

（6）参加培训人员：班组长、管理员、高级职员。

第三项：年度公司安全培训和安全培训考核

（1）责任部门：安全调度中心。

（2）培训时间安排：原则上安排在入夏及入冬前，具体培训时间由安全调度中心根据公司安全管理需要提报计划，由行政部统一安排。

（3）培训方式：由安全调度中心拟定，报行政部审批，由行政部负责组织。

（4）培训内容：由安全调度中心拟定。

（5）考核方式：由安全调度中心负责，拟定考核办法。原则上年度安全培训课时不少于3课时。

（6）参加培训人员：全体职工。

第四项：普通职工培训

（1）责任部门：行政部。

（2）培训时间安排：每月组织一次视频观看，每季度组织一次主题培训。具体培训时间由行政部门根据工作需要提报培训计划并统一安排。

（3）培训方式：集中组织视频观看，外聘培训师提供主题培训。

（4）培训内容：人际关系及有效沟通，个人自我管理技能，团队协作技能和职业素养。

（5）考核方式：以课时考核为主，并组织书面考试。原则上年度参训课时不低于4课时。

（6）参加培训人员：全体职工。

第五项：岗位专业技能培训计划

（1）责任部门：行政部。

（2）培训时间安排：集中安排在7~8月，其余培训时间根据工作需要，由各部门提报培训计划，由行政部统一安排。

（3）培训内容及方式：对于特殊岗位，如电工、电焊工和各类专任技术职称资格以及其他需要外派培训或外聘培训师的培训，由各部门负责人上报培训计划，由行政部配合，具体培训内容及方式由各部门自行确定。

对各部门设立的一线岗位，可以通过部门内部组织经验交流或申请到同行业单位参观学习的方式进行培训，也可以选择通过继续教育提高文化素质、提升专业技能。

（4）考核方式：以考核专业技能为主，组织技术比武。原则上年度参训课时不低于2课时。

（5）参加培训人员：各部门一线职工。

第六项：流程制度培训计划

（1）责任部门：行政部。

（2）培训时间安排：集中安排在4~6月，根据各部门提报的培训课时统一组织实施。其余培训时间由行政部根据工作需要提报培训计划并统一安排。

（3）培训方式：各职能部门负责部门流程制度的培训讲解工作，根据流程制度的内容制定培训课时并提报培训计划。

（4）培训内容：公司最新流程制度的相关内容。

（5）考核方式：以课时考核为主，并组织书面考试。原则上年度参训课时不低于3课时。

（6）参加培训人员：全体职工。

第七项：办公软件培训计划

（1）责任部门：行政部。

（2）培训方式：外聘专业培训师授课。

（3）培训时间：由行政部根据工作需要统一安排。

（4）培训内容：Word、Excel等常用办公软件的使用。

（5）考核方式：开展技术比武。

（6）培训人员：全体职工。

第八项：开展读书活动计划

在打造学习型企业的号召下，充分而有效地利用公司的内部资源，组织开展“提升自我”的读书活动，公司职工书屋计划××××年对职工开放。

（1）责任部门：行政部。

（2）活动开展时间：具体时间由行政部根据公司工作计划合理安排。

（3）考核方式：以自学为主，并撰写读书心得。原则上每人每年度读书不少于 2 本。

（4）参加活动人员：全体职工。

二、部门内部培训计划

各部门制定内部年度培训方案和计划并组织实施。根据公司统一安排，每月 25 日报下月部门内部培训计划。按照年度部门内部培训不低于 12 课时的标准，部门内部制定年度培训计划及月度培训计划，并负责部门培训资料的编制。

三、单项培训计划

根据工作需要，各责任部门针对单项培训情况制定单项培训方案和计划，于 3 月 25 日前报行政部。行政部于 3 月底汇总并监督执行。

四、外派培训

各部门根据工作需要、上级要求参加外单位培训，需按照程序提报，由行政部统一安排。

五、外聘老师完成专业知识培训

行政部根据公司实际，单独制订外聘老师培训计划并确定培训内容。

（五）培训课程体系设计

员工培训管理是一个复杂的系统，培训课程体系也有广义和狭义之分。

广义的培训课程体系设计需要结合公司整体发展战略，也需要结合公司所处发展阶段以及人力资源规划体系的总体要求，并依赖于系统的岗位分析以及科学的岗位素质模型，要根据不同类型的职能分类、岗位需求以及能力层次要求变化设计培训课程结构。

狭义的培训课程体系设计是在培训计划的基础上，就某一具体培训项目的课程体系进行设计，这是对培训方案、培训计划的细化，即就培训项目的实施细节进行规划设计，包括课程目标、课程名称、课程培训师、授课对象以及授课时间、场地安排等。本教材将以狭义的培训课程体系设计为对象进行讲解说明。

1. 培训课程体系设计的基本要素

进行培训课程体系设计时要考虑的基本要素主要有培训师、培训对象和培训教材三项。

（1）培训师

企业培训要选择的培训师是有能力驾驭课程，并能引导学员达到课程目标的人。如果选择了课程相关领域的一位专家学者，但他讲的内容太过于专业、高深，学员无法理解，那这位专家并不一定是企业需要的培训师。另外，根据培训课程的具体需求，培训可能是由一个团队负责的，不同的课程内容分模块由更擅长的培训师来讲授，该团队组成一个课程组，共同完成授课任务。

（2）培训对象

学员是培训课程的主体，他们不仅是课程内容的接受者，同时也互为学习资源。在培训课程设计中，充分调动学员的积极性，让他们参与到课程的讨论、学习过程中，会达到最佳的培训效果。

（3）培训教材

培训教材可以是书面教材、电子教材，也可以是音像教材，选择依据是培训对象的实际需求。无论选择哪种教材形式，都必须事先准备好，并且所载信息是课程领域内的最新版本。因此，培训教材除了使用公开出版的教材、组织内部用书以及教学大纲以外，还可以用报纸、杂志、视频以及案例等资料，组成一个材料包。

与此同时，设计培训课程体系还要考虑其他要素，除了课程目标、课程内容、教学方法和模式以及课程评价等方面以外，还应考虑客观条件如开课时间、教学空间等。

2. 培训课程体系设计的原则

（1）符合现代化社会学习者的需求

这是培训课程体系设计的基本要求。企业培训课程体系设计不同于学校课程体系设计，要以满足学习者需求、激发学习者兴趣、提升学习者的知识技能为决策基础。

（2）符合成人学习认知规律

这是培训课程体系设计的重要原则。成人学习的目的性更为明确，参加培训的原因就是为了补充某一方面的知识欠缺或提高某项技能，以满足工作需要，提高工作效率。此外，成人学习者拥有一定的工作经验，因此，课程内容以及教学方法的选择和设计应该遵循成人认知规律。

（3）培训课程体系设计系统化

系统理论指出，一个完整的系统应该包括输入、输出、转换和反馈四个环节。培训课程体系作为一个系统，设计时也应该综合考虑各课程要素之间的相互关系，以及这个系统与运行环境的关系。

培训课程体系中，输入环节主要是培训需求分析，以及可供使用的培训资源。输出环节即学员知识的增加、技能的提升或态度的转变。转换环节由课程内容、教学方法和课程形式等方面组成，合理配置这些要素，是使培训课程体系良性运转的保障。反馈环节主要指的是课程评价，又会反过来与输入、输出及转换相联系，及时把有关信息反馈到培训课程体系的输入端，可以使整个培训课程体系处于动态调节、整体稳定的状态。

（4）培训课程体系设计最优化

这是培训课程体系设计的指导原则。培训课程体系设计要解决的核心问题在于，如何用尽可能少的时间、精力获得最优的培训效果。这就要求在课程体系设计阶段，围绕培训目标，准确把握培训对象的特点，科学设置课程内容，合理选择教学方法与教学形式。

3. 培训课程体系的设计方式

常用的培训课程体系设计方式有自主式设计、合作式设计和外包式设计。其中，自主式设计对企业内部培训团队要求较高，要求他们不仅具备丰富的培训管理经验，还要求内部培训师应具备扎实的理论知识基础和成功的业务实战经验。外包式设计是企业将培训课程体系的设计工作全权委托给外部培训机构，公司负责培训的部门仅负责验收成果。合作式设计是更为常用的一种方式，通过和外部专业的培训机构合作进行培训课程体系的开发，公司负责培训的部门的主要职责就是负责设计过程的管理和监控，其对课程设计关键点的把控能力，对课程体系的整体方向、课程的培训效果起着至关重要的作用。

4. 培训课程体系内容的设计

培训课程体系内容的设计需要充分考虑培训需求分析，从而确定课程内容的难易程度及进度安排。

（1）培训课程内容的选择

在确定培训课程体系的内容时，需要从以下三个角度考量：

1）培训课程体系内容选择的根本出发点——相关性。选择的课程内容要符合企业生产经营的实际需求，适应企业业务的发展趋势。

2）培训课程内容选择的关键所在——有效性。课程内容的有效性是指通过培训课程的学习能解决目标问题，这是判断培训效果的重要指标，同时也能够检验培训课程体系和企业生产经营实际是否密切相关。

3）培训课程内容选择优劣的评判标准——价值性。培训课程内容的选择要兼顾培训需求和学员兴趣，这样的内容才能得到组织和员工的认可。

（2）培训课程内容的合理安排

安排培训课程内容的一般逻辑是：先熟后生，由简到繁，由易到难。具体而言，科学的培训课程内容安排，应该要有主次和先后顺序，要考量哪些内容先介绍，哪些内容需详细讲解，哪些内容是应用和实践活动，哪些内容在最后总结时要点出。培训资源是宝贵的，但不能为了节省时间和精力，而给学员在短时间内安排超过他们消化吸收能力的课程内容。合理的培训课程安排如表 6-2 所示。

表 6-2　　培训课程计划表①

<table>
<tr><th>项目</th><th colspan="3">内容</th></tr>
<tr><td>项目名称</td><td colspan="3">ISO 9000 中统计技术的应用</td></tr>
<tr><td>课程名称</td><td colspan="3">控制图</td></tr>
<tr><td rowspan="2">学习目的</td><td colspan="3">控制图的原理和方法</td></tr>
<tr><td colspan="3">准确应用控制图解决质量问题</td></tr>
<tr><td>目标学员</td><td colspan="3">质量管理人员</td></tr>
<tr><td>先决条件</td><td colspan="3">具备基本的数理统计知识，了解正态分布</td></tr>
<tr><td>培训师条件</td><td colspan="3">熟悉统计技术原理及其在工厂质量管理中的运用</td></tr>
<tr><td>所需资料设备</td><td colspan="3">幻灯片、投影仪、铅笔</td></tr>
<tr><td>备注</td><td colspan="3">在培训前三周发详细资料</td></tr>
<tr><th>课程活动内容</th><th>培训师活动</th><th>学员角色</th><th>时间安排</th></tr>
<tr><td>1. 介绍各种控制图原理、方法及其应用</td><td>主讲</td><td>听讲</td><td>上午 9：00—11：00</td></tr>
<tr><td>2. 生产一线体验学习</td><td>辅助</td><td>参与</td><td>下午 2：00—4：00</td></tr>
<tr><td>3. 结束</td><td>回答</td><td>参与</td><td>下午 4：30—5：30</td></tr>
</table>

5. 培训课程体系设计的流程

培训课程体系设计流程如图 6-4 所示。

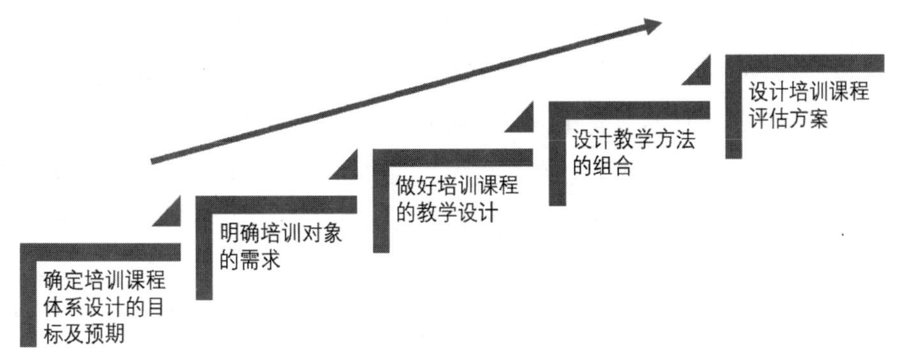

图 6-4　培训课程体系设计流程

① 朱长丰. 人力资源管理（第二版）[M]. 北京：中国人民大学出版社，2018.

（1）确定培训课程体系设计的目标及预期

培训课程体系是载体，达到预期培训目标才是目的。培训课程体系的目标来自培训需求分析。培训需求分析帮助相关部门明确组织、员工的理想状态和现实情况之间的差距，从而确定培训课程的目标及预期。

培训目标范例

以下是××××公司“有效的电话使用技术”培训项目的目标描述。

当你完成本课程回到工作岗位后你应该：

1. 快速应答电话，如果可能，不迟于第二声铃声；
2. 保留一份经常拨打的电话号码名录；
3. 在开始谈话时先表明身份；
4. 随时将电话通信记录和笔放在电话机旁；
5. 接别人电话时要有问必答，热心助人，称呼来电者的姓名，使谈话有人情味；
6. 留下书面信息时，要写上日期、时间、来电者的正确姓名、来电者的电话号码、留言内容及你的姓名；
7. 在转电话之前，先向来电者说明你想做什么，对所有来电者一视同仁；
8. 使用礼貌用语，如“您好”“请”“谢谢”等。

（2）明确培训对象的需求

根据三要素分析模型，组织和员工都希望通过培训课程体系的实施满足自己某方面的需求，而这些需求往往是不同的。企业如何平衡各方需求、找出各方均能接受的共同需求，是培训课程体系设计的一项重要任务，这一内容在项目二中已详述。

（3）做好培训课程的教学设计

做好培训课程教学设计的首要问题就是培训课程体系内容的选择。一般情况下，课程体系设置的原则是“需要什么培训什么”，让学员通过培训课程的学习掌握知识和技能。面对学员背景的日趋多元化，在课程体系中设置不同难度的课程，成为必然要求。不同的课程内容所需要的教学设计是不同的，这时可以借助教育教学设计模型来帮助完善培训课程体系设计，具体步骤如图 6-4 所示。

（4）设计教学方法的组合

根据学员和培训课程内容的特点，可采用灵活的教学方法，以达到更好的培训效果。例如，案例分析法更适合于系统思考和分析能力的训练，通过让学员对真实案例的剖析，来学习分析和解决问题的思路和方法。角色扮演法更适用于模拟现实工作情况，要求学员解决模拟问题，这对学员的领悟能力、培训师的控制能力均有较高要求。此内容在项目四中有详述。

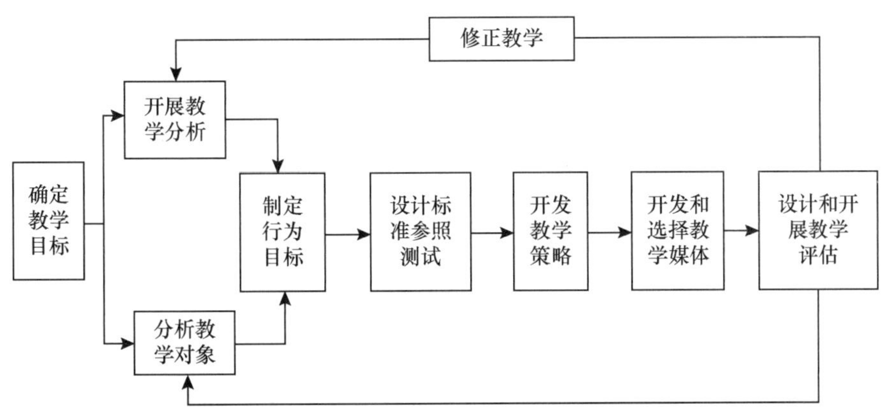

图 6-5　培训课程教学设计步骤

（5）设计培训课程评估方案

课程评估方案就是对培训课程体系效果的评估，通过对课程学习前后学员在知识、技能、态度等方面的变化和提高程度进行测量和评估，来确定培训课程实施成果。通过培训课程评估方案的设计能够对课程实施过程进行有效监控，当课程实施期间出现偏离预期的情况时，可以通过评估及时发现问题、查找原因并予以纠正。培训课程体系示范案例如表 6-3 所示。

表 6-3　　　　示范案例：某公司新员工培训课程体系表

课程名称	课程目标	课时	备注
××之道	系统了解公司价值观、使命和社会价值	10 小时	在线学习
职业操守	培养入职意识，快速完成角色转变，解决角色转变所带来的影响	1.5 小时	
个人与公司		1.5 小时	
公平与不公平		1.5 小时	
培养入职意识		1.5 小时	
六顶思考帽	学会运用创新的思考工具	6 小时	外部培训师讲授
职场新人的八个好习惯	学习高效能人士所具备的八个好习惯	6 小时	内部培训师讲授
公文写作技巧	掌握相关技能和知识，更好地适应工作	2 小时	内部培训师讲授
基础财务知识		1.5 小时	财务部经理讲授
客户意识训练	提升客户服务意识	2 小时	销售部经理讲授
总经理座谈	了解总经理对新员工的期望	1.5 小时	座谈形式
户外拓展训练	增强新员工的团队合作意识	7 小时	外部培训机构
实习	了解公司各岗位的具体工作情况	一周时间	视情况而定

二、任务要求

1. 撰写培训方案

任务名称：X 公司经理级培训方案设计

任务背景：X 公司成立于 2008 年 5 月，现有员工 1 500 人，其中管理人员 150 余人（多数拥有大专及以上学历），并有相应的梯队培养计划。

公司经过多年经营，取得了良好的经济效益和社会效益。近年来，为适应市场发展需要，公司确立了“办公楼管理做名品，商务宾馆做精品，园区服务做新品”三项业务重点，加快改革发展的步伐，决定走出上海接受业主委托，进行市场开发和品牌推广。2019 年 3 月，公司决定 3 个月后要接管四川一家宾馆，5 个月后接管海南一座办公大厦。公司已决定从现有管理人员中抽调两批管理人员各 10 人去往四川和海南，留下的空缺职位除两名要从社会招聘外，其余人员从现有储备管理队伍中选拔调任。

任务要求：请为 X 公司设计一份切合实际需要的经理级培训方案。

2. 制订培训计划

任务名称：Y 公司年度培训计划制订

任务背景：Y 公司的培训经理廖亮在做 2021 年的培训总结时惊讶地发现，公司在该年的实际培训项目与年初制订的培训计划相去甚远，变化比例甚至达到 70%～80%。真是计划不如变化快，如此看来，制订培训计划是做无用功了。

廖亮百思不得其解，自己明明在制订培训计划前做了调研，收集了部门经理及员工的培训需求。可为什么 2021 年的培训计划在实施中还会有那么大的变化呢？

咨询专家后廖亮发现，原来 Y 公司的培训计划是在公司大规划形成之前就已经做好，而问题恰恰就出在这里。眼看又要制订 2022 年的培训计划了，到底应该如何做呢？目前，Y 公司的业务战略已经明确，是要加强内部管控能力，提升客户服务水平，从管理中要效益。廖亮思索着，计划要在 2022 年开展形式多样的客户拓展类培训。

任务要求：请帮助廖亮分析 2021 年的培训计划变化巨大的原因，并为 Y 公司制订 2022 年的培训计划。

3. 任务完成常用实际业务工具

（1）年度培训计划汇总表（如表 6-4 所示）

表 6-4　××公司××××年度培训计划汇总表

单位名称：　　　　填表日期：　　　　年　　月　　日

序号	课程名称	培训目标	课程体系	培训形式	培训方法	培训对象	培训师	培训时间	培训地点	课时数	培训预算	备注

填表人：　　　　审核人：

（2）年度培训档案列表（如表 6-5 所示）

表 6-5　××公司××××年度培训档案列表

单位名称：　　　　填表日期：　　　　年　　月　　日

序号	培训时间	培训地点	培训项目	培训内容	培训对象	课时	培训形式	培训师	考核方式	培训费用	备注

填表人：　　　　审核人：

（3）员工培训登记表（如表6-6所示）

表6-6　××公司员工培训登记表

部门名称：　　　　填表日期：　　　　年　月　日

序号	培训内容	培训形式	课时	考评成绩	备注

填表人：　　　　审核人：

（4）培训计划安排表（如表6-7所示）

表6-7　××公司培训计划安排表

部门名称：　　　　填表日期：　　　　年　月　日

日期	时间	培训内容	培训形式	主讲人

填表人：　　　　审核人：

（5）培训现场签到表（如表6-8所示）

表 6-8　　××公司培训现场签到表

培训内容：			主办者及时间：		
培训对象	签到（姓名）	时间	培训对象	签到（姓名）	时间

（6）培训项目计划表（如表 6-9 所示）

表 6-9　　××公司××培训项目计划表

受训部门：　　　　　　　　　　　　　　　　制定日期：

培训项目背景介绍
1. 专业机构对行业与企业的了解 2. 对企业培训需求的描述与说明 3. 对企业培训需求的理解
培训内容摘要
1. 培训项目名称 2. 培训目标 3. 培训对象 4. 培训课时（小时）
培训实施计划
1. 培训日期及具体时间安排 2. 培训主要内容 3. 培训课程体系 4. 培训形式 5. 培训方法
培训前期准备工作
1. 培训地点 2. 培训场地、设备、器材 3. 培训资料及具体负责人 4. 培训前设备调试时间及具体负责人

续表

培训师简介
对培训师的工作经历及培训课题进行相应介绍
培训费用预算
1. 培训师费用 2. 场地租赁费用 3. 设备、器材租赁费用 4. 培训资料制作费用 5. 交通费用 6. 食宿费用 7. 其他费用
培训后期效果评估
1. 评估指标体系 2. 评估方法 3. 评估结果应用

制表人：　　　　　　　　　　　　　　　　审核人：

（7）中基层管理人员管理能力培训计划表（如表 6-10 所示）

表 6-10　　××公司中基层管理人员管理能力培训计划表

制作日期：　　年　　月　　日

序号	课程名称	课程体系	培训方法	培训师	培训时间	培训地点	课时数	培训预算
1	高效执行力	1. 工作目标和指令的准确理解 2. 行动计划的迅速落实 3. 工作目标管理	讲授+实操		3 月	公司内	4	
2	项目管理	1. 项目管理理论 2. 项目管理方法与技术 3. 项目管理案例与模拟练习	讲授+实操		4 月	公司内	4	

续表

序号	课程名称	课程体系	培训方法	培训师	培训时间	培训地点	课时数	培训预算
3	问题解决与决策分析	1. 问题解决系统方法	讲授+实操		5月	公司内	4	
		2. 决策分析系统方法						
4	有效沟通	1. 沟通理论	讲授+实操		6月	外部培训场地	8	
		2. 沟通要素和方法						
		3. 沟通步骤						
		4. 沟通风格及应用						
5	创新思维与工具	1. 创新理论	讲授+实操		9月	公司内	4	
		2. 创新思维训练						
		3. 创新工具应用						
6	跨部门沟通与协作	1. 认知影响力	讲授+实操		11月	公司内	4	
		2. 跨部门沟通的策略						
		3. 如何进行跨部门沟通前的会议准备						
		4. 如何建立跨部门沟通的桥梁						

制表人：　　　　　　　　　　审核人：

（8）新员工培训内容表（如表6-11所示）

表6-11　　××公司新员工培训内容表

制作日期：　年　月　日

项目	内容
企业介绍	企业概况，企业文化与经营理念，企业主要政策和组织机构，部门职能及定位，企业规章制度，员工规范与行为守则
就业规则	就业规则与劳动纪律，工资制度，财务制度，人事制度
工作方法	如何提高工作效率，如何进行工作总结与汇报，办公工具使用，如何提出合理化建议，工作态度

制表人：　　　　　　　　　　审核人：

（9）新员工岗前培训安排表（如表6-12所示）

表 6-12　　××公司新员工岗前培训安排表

部门名称：　　　　填表日期：　　　年　　月　　日

日期	时间	培训内容	培训形式	主讲人
8 月 9 日	8：15	公司领导做动员报告	讲座+讨论	
	10：15	预备会（分小组自我介绍）		
	11：00	行业形势及公司地位		
	14：00	公司组织机构、部门职能介绍		
8 月 10 日	8：00	公司各项管理制度介绍	讲座	
	14：00	公司人事制度介绍		
8 月 11 日	8：00	公司技术及业务介绍	讲座	
	14：00	公司企业文化介绍		
8 月 12 日	8：00	如何树立正确的人生观和价值观	讲座+讨论	
	14：00	座谈、分组讨论		
8 月 13 日	8：00	新老大学生交流	讲座+讨论	
	14：00	分组讨论、准备个人总结		
8 月 14 日	8：00	新员工代表发言		
	11：00	培训总结		

制表人：　　　　审核人：

（10）培训项目费用预算表（如表 6-13 所示）

表 6-13　　××公司培训项目费用预算表

培训流程	具体工作阶段	可能产生的费用
培训前期调研	培训需求调查	调查问卷设计、印刷费用
		访谈提纲设计、印刷费用
		调查实施的费用
	培训对象调查	学习风格测试费用
		管理风格测试费用
		性格倾向测试费用
	培训课程开发	课程开发费用
	培训提案制作	提案制作、印刷费用
培训初期准备	场地与器材	场地租赁费用
		设备租赁费用
		必要器材购买费用
		易耗品购买费用

续表

培训流程	具体工作阶段	可能产生的费用
培训初期准备	教材与讲义	讲义制作费
		视频教材制作费
	其他准备费用	学员用笔记本、笔等
培训现场实施	培训师与助手费用	授课费用、差旅食宿费用等
	学员相关费用	培训补贴、往返交通费、食宿费用等
	其他实施费用	茶点费用、奖品或小礼品费用等
培训后期评估	培训评估	后期培训效果追踪与工作指导费用

（11）部门培训预算申请表（如表6-14所示）

表6-14　××公司部门培训预算申请表

申请部门：　部门负责人：　申请日期：

培训项目	培训内容	培训对象	预期效果	费用预算			
				讲师费	场地费	交通、餐饮、住宿费	其他
小计							
预算合计							
分管领导意见				签字： 日期：			
财务部门意见				签字： 部门盖章： 日期：			
人力资源管理部门意见				签字： 部门盖章： 日期：			
总经理意见				签字： 日期：			

（12）员工培训申请表（如表6-15所示）

表6-15　　××公司员工培训申请表

申请日期：

申请人姓名		所属部门		所在岗位		
申请培训项目		直接上级		入职日期		
申请原因	申请人签字：					
培训项目名称	**培训内容**		**期望的培训方式**		**期望的培训时间**	
部门负责人审核	签字：　　日期：　年　月　日					
人力资源部审核	签字：　　日期：　年　月　日					

三、设计培训方案与计划任务评价指标与标准

设计培训方案与计划任务评价指标与标准如表6-16所示。

表6-16　　设计培训方案与计划任务评价指标与标准

任务名称	指标	权重	标准（5级评分法）				
			5分	4分	3分	2分	1分
培训方案设计	培训方案的完整性	20%					
	培训方案的专业性	20%					
	培训方案的可操作性	20%					
	培训方案的规范性	20%					
	培训方案的创新性	10%					
	团队协作性	10%					
	小计	100%					

续表

任务名称	指标	权重	标准（5级评分法）				
			5分	4分	3分	2分	1分
培训计划制订	培训计划的完整性	20%					
	培训计划的专业性	20%					
	培训计划的可操作性	20%					
	培训计划的规范性	20%					
	培训计划的创新性	10%					
	团队协作性	10%					
	小计	100%					

练习题

一、选择题

1. 培训方案和培训计划是（　　）的关系。

A. 战略和战术　　B. 出口和入口

C. 问题和结果　　D. 内容与形式

2. （　　）是培训方案设计的基本原则。

A. 以管理者意图为核心　　B. 以培训师为主体

C. 按需施教　　D. 成本导向

3. （　　）要能够回答为什么培训、谁参加培训以及培训什么内容的问题。

A. 培训需求分析　　B. 培训方法选取

C. 培训计划制订　　D. 培训预算管理

4. （　　）是培训计划的细化。

A. 培训课程体系设计　　B. 培训需求分析

C. 培训方案设计　　D. 培训时间规划

5. （　　）对培训成本有着直接且重要的控制作用，并且是培训方案能否通过的关键因素。

A. 培训预算　　B. 培训实施

C. 培训需求分析　　D. 培训计划

二、判断题

1. 由于培训实施过程中会有很多不确定性因素存在，因此提前制订培训计划是毫无意义的，随时需要更改。 ( )

2. 在制订培训方案时，要充分考虑人力资源开发的需要，为人才储备做好基础性工作。 ( )

3. 实行扩张投资战略的公司会比实行其他战略的公司更看重新职业介绍和寻找工作技能方面的培训活动。 ( )

4. 培训目标从学员的角度进行理解就是在培训活动结束后应该掌握什么内容。 ( )

5. 为了减少预算时间，应该由培训部门独立完成预算编制工作。 ( )

三、简答题

1. 在培训方案制定过程中，培训组织部门有什么样的职责？

2. 培训预算管理工作需要遵循哪些原则？

3. 培训计划的制订程序是什么？

4. 制订培训计划过程中需要注意哪些问题？

5. 培训课程体系设计要考虑的基本要素有哪些？

项目七

培训组织实施

【项目导入】

一、主题案例

星河公司的基层管理培训

星河公司根据总部战略调整，新晋升销售主管人员20名，培训部李红接到通知，负责此次销售主管人员培训。身经百战的她立刻找出公司年度培训计划，查找近期能匹配的培训项目。由于公司主营出口钢材的销售业务，因此每个月都有销售培训，但是由于培训对象自身的特点不同，其培训需求也不同，导致每期的培训内容存在差异。

于是，李红拿出一张纸，在上面列出了几个问题：

1. 销售主管群体的特点、培训需求是什么？

2. 培训的目的和目标是什么？

3. 借助什么搭建以上两者的联系？

接下来，李红针对以上问题逐个进行分析。

1. 销售主管群体的特点、培训需求是什么？

本期新晋升的销售主管是在职五年以上的销售业绩精英，他们的特点及相关培训需求如下：

（1）有实战经验，如果培训内容偏重理论或培训形式没有新意，就很难吸引他们。

（2）对管理技能缺乏专业训练，仅凭个人风格带领团队。

（3）胸怀大志、雄心勃勃，但又往往仅注重个人业绩，容易看不起业绩落后的同事，对忠告很难听进去，因此不能局限于说教。

（4）销售技能有待进一步提升。

（5）由于业绩突出，有被挖墙脚的嫌疑，部分人对企业的了解认识停留在表面、感性的层面，培训要加深其对企业的了解，将公司目标、愿景与其分享，增强其忠诚度。

2. 培训的目的和目标是什么？

培训的目的是把这批销售主管培养成公司的中坚力量，不仅业绩突出，还应起到传帮带的作用，要带领大家共同进步。因此，将销售主管培养成业务型管理者是本次培训的目的。

培训的具体目标是：

（1）深入了解公司，提升对公司的忠诚度。

（2）提升管理技能，提高团队凝聚力和责任感。

（3）技能培训，拓宽销售视野，使其成为“销售之王”。

3. 借助什么搭建以上两者的联系？

销售主管的成长对其个人以及公司都有重要作用，晋升培训是其与企业进行深度融合的重要通道，有着非常重要及特殊的意义。因此，在培训时要注意以下要点：

（1）营造轻松的培训环境。

（2）采取互动式培训方式。

（3）选用新颖的培训内容（来源于书本，又超出书本）。

（4）注重培训者的个人魅力与凝聚力。

通过简单的梳理，李红迅速开展了此项工作。

第一步：确定培训内容

内容要求：实用、通俗、新颖。根据年度培训计划中本月的基层管理培训项目，以及与销售主管的沟通，拟定培训内容。

第二步：确定培训师，并与培训师进行沟通

培训师的发挥将直接影响培训效果，所以在培训前要与其进行充分的沟通。

（1）内容：30%理论+70%实战（案例）。

（2）每次讲解时间不超过30分钟，即10分钟理论+20分钟案例。

（3）采取“座谈+培训”的方式。每项培训前，先进行座谈，了解销售主管对此问题的看法，调查收集他们想知道什么后再进行培训。

（4）培训师魅力要求：100%理论知识+100%实践经验+100%技巧。要求培训师不仅要有丰富的理论知识和实践经验，还要有很好的培训技巧。培训技巧主要包括表达能力、普通话水平、把控现场的能力等。

第三步：确定培训地点、设备

为了营造良好的培训环境，李红借用公司的五个高档会议室、一个培训中心进行此次培训。培训地点的变换，有助于吸引学员的注意力，缓解培训的疲劳。此外，李红借用投影仪、笔记本电脑、易拉宝、灯光设备等，用幻灯片、投影卡、图片等多种方式展现授课及宣传内容，烘托培训氛围。通过变化培训环境及选用先进的培训器材，让销售主管更加肯定公司实力，加深对企业的忠诚度。

第四步：召集培训师模拟培训

此次培训80%的内容由培训部内部培训师完成，产品知识等内容由相关部门经理等完成。李红召集所有培训师，共同修改讲稿，制作幻灯片，并进行模拟培训，主要就培训师语气、现场互动技巧等方面进行练习。每位培训师至少脱稿模拟两次，才能正式进行培训。

第五步：整装待发

最后核实场地、内容、器具、人员安排、时间、就餐、开幕式等每一个细节，一切就绪后开始发布正式通知。

第六步：培训开始

经过一周的准备，培训正式开始。在开幕式上，公司总经理给大家鼓劲，将现场的气氛点燃，并进行破冰活动。

（1）将桌子摆成四个菱形，大家分成4个小组，每组5人。

（2）每组的人花3~5分钟进行相互介绍，目的是记住小组每个人的姓名与爱好。

（3）每个人花1分钟向所有人推销自己。

（4）进行调查：你记住了谁？

（5）点评。

（6）重新向别人推销自己。

（7）每小组共同确定口号，并推选一名组长。

（8）组长进行就职演讲。

（9）主持人讲述团队的作用、意义。

（10）主持人讲解此次培训的一些要求。

培训顺利开始了，在主持人张弛有度的节奏控制下，各位培训师认真讲解；管理人员也将考勤、分发资料、协调、记录等工作做得有条不紊。

5天的培训结束了，当李红翻阅《满意度调查表》，看到一条条肯定、赞许的话语时，她才长长地舒了一口气。但是她依然认真记录并整理每一条建议，因为她知道，没有永远的成功，只有不断地努力和进步。

案例分析

一个组织即使设计有比较完善的培训管理制度、培训计划和培训方案，但将设计转化为良好的培训效果也还存在最后的一公里，即培训方案的具体落地实施。有经验的培训组织者是非常重视培训组织实施环节的，就像案例中的李红，她关注到了实施过程的所有细节：目标、培训对象现状及两者之间的关系，培训场地、设备条件、培训内容、培训师、演练、教具、软硬件等，事无巨细、事必躬亲，这样才保证了良好的培训效果。可以说，培训组织实施不仅需要理论和技能上有充分的准备，还需要在实战中不断地积累经验，才能达到预期的效果。

二、学习目标

1. 掌握培训实施过程的要点。
2. 了解调动学员的方法与技巧。

任务 10　组织实施培训

一、知识准备

（一）培训准备

培训准备是企业为更好地开展培训而做的预先工作，按照计划安排、组织落实、检查指导、验收讲评等程序，对企业培训的思想准备、组织准备、协调准备、场地准备、教学准备、保障准备等加以管理。

1. 思想准备

（1）发布培训通知

依据年度培训计划及月度培训计划的时间安排，在培训计划实施前，人力资源管理部门需要发布培训通知，培训通知要包括培训目的、培训主题、培训时间、培训地点、培训师、学员、注意事项等信息。培训通知除了发放给培训学员外，还应该发放给学员所在部门的相关负责人，以便提前做好工作安排。

（2）宣传

将培训师介绍，培训的主题、主要内容、时间、对象、地点等通过办公系统、QQ群、微信群、海报等媒介进行同期宣传，提升关注度，扩大影响力，为培训营造氛围。

2. 组织准备

（1）培训实施计划

在开展某项培训前，首先需要做出该培训的实施计划作为整个培训的行动纲领。培训实施计划是年度计划的延伸和细化，年度培训计划确定的是大体的培训课程框架，而实施计划是把课程框架落实为详细具体的实施步骤。实施计划主要内容包括初步确定课程、培训师、地点、时间等。

（2）建立项目小组

建立项目小组主要是协调培训中的各项工作安排，确保培训如期、圆满地完成。项目小组的组建可以根据培训的重要程度和复杂程度灵活安排。如果本次培训属于公司重点培训，在培训计划前就应该成立专项项目小组；如果属于日常培训，公司各类培训资源比较齐全，也可以不成立项目小组，临时协调即可。

3. 协调准备

（1）进行培训实施分工

培训组织人员确定后，需要召开项目小组会，明确每人在项目中的工作内容和责任，根据培训实施计划，对培训所有环节及事项做具体安排，确保每个环节都有专人负责，并做好相应的应急处理准备。这项工作通常需要制定培训实施分工表，确保培训工作组成员明确工作目标、内容、时限等，便于其安排工作并保障工作的顺利进行。项目小组成员组成及分工情况，可参考后文任务完成常用实际业务工具的培训分工内容。

（2）招募培训学员

对有特殊情况无法参加培训的学员情况应及时统计、反馈，并将报名参训学员的有关信息进行分类整理，作为分析培训需求、开展后续服务的依据。

4. 场地准备

（1）培训场地确定

不同的培训需要选择不同的场所环境，如场地档次、大小、餐饮配套服务、交通设施等。另外，还需要根据培训需求或培训师需求判断培训场地的设备是否满足需要，如投影仪、音响、白板、桌椅、条幅、签到台等。另外场地光线要好，能够通风，不能空气污浊、有异味。培训场地要有窗帘，一是为了防止阳光刺眼，二是可以使投影看得清楚。如果培训在外部场地进行，需要提前预订并进行现场勘察。场地大小应适中，一般要求学员间距 90 厘米，每人平均 4~5 平方米。

（2）培训场地布置

在课程实施前一天应依据内部培训组织实施点检表（参见常用实际业务工具）进行培训场地布置，并进行设备的现场调试。

1）桌椅摆放。桌椅要根据讲师需要安排适当的形状。常见的桌椅摆放形式有 U 型、回型、鱼骨型、传统课堂等形式，一般情况下尽量分小组摆放，以利于学员之间的互动。具体来看，如果做游戏活动，就需要桌椅能够移动；如果以讨论为主，则安排成八字或环形最合适；如果是单纯的讲课，则以常规性的课堂摆放为宜。

2）讲台的布置。根据课程需要及培训师要求布置讲台。

3）场地宣传品摆放。如条幅、海报、易拉宝、X 展架等的摆放。

4）白板、白板笔、白报纸等物品的准备。

5）学员桌牌、培训师桌牌的摆放。

6）设备调试。培训设备要进行细致检查，如空调、通风设备、线路等运转是否良好；培训设备要事先调试，如电脑与投影仪匹配性，麦克的效果等；如果培训师有特别需求，都要预先沟通并做好相应准备。常用的培训设备有照明（及控制器）、电源接头、供暖及空调（及控制器）、话筒、音响、灯光、电脑、屏幕、投影仪、照相机等。

7）文件箱（削笔刀、橡皮、胶带、挂图等）的准备。

8）其他（废纸篓、纸巾等）。

除此之外，在开始培训前还应至少提前半个小时到达教室，再次确认房间的准备情况和仪器设备，譬如桌椅摆放是否合适，白板上是否有足够的挂纸，如何开关仪器并清洁白板和屏幕，检测话筒电量等。

5. 教学准备

（1）课程调研

在课程实施之前，培训部门需结合培训师的要求组织实施课程调研工作，主要确定此次培训的重点，学员最关注的问题以及亟待解决的问题等。调研得越详细，课程设计就会更有针对性。同时学员参与调研，他们的学习热情也会大大高涨。

调研通常有两种方式，即发放课前问卷和与学员直接沟通。

（2）培训对象分析

培训对象分析是对学员的学历背景、工作经验、素质能力等状况进行的综合分析，将这些情况告知培训师，以便培训师设计更有针对性的内容，使不同层次、水平、等级的学员都可以掌握知识和技能；避免出现不同水平的学员一起培训，导致培训师对培训课程和讲课深度无法把握，使部分学员被迫“陪读”的情况。另外，还可以根据学员工作性质、时间状况等，安排学员分批次进行培训。培训对象分析往往同课程调研一起进行。

（3）确定培训师

根据培训需求和目的，从培训师的知名度、专业性、价位等方面对培训师人选进行综合考虑，对培训师的确定需要及早进行，尤其是外部培训师，因为对培训师的联系、甄选和谈判需要一个过程。聘请外部培训师需要提前一个月甚至数月进行，否则很可能找不到合适的培训师。相比之下，内部培训师的安排就相对容易些。

（4）与培训师沟通课程实施要求

培训师确定后，双方的信息沟通非常重要，培训组织者需要把培训学员的具体情况，如调查结果、人员素质、组织准备等情况向培训师详细说明。同时，对培训师的情况也要了解清楚，如讲课特色、需要的设备、特别要求等。另外，要求培训师做好充足准备。否则，虽然培训师很有名气，但没有准备好，讲课效果也不可能会好。

与培训师的沟通是多次、分阶段进行的，通常沟通的内容如下：

1）培训前 10 天，沟通授课主题、内容、课时、形式、培训学员、人数等。

2）主动告知培训师本次课程实施的目的以及希望达到的目标。

3）主动告知本次培训学员的背景，例如目前的工作职责，在本次培训中希望解决什么样的问题。

4）培训前 3 天，主动询问培训师有无培训前作业、需协助的地方等，询问本次课程实施的具体要求，如场地布置、教学设施以及其他需要提前准备的教学资料等。

（5）制作培训日程安排表

根据培训方案，与培训师充分沟通后制作培训日程表。

6. 保障准备

（1）住宿和交通

根据培训方案安排培训师和学员的住宿，协调交通工具。

（2）餐饮服务

根据培训方案确定是否统一供餐或告知用餐地点自行用餐。

（3）培训师接待

提前确定培训师的行程安排及具体到达时间，并直接与培训师或其助理沟通是否需要接送。如果需要，则应提前申请车辆，并将接车司机电话等信息告知培训师或其助理，同时将培训师的具体到达信息告知接车司机。

（4）接待学员报到的前期准备

主要有准备报到表、发放培训资料、引领服务等。

（5）相关培训后勤服务

主要有排版印刷讲义、学员联系表、考试试卷、封卷纸、满意度调查表、签到表等，制作培训条幅和指引牌（如有明确要求需要向相关部门确定条幅或指引牌内容的，须提前确定以方便制作和安排），打印座牌（签到处如需要制作有关领导等的座牌，须向相关部门确认后制作），准备学员用的笔、本子、饮用水、休息茶点等。对于培训的特别安排，如领导讲话、节目表演、摄影拍照、特别活动、现场环境清洁等，要具体有针对性地落实并妥善准备。另外，培训一定要有应急准备，如准备好复印机，随时复印各种资料，对容易出现故障的设备或工具要准备备用品，以免培训出现意外情况。

（6）培训服务供应商管理及结算方式

严格要求相关服务供应商按照协议或口头承诺等提供服务，采用预付款、支票、转账或现金的方式收款并向供应商索取正规发票。

（二）培训实施

培训实施是企业针对培训对象完成培训任务的活动过程进行的管理。在实施过程中一定要按照培训计划执行，严格对培训时间、内容、人员、质量、保障等的落实情况进行控制。

1. 培训签到

学员上课之前必须在培训出勤签到表上签到，并由督课人员现场督导。开始上课后签到表由督课人员保管，若有迟到或请假的人员，则由督课人员在签到表上标注说明；签到表作为学员培训出勤的记录资料，每半天签到一次。同时根据资料发放清单向学员发放培训资料。

2. 培训现场的协调（课程实施及控制）

培训准备完成后，则开始现场实施。作为培训组织者来说，在培训现场，他需要兼任三种角色，即培训主持人、培训师助手和学员服务者，这样才能让培训成功实施。

（1）培训主持人

1）培训发言主持。作为主持人，培训组织者要做开场白，包括培训师介绍、培训议程、纪律宣告、饮食安排等；要做好结束致辞，如感谢学员参加，感谢培训师培训，布置培训后续工作；要宣告培训中的各类安排，如中场休息、培训发言、特别说明等。

2）把握培训主题。培训组织者要随时注意培训的内容不能偏离主题，尤其是当学员讨论偏题甚至出现企业避讳的话题时，要及时出场纠偏，把他们拉回到预定的轨道上来。

3）培训内容调整。根据学员的反馈及时调整培训时间或课时安排，如学员对培训师的培训特别感兴趣，就需要适当延长培训时间或者临时追加一些特别活动，如课下座谈研讨等，充分发挥讲课效果。如果培训效果很差，就要采取措施补救，如更换培训形式、缩短培训时间、切换培训主题等。如果这些还不能奏效，就要果断取消培训。

（2）培训师助手

1）培训事务配合。培训师有许多事务性工作，如讲义问卷下发与回收、培训器材调换准备、人员分组安排、协助统计分析等，这都需要培训组织者来配合完成。

2）培训内容配合。培训组织者要积极配合培训师，尤其是出现冷场时，要采取带头参与活动、复述培训师授课要点、适当提问等形式与培训师互动，帮助培训师把气氛搞好。例如可以事先安排几位能积极发言的学员在适当时间上场，让培训气氛变得活跃。

3）特殊情况处理。如果培训师在培训中出现特殊情况，如培训中出现对立、骚动甚至尴尬下不来台时，这时培训组织者就要站出来进行调解，通过转变培训方式、与学员沟通、相互研讨交流等方式，帮助培训师处理这类情况。

（3）学员服务者

1）听取学员意见。培训组织者要积极听取学员的意见，如培训师培训的优缺点、讲课速度的快慢、培训内容的深浅、培训形式的认可度、培训疑难解答等，要把学员的意见及时反馈给培训师，并与培训师协调改进，争取让学员满意。

2）观察学员反应。培训组织者不仅要听取学员意见，还要眼观六路、耳听八方，察看学员的表现。如果学员对培训内容无动于衷、哈欠连天、交头接耳甚至是不断离场等，这时就要主动询问原因，让培训师及时调整课程内容或形式。

3. 培训后期的服务

（1）满意度调查

培训结束后，由学员填写培训满意度调查表，了解学员对课程的掌握程度和服务的满意程度，并对调查表进行数据分析以获取改进依据。调查内容包括学员对培训师、培训组织者的服务与培训环境的评估等内容。

（2）证书

按需要向参加并通过考试的学员发放证书。

（3）总结

针对本次培训的优点、缺点、疏漏及不足之处，及时进行总结反思。通过项目组会议、撰写培训报告等形式，把好的经验进行积累提升，针对不足之处提出重点改进措施，为今后的培训工作做好铺垫。

（4）培训费用结算

原则上课程结束一周内应将本次培训所涉及的相关费用进行整理，并按照预算及相关规定进行报销。

（5）资料整理、归档

培训结束后，各类资料要进行收集整理，如学员资料，包括培训签到表、培训评估表、试卷心得等，要作为学员的培训档案存档，为今后晋升、调动提供依据。另外，培训过程中的讲义、问卷资料，采用摄录设备记录的培训录音、录像、胶片文档等资料，作为今后继续培训和学习的资料，要妥善保存。

通过前期准备、组织实施和后续服务这几个环节，就可以把写在纸上的培训计划或年度培训规划成功地落地实施，学员能切实从培训中获益，对培训的满意度也会大大提升，这样，培训才能真正地提升企业的竞争力。培训实施管理流程如图 7-1 所示。

（三）学员积极性的调动

1. 影响学员积极性的因素

培训是企业提升工作效益、提高员工素质的重要手段。但实际情况是，总有部分员工不愿参加培训，主要有如下因素。

（1）空间因素

1）空间太大显得空旷而有疏远感，空间太小而人数多则有拥挤感。

2）空间太简陋，或多数学员坐在后面，前几排座位没人坐，缺少学习情境。

3）培训场地在优美的风景区，造成玩乐的心情远大于学习的心情。

4）在公司内部教室上课，学员进进出出太频繁。

5）教室外面有噪声干扰或空间挑高过高造成教室有回音，导致无法听清培训内容。

（2）设备因素

1）教室内是黄色灯光，精神比较容易松懈。

2）空调通风有问题，氧气不足，或者室温太热、太冷。

3）音响有杂音，听不清培训内容。

4）投影仪光线不够亮或屏幕太小等造成学员看不清楚。

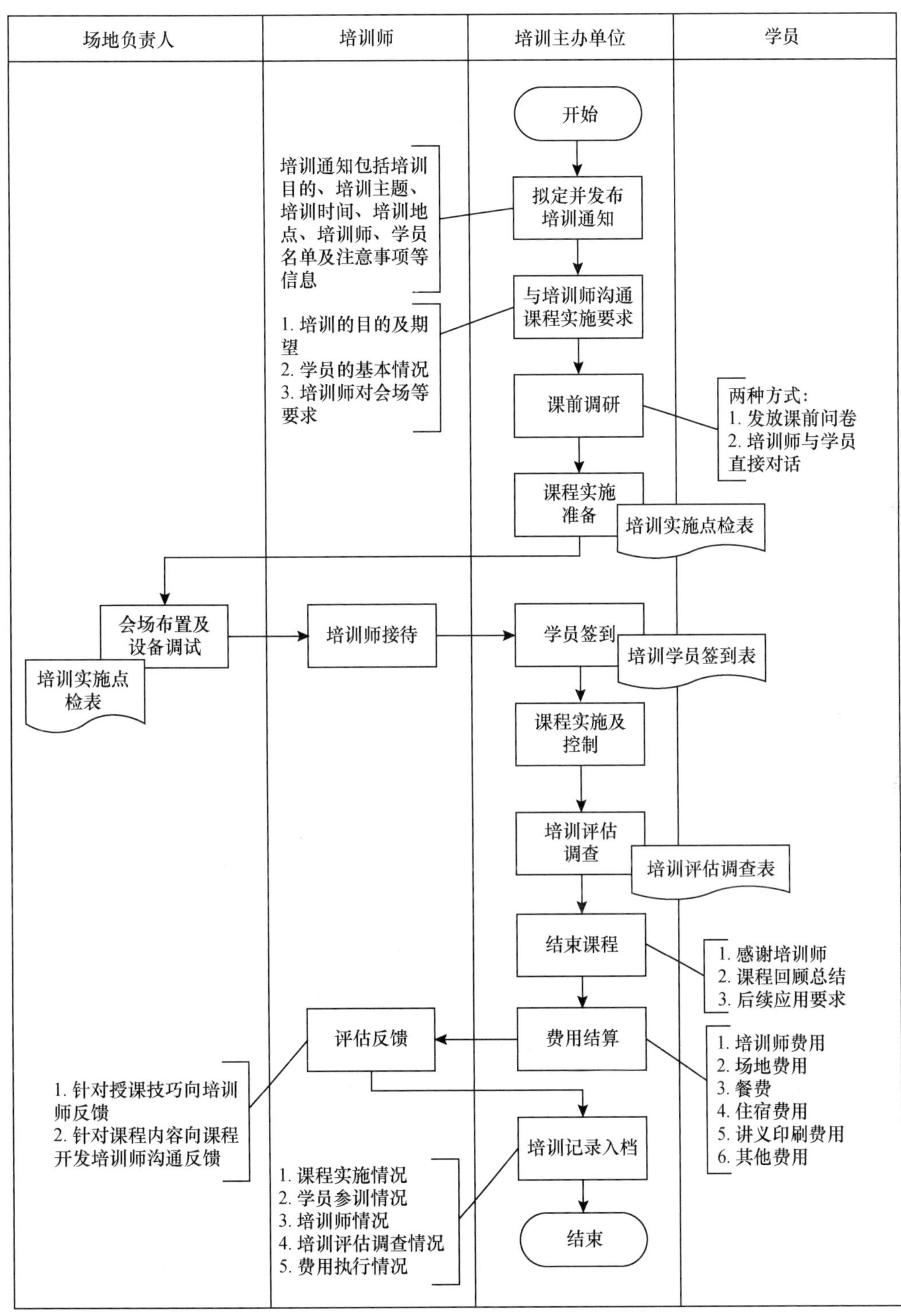

图 7-1　培训实施管理流程

5）白板太脏，擦不干净，或白板笔颜色太少、没水，写不出字。

6）讲台高度不够，学员人数太多，很多学员看不到培训师，或讲桌太高遮住培训师的肢体语言，使学员产生距离感。

7）教室内是长毛地毯，吸音太多，气氛不易烘托。

（3）学员因素

很多企业没有为学员制定职业生涯规划，导致学员缺乏长远意识和岗位竞争意识，进而意识不到培训是其工作乃至岗位晋升的有力保障，反而误认为是浪费时间，把培训当作任务来完成或者选择放弃。

1）学员被指派参加，不心甘情愿。

2）上课前学员缺乏对课程的心理建设，导致学习态度不好。

3）学员有心学习，但是工作太忙。

4）学员的手机响个不停，干扰学习。

5）学员疲倦，身体不适。

（4）培训师因素

1）培训师不了解学员特质和需求。

2）培训师教学方法呆板，与学员互动太少。

3）培训师课前准备不够。

4）培训师没有经验，太紧张。

5）培训师应急反应能力不足，无法因情景改变而适当地调整教学方法和教材。

6）培训师因资历高、经验丰富，表现得高高在上，教学态度不好。

（5）准备因素

1）组织人员没有把学员需求与课程目标清楚地让培训师知道。

2）事先没有让学员了解课程的主题、重点、教学目的。

3）设备调试不当或资料准备不充分。

4）后勤保障（餐饮、住宿等）不到位。

（6）时间因素

1）很多企业把培训时间安排在下班或周末等，占用了学员的业余休息时间，加上平时工作繁忙，导致一些学员不愿意参加培训。

2）上课时间太长，坐在椅子上的时间太久。

2. 提升学员积极性的有效措施

如何提高员工参加培训的积极性，是目前很多企业在员工培训中都会遇到的问题。

企业的管理者必须重视培训的作用，同时加强对员工的思想教育，改进员工培训方法。只有这样，员工参加培训的积极性才能提高，才能实现企业和员工进步共赢。

（1）做好职业生涯规划

建立员工职业发展通道，促进员工进行有效培训和自我提高，增强对培训重要性的认识。只有加强员工的思想教育，才能把员工参加培训由被动参与变为主动参与，让员工从根本上接受培训，积极参与培训。

（2）企业领导积极倡导培训，重视培训活动

企业的领导是企业培训活动的组织者和带领者，因此领导要深刻认识到培训对员工的作用和对企业的意义。同时，也要做培训的积极参与者，与员工一起参与培训，加强员工培训的精神鼓励，同时加大对培训的投入。

（3）建立健全内部岗位的竞争机制

在企业内部建立岗位竞争机制，对员工产生外在压力，促使他们不断地参与培训，提升自己的能力，增强自己的竞争力，以避免其在岗位竞争中被淘汰。

（4）针对不同层次的员工开展培训

要提高员工参与企业培训的积极性，就必须使培训对员工产生切实的效果，让员工发自内心地认为培训是他们增强工作能力的有力手段，而不是浪费时间且没有任何作用的形式主义工作。

（5）坚持人性化管理，合理安排培训时间

有部分员工不愿参加企业的培训，主要是因为培训耽误了自己的休息时间，平时的工作就已经很沉重繁忙了，再加上占用休息时间培训，对员工来说不堪重负。因此，企业管理者在安排培训时间上，要坚持以人为本，尽量不要把培训时间安排在休息时段，在保证员工适当休息的前提下的培训，才更容易使员工接受。

（6）提高培训产品的吸引力

应针对员工实际需要，提供优质培训项目，提高培训产品的吸引力。企业在选择培训内容和培训产品时，一定要经过不断地思考和调整，对于选择什么样的培训主题、培训的侧重点是什么这类问题，要多与员工沟通交流，了解他们的想法，根据员工的需要来安排。

（7）建立一个有效的培训体系

提高企业员工参加培训的积极性，要求企业建立一个有效的培训体系，具体包括培训需求的分析与评估、培训机构的选择、培训方式的选择、培训计划的制订、培训实施细节以及培训后的评估等。在员工参加培训之前，要按照既定的程序来保证培训的顺利进行，经过不断地评估、分析，做出正确的选择和决定，为员工提供最有效的

培训。在培训结束之后，企业还要有相应的培训绩效评估，对培训结果做总结和分析，作为以后培训改进的依据，使其不断完善。

除此之外，还可以利用一些技巧调动培训气氛，举例如下：

1）学员报到时，工作人员态度亲切。

2）报到、下课时教室内播放轻松的音乐。

3）制造彼此问候、打招呼、自我介绍、交换名片的机会。

4）事先调整桌椅，安排座位，设立桌上名牌。

5）请大家尽量往前坐。

6）安排课间休息，给学员喝水、上洗手间、转换气氛的时间。

7）培训师可在学员座位之间走动。

8）善用小活动吸引学员注意力。

9）课前设计一些有趣的“破冰活动”。

10）制造学员彼此互动的机会，譬如小组讨论、头脑风暴等。

二、任务要求

（一）任务基本要求

任务名称：策划撰写培训组织实施文案

案例背景：山东泰山啤酒公司的公司管理能力提升培训大概持续一周时间，培训内容包括军训、文件及制度学习、管理能力培训、市场调研、才艺展示、演讲及辩论赛，以及最后举行的结业典礼。由于每项培训内容都有很多需要相互配合才能完成的任务，这会给管理者留下深刻的印象。同时，也可以迅速帮助管理者加深对彼此的熟悉和了解，培养其团队精神、积极向上的心态和良好的工作状态，较快提升管理者的各项管理能力，以满足公司发展要求。

任务具体要求：针对以上案例，以小组为单位，策划并撰写山东泰山啤酒公司管理能力提升培训的组织实施文案。

（二）任务完成常用实际业务工具

1. 内部培训

（1）年度员工培训计划表（如表 7-1 所示）

表 7-1　　2020 年度员工培训计划表[①]

课程类别	序号	课程名称	课程目标	课程对象	课程时数/小时	培训方式	培训师	每班人数	班次	人次	培训费用/元		培训时间/月份							
											培训师费用	行政费用	4	5	6	7	8	9	10	11
新进人员	1	新进人员培训 A 班	了解公司文化、产品及岗位职责等	新进有经验人员	18	内训	内聘	5	1	5	0	50				1				
	2	新进人员培训 B 班	了解公司文化、产品及岗位职责等	新进有经验人员	18	内训	内聘	5	1	5	0	50						1		
	3	新进毕业生培训班	了解公司文化、产品及岗位职责等	新进毕业生	18	内训	内聘	5	1	5	0	50		1						
一般管理技能	4	团队合作与工作管理	增进部门之间、部门内相互沟通与协作，提高工作效率	高中基层主管、专业技术人员	12	内训	外聘	30	1	30	12 000	300					1			
	5	会议主持与简报技巧	提高部门主管会议管理的组织与执行能力，增强其公众表达能力与技巧	中高层主管、专业技术人员	6	内训	外聘	30	1	30	6 000	300		1						
	6	时间管理	有效地安排工作时间，提高工作效率	高中基层主管	6	内训	外聘	30	1	30	6 000	300								1
	7	人际沟通技巧	提高主管及专业人员的沟通技巧，提高组织效率	高中基层主管	6	内训	外聘	30	1	30	6 000	300				1				

① https://zl.hrloo.com/file/195804

续表

课程类别	序号	课程名称	课程目标	课程对象	课程时数/小时	培训方式	培训师	每班人数	班次	人次	培训费用/元		培训时间/月份							
											培训师费用	行政费用	4	5	6	7	8	9	10	11
基层主管管理技能	8	基层监督人员培训（TWI）	提高基层主管人员的现场管理能力	基层主管	18	内训	外聘	20	1	20	18 000	200			1					
	9	5S 基本观念与执行实务	增强基层主管与骨干员工现场管理技能与素质	基层主管、骨干员工	6	内训	外聘	30	1	30	6 000	200	1							
中高层主管管理技能	10	工作辅导与员工沟通	提高中高层主管人员在人员管理方面的认知与技能	中高层主管	6	内训	内讲外训	30	1	30	2 000	300		2		1				
	11	招聘与面谈技巧	提高核心主管在人员招聘中的技能，降低招聘风险与成本	中高层主管	8	内训	外聘	20	1	20	8 000	200			1					
	12	目标管理与绩效考核	了解目标管理 MBO 与绩效管理的基本知识与方法	中高层主管	12	内训	外聘	30	1	30	12 000	300						1		
专业技术技能	13	产品基本知识与原理	普及产品基础知识，增强质量控制能力	各级主管及员工	3	内训	内聘	30	1	30	0	300					1			
	14	生产计划拟订与执行	提高生产部门主管管理技能	生产部主管人员	6	外训	派外	3	1	3	2 400	0			2					
	15	ISO 9000 基础知识	普及品质管理体系基础知识，提高质量管理意识与观念	高中基层主管、专业技术人员	6	内训	内讲外训	30	2	60	2 000	600		2	1					

续表

课程类别	序号	课程名称	课程目标	课程对象	课程时数/小时	培训方式	培训师	每班人数	班次	人次	培训费用/元		培训时间/月份							
											培训师费用	行政费用	4	5	6	7	8	9	10	11
专业技术技能	16	QC 七大手法应用	提高质量管理专业人员专业技术，有效促进质量管理水平	生产部、质量部主管及技术人员	12	外训	派外	3	1	3	2 400	0				2				
	17	颜色与看板管理	了解工厂现场品质、工作管理与日常工作规划的基本方法	中基层主管、专业技术人员	6	内训	外聘	30	1	30	4 800	300		1						
	18	销售沟通与抱怨处理	有效提高销售、市场人员的客户服务水平	市场、销售人员	6	内训	内讲外训	30	1	30	2 500	300		2	1					
	19	采购管理实务	提升采购人员能力	供应部员工	6	外训	派外	2	1	2	2 400	0					2			
	20	公司人事规章制度	普及公司人事管理相关规定，促进有效执行与落实	高中基层主管、普通员工	3	内训	内聘	30	2	60	0	600	1							
	21	TTT 内部培训师培训	提高内部培训师表达与授课技能	内部培训师	12	外训	派外	2	1	2	6 000	0	2							
特殊技能培训	22	电工上岗培训	依相关规定实施年检及培训	相关工作人员		外训	派外													

续表

课程类别	序号	课程名称	课程目标	课程对象	课程时数/小时	培训方式	培训师	每班人数	班次	人次	培训费用/元		培训时间/月份							
											培训师费用	行政费用	4	5	6	7	8	9	10	11
特殊技能培训	23	食品检验人员	依相关规定实施年检及培训	相关工作人员		外训	派外													
	24	叉车工上岗培训	依相关规定实施年检及培训	相关工作人员		外训	派外													
	25	会计人员上岗培训	依相关规定实施年检及培训	财务人员		外训	派外													
长期人才培养	26	专业技术培训	提高技术人才的技能并加强考核	技术人员	不定	外训	派外													
	27	××大学专业技术学习	加强重要管理技术人才的长期培养	重要主管	不定	外训	派外													
	28	××大学建教合作项目	提高公司员工专业理论与知识	专业技术人员	不定	内训	外聘	不定	12		50 000	12 000	1	1	1	1	1	1	1	1
合计									30	485	148 500	16 650								

说明：1. 本培训计划中的外聘培训师费用均以目前一般企业聘请培训师的行情预估，为 800~1 000 元/小时，实际执行中以议定价格为准，但不得高于此单价的 20%。

2. 内聘培训师课程仅计算行政费用，培训师费用不计；每天课程时数以 6 小时为标准计算。

3. 凡注明“外训”均属于派外培训课程，时间的安排以实际执行为准。

4. 本表中时数、人数、班次、费用、时间安排等均根据 2020 年度需求调查状况预估，实施过程中以实际状况为准，合理调动与安排。

5. 本表所涉及的培训项目均须按照公司新制定的培训制度及相关规定执行。

6. “培训月份”栏的“1”表示公司内部培训课程，“2”表示派外培训课程。

（2）培训日程安排表（如表7-2所示）

表7-2　　新员工培训日程安排表

培训时段	具体时间	培训议题	培训讲师	培训地点
7月20日上午	9：00—10：30	企业文化	公司副总经理	培训会议室
	10：30—11：00	茶歇		
	11：00—12：00	人事制度	人力资源部经理	培训会议室
7月20日下午	14：00—15：00	部门介绍	部门主管	各部门会议室
	15：00—15：30	茶歇		
	15：30—16：30	岗位职责培训	部门主管	各部门会议室
	16：30—17：00	公司环境参观	部门主管	公司
7月21日上午	9：00—10：30	职场礼仪与沟通	外聘讲师	培训会议室
	10：30—10：50	茶歇		
	10：50—12：00	职场有效工作方法	外聘讲师	培训会议室
7月21日下午	14：00—17：00	团队协作培训	外聘讲师	培训会议室
7月22日	9：00—17：00	岗位基本技能培训	部门内训师	各部门会议室
7月23日	9：00—17：00	素质拓展训练	拓展机构培训师	素质拓展基地

（3）培训通知书

培训通知书（示例）

×××××部门：

我公司人力资源部组织的“中层管理者____________培训”将于____月____日正式开始，计划于____月____日结束。拟安排×××××部门中层管理者参加培训，请将具体培训要求通知以下人员。

1. 参训人员名单

姓名	职位	部门	姓名	职位	部门

2. 培训时间：________年____月____日至________年____月____日（全封闭）。

3. 集合时间：________年____月____日上午7：30~8：00。

4. 培训地点：____________________________。

5. 学员需带物品：身份证、换洗衣服、洗漱用品、备用药品、笔。

6. 如遇特殊情况，请联系会务负责人：__________，联系电话：______________。

××××公司人力资源部

年　　月　　日

（4）培训出勤签到表（如表7-3所示）

表7-3　　培训出勤签到表

编号：　　日期：

培训课程			课程编号			培训师			
起止时间			培训地点			主持人			
应参加人数				实际参加人数					
序号	培训对象	所属部门	职务	培训出勤情况					培训对象签字	备注
				准时	迟到	早退	旷课	请假		
1										
2										
3										
4										
5										
6										
7										
…										
填表人签字				培训部经理签字						

说明

1. 请在“培训出勤情况”栏中，以“√”注明；

2. 此表由培训部经理签字确认后报人力资源部。

（5）培训前准备核查表（如表7-4所示）

表 7-4　　培训前准备核查表

序号	核查项目	进度计划日期	完成情况	补救措施
1	完成培训需求访谈			
2	发放、回收培训需求调查问卷			
3	确认课程目标			
4	学员资历调查与分析			
5	与职能部门和上级确认培训课程表			
6	确认培训的时间			
7	确认场地和设备			
8	邀请培训师			
9	与培训师沟通确定课程具体的内容			
10	发布培训通知			
11	开展培训宣传与动员活动（重大培训）			
12	接受报名，统计人数			
13	制作签到表			
14	制作课程讲义及相关学习资料			
15	确认分组名单			
16	制作培训效果评估问卷			
17	准备餐饮			
18	布置教室，准备培训文具、道具			
19	设计课程串场活动			
20	前一天提醒培训师到场培训			

（6）培训中及培训后检查表（如表 7-5 所示）

表 7-5　　培训中及培训后检查表

检查项目			完成情况	改进之处
培训中的工作	1	学员报到及座位安排		
	2	课程说明、培训纪律要求		
	3	培训师介绍		
	4	开始培训及破冰		
	5	培训师讲课重点记录		
	6	协助培训师组织课堂		
	7	记录培训可改进之处		

续表

检查项目			完成情况	改进之处
培训中的工作	8	观察学员的培训情况		
	9	控制课堂时间		
	10	课程回顾与总结		
	11	录像、录音		
培训后的追踪	1	保持教室清洁整齐		
	2	整理培训使用的道具与设备		
	3	统计课程培训效果调查问卷		
	4	统计课程试卷、作业		
	5	课程总结会		
	6	培训师回馈与致谢信		
	7	讲义归档		
	8	整理课程录像和录音资料		
	9	学员培训记录		
	10	撰写课程结课报告		
	11	定期追踪职能部门主管，了解培训效果		

（7）培训分工表（如表 7-6 所示）

表 7-6　培训分工表

<table>
<tr><td colspan="8">××××××培训分工表</td></tr>
<tr><td colspan="5">时间：××××年××月××日</td><td colspan="3">地点：××酒楼（地铁××站 C 出口）</td></tr>
<tr><td>序号</td><td colspan="2">工作内容</td><td>项目</td><td>责任人</td><td>协助</td><td>进展情况</td><td>说明</td></tr>
<tr><td colspan="8">一、培训前人员准备</td></tr>
<tr><td rowspan="3">1</td><td rowspan="3">培训筹备组织</td><td rowspan="2">人员</td><td>项目负责人</td><td></td><td></td><td></td><td>整个培训项目的总负责人，直接向有关领导汇报组织情况</td></tr>
<tr><td>协助人</td><td></td><td></td><td></td><td>协助项目负责人实施计划等</td></tr>
<tr><td>预算</td><td>制作预算表</td><td>财务人员</td><td>项目负责人</td><td></td><td></td></tr>
<tr><td colspan="8">二、培训前期准备</td></tr>
<tr><td rowspan="3">2</td><td rowspan="3">培训前期准备</td><td colspan="2">制定培训方案</td><td></td><td></td><td></td><td></td></tr>
<tr><td colspan="2">发布培训通知</td><td></td><td></td><td></td><td></td></tr>
<tr><td colspan="2">招募培训学员</td><td></td><td></td><td></td><td></td></tr>
</table>

续表

2	培训前期准备	确定培训师					根据培训需求和目的，从培训师的知名度、专业性、价位等方面对培训师人选进行综合考虑，并与培训师就培训相关要求和对象以及培训师培训特色及要求等做有效沟通、准备
		制作培训讲义					讲义由培训师在充分考虑培训需求和对象的基础上制作，需要经过“初审-修改-复审-确定”四个步骤，由培训师在培训前一周制定完成并提交给培训工作人员，由相关领导或专家进行初审，提出修改意见，再由工作人员返还给培训师进行修改，修改完成后再次提交，经相关领导签字确认后方可作为正式培训讲义
		相关培训后勤服务	培训场地及设备				落实培训地点、场地负责人，准备培训设备如灯光、音响、投影仪、白板、桌椅等
			培训相关资料和物资				1. 讲义 2. 学员联系表 3. 考试试卷、封卷纸 4. 满意度调查表 5. 签到表 6. 培训横幅和指引牌（如有明确要求需向相关部门确定横幅或指引牌内容的，需提前确定以方便制作和安排） 7. 座牌（如需制作有关领导等的座牌需向相关部门确认后制作） 8. 学员用笔、本子 9. 饮用水、休息茶点

续表

2	培训前期准备	相关培训后勤服务	相关配套服务				1. 住宿和交通：如有外地培训师或学员，可根据具体情况帮助其预订酒店或车票，支付方式根据培训方案而定 2. 餐饮服务：由培训组织人员提前了解培训场所附近的餐饮情况，根据培训方案确定是否统一供餐，或告知学员用餐地点让其自行用餐 3. 为培训师或者相关领导安排休息室
			培训服务供应商管理及结算方式				严格要求相关服务供应商按照协议或口头承诺等提供服务，并采用预付款、支票、转账或现金的方式进行收款并向供应商索取正规发票
三、培训现场安排							
3	确认		会场				确定会场的桌椅、设配是否齐全并正常运行，横幅、指引牌是否已经到位，签到处是否已准备
			供应商				再次确认服务内容项目
			培训师				培训前给培训师发消息提醒
4	培训现场实施		培训签到				安排培训学员签到，同时根据资料发放清单向学员发放培训资料
			引导				
			培训现场的协调				安排临时事件的处理人员
			培训主持人				
			培训后勤保障				餐饮等的准备

续表

四、培训后期							
5	培训后期服务		满意度调查				
			资料整理、归档				
			总结				
			证书				根据需要制作和发放证书
五、会务							
1	照相						
2	接待	领导					
3	准备资料	讲义					
		课程表					
		笔					
4	制作横幅、座牌、指引牌						
5	其他工作						

（8）培训方案具体实施表（如表 7–7 所示）

表 7–7　　培训方案具体实施表

时间	实施内容
一、实施日两月前	拟订计划、确定课程、联系培训师、初步确定地点
二、实施日一月前	调查课程培训、最终确定培训师、反馈培训信息、审查培训大纲
三、实施日两周前	成立项目小组、召开会议做好分工、发送讲义胶片、制作课程表

续表

时间	实施内容
四、实施日一周前	复印课程讲义、排定支援事项、准备器材用品、制作发放培训通知
五、实施日三日前	确认培训师行程、制作课程问卷调查表、制作课后心得调查表、制作评估标准、制作签到表、预定住宿餐饮、预定交通工具、答复培训咨询
六、最后清点项目	签到表、课程问卷调查表、课后心得调查表、培训评估标准、培训记录表、培训讲义、计算机、投影仪、麦克风、扩音器材、摄像机、照相机、电源、白板、板擦、白板笔、胶带、图钉、白纸、茶叶、饮料、纸杯、茶杯、海报、条幅
七、培训前一天	布置培训教室、调试灯光空调、调试视听设备、摆放桌椅、摆放培训材料文具、悬挂条幅和海报、接送外聘培训师、安排外聘培训师食宿、培训前信息沟通、安排培训师熟悉教室、预定培训师票据
八、培训当日工作	人员签到、开场白、介绍外聘培训师、领导讲话（重要培训）、授课资料发放、复印各类资料、培训师授课、突发事件处理
九、上课工作项目	课程录音或录像、拍照、茶水服务、发放评估问卷和试卷、填写培训记录、配合培训师工作、反馈学员信息、协调出勤安排、回收评估问卷和试卷
十、后续工作项目	教室打扫、设备归位、支付培训师费、经费报销、问卷统计分析、安排车送外聘培训师、培训资料归档、撰写培训报告、工作总结

（9）培训满意度调查表（如表 7-8 所示）

表 7-8　　培训满意度调查表

评价项目＼评分分值		培训师姓名 1	培训师姓名 2
授课培训师业绩评价	对标准的理解把握能力		
	企业管理理论综合水平		
	授课内容		
	授课技巧		

续表

评价项目 \ 评分分值		培训师姓名 1	培训师姓名 2
授课培训师业绩评价	系统性及逻辑性		
	沟通互动能力		
	语言表达能力		
	案例讲解水平		
	您的理解\接受\认知程度		
	培训环境		
本次培训您的主要收获			
您是否有其他方面的培训需求			
您有何其他意见和建议			

说明：每个评价项目总分为 10 分，请根据实际感受在空格中填写分值。

（10）培训证书（如图 7-2 所示）

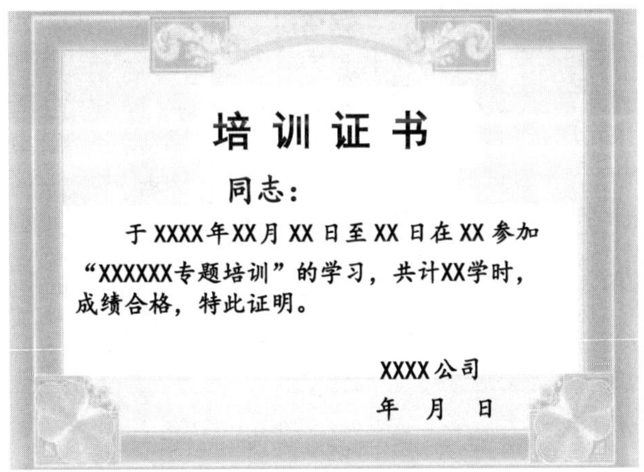

图 7-2　培训证书

（11）内部培训组织实施点检表[①]（如表 7-9 所示）

（12）管理人员外派培训组织实施点检表（如表 7-10 所示）

① https://zl.hrloo.com/file/370760

表 7-9　　内部培训组织实施点检表

阶段	项目	序号	事项	工作内容	交付物	时间节点	对接/责任人	执行人员签字	验收人员签字	完成情况	工作滞留情况说明	备注
培训前期准备阶段	培训计划	1	制订培训计划	制定培训计划并请领导审批	领导审批单	培训前1周	/					
	培训确认	2	培训提醒	事先通知培训师及其领导，确认其领导或培训师本人是否同意	邮件（电子版）							
		3	培训时间	根据培训方案要求并征求相关部门领导意见	/							
		4	培训师	从培训师库中提取对应培训师的基本信息，以便培训开始前可以进行培训师介绍	培训师介绍（电子版）	培训前5天						
		5	培训教室	提前与相关部门确认培训教室	/							
	培训课件	6	培训课件	与培训师沟通，确认课件是培训部门提供还是培训师自己准备	课件（电子版）	培训前4天	/					
	培训通知	7	参训人员名单	（1）梳理参训人员名单，并建立各部门人事员通讯录	部门人员名单以及联系方式（纸质版）	培训前3天	/					
				（2）制作签到表	签到表（纸质版）							
		8	培训通知	给部门领导以及部门相关负责人发送邮件提醒	邮件（电子版）	培训前2天	/					

续表

阶段	项目	序号	事项	工作内容	交付物	时间节点	对接/责任人	执行人员签字	验收人员签字	完成情况	工作滞留情况说明	备注
培训前期准备阶段	培训教室	9	培训设备到位	（1）电脑、投影仪、音响、无线话筒等设备的调试：暖场音乐及课间视频提前拷贝至电脑内，并用 U 盘备份	/	培训前1天下午	/					
				（2）白板、翻页笔等其他教具到位，电池备好	/							
培训当日		10	开始前	（1）采取措施调动学员积极性（如破冰游戏等）	/	培训开始前 20 分钟	/					
				（2）工作人员在签到台组织签到，向迟到及未到者打电话询问原因（学员签到时随机发放效果评估表）	/	培训开始前 10 分钟起						
				（3）培训设备准备到位，播放暖场音乐	/	从学员到场开始						
				（4）教室内引导，提醒学员往前坐（可以强制要求）	/							
				（5）主持人在培训前的准备活动 1）介绍培训师 2）介绍课程 3）心态讲说：既来之则安之，既来之则学之 4）提出培训要求 5）宣布培训纪律：往前坐，手机静音等 6）告知培训时间安排	培训师介绍	培训前3分钟						

续表

阶段	项目	序号	事项	工作内容	交付物	时间节点	对接/责任人	执行人员签字	验收人员签字	完成情况	工作滞留情况说明	备注
培训当日		11	过程中	（1）过程管控 1）全程陪同听课，随时解决培训过程中出现的问题，如设备故障调试、学员发言时话筒递送等 2）维持课堂秩序，配合培训师进行互动；对不认真听讲的学员，通过站其旁边给予压力、以拍摄等方式予以提醒	/	全程						关注课间休息后返课情况
				（2）课间休息 1）随机访谈，关注培训满意度 2）将学员的意见与培训师进行沟通	/	休息时						
				（3）拍照：记录培训情景	照片（电子版）	据实，随时						
				（4）如有随堂测验，需协助培训师发放试卷、监考并回收试卷	试卷（纸质版）	据实						
		12	培训结束后	（1）进行签到确认	学员签字后的签到表（纸质版）							
				（2）回收效果评估表	效果评估表（纸质版）	理论培训结束后（随机）						

续表

阶段项目	序号	事项	工作内容	交付物	时间节点	对接/责任人	执行人员签字	验收人员签字	完成情况	工作滞留情况说明	备注
培训当日	12	培训结束后	（3）培训教室：关闭设备电源、桌椅排放整齐、清洁卫生	/	培训结束后第一时间						
			（4）培训用具等回收：签到表、电脑、相机、电池等	多余讲义（纸质版）							
培训后	13	培训出勤	培训电子考勤录入，完善出勤台账	考勤记录（电子版）	培训后第1个工作日	/					
	14	总结报告	完成培训总结报告（含培训出勤及效果反馈情况分析）	培训总结报告（纸质版）							完成培训调研报告
	15	培训台账	培训台账整理：电子+纸质版	一整套培训材料							
	16	培训后考核	（1）及时批改学员试卷，并及时统计成绩情况，以便在第一时间公布成绩	学员试卷（纸质版）、学员成绩（电子版）		/					

续表

阶段	项目	序号	事项	工作内容	交付物	时间节点	对接/责任人	执行人员签字	验收人员签字	完成情况	工作滞留情况说明	备注
培训后		16	培训后考核	（2）实施培训考核（心得体会收集、组织考试等）	心得体会或者试卷（纸质版）	据实	/					
				（3）汇总考核结果（评分、阅卷等）	学员试卷（纸质版）							
				（4）结果公示，报领导知悉	领导签字后的总结报告（纸质版）		/					
		17	宣传报道	对重要或大型培训做好宣传报道	报道（电子+纸质版）	据实						

表 7-10　管理人员外派培训组织实施点检表

阶段	项目	序号	事项	工作内容	交付物	时间节点	对接/责任人	执行人员签字	验收人员签字	完成情况	工作滞留情况说明	备注
培训前	培训确认	1	培训主题	请示领导确认主题，反馈给校方	培训通知（纸质版）	培训前2周						
		2	培训时间	与校方协商培训时间，并向领导确认	/							
		3	培训师		培训师介绍（电子版）	培训前10天						
		4	培训教室	向领导请示，同时网上申请会议室	会议室申请单（纸质版）							
	培训材料	5	讲义确认	与校方沟通，取得教学大纲或讲义电子版，请领导审核并反馈意见	教学大纲或者讲义（电子版）	培训前7~10天						
		6	讲义接收	确认讲义是邮寄还是培训师携带，注意讲义接收	讲义（纸质版）							
	培训师联系	7	往返时间	培训师往返时间确认	/	培训前1周						
		8	培训需求	（1）培训教室桌椅摆放要求	/							
				（2）是否需要展架、白板、翻页笔等	/							

续表

阶段	项目	序号	事项	工作内容	交付物	时间节点	对接/责任人	执行人员签字	验收人员签字	完成情况	工作滞留情况说明	备注
培训前	讲师接待	9	用车申请	培训师接、送（分两张单子申请，标注培训师联系方式）	用车申请（纸质版）	培训前3~5天						
		10	住宿申请	征得领导同意后，与总值班室对接，提前领取房卡	房卡							
		11	接待安排	与领导确认是否需要接待及时间安排	预算申请（纸质版）							
		12	用餐申请	早餐：酒店供应 午餐：行政食堂二楼自助 晚餐：自行解决	/							
	培训通知	13	参训学员名单	（1）参训学员名单梳理，并建立通讯录	学员名单以及联系方式（纸质版）	培训前3天						
				（2）制作签到表：每半天一版，一式两份（课前、课后两种）	签到表（纸质版）							
		14	培训通知	（1）拟写培训通知，在集团官网发布公告	发布审批单（纸质版）							
				（2）给参训学员发送提醒邮件	邮件（电子版）	培训前2天						

续表

阶段	项目	序号	事项	工作内容	交付物	时间节点	对接/责任人	执行人员签字	验收人员签字	完成情况	工作滞留情况说明	备注
培训前	培训通知	14	培训通知	（3）短信平台提醒	短信平台申请单（纸质版）	培训前1天						
培训前	培训教室	15	培训教室准备	（1）桌椅按培训师要求摆放，如无特殊需求，则撤掉后排部分座位，保证参训学员均在前排落座	/	培训前1天下午						
				（2）张贴培训横幅，用图钉固定在培训教室的后面	/							
		16	培训设备到位	（1）电脑、投影仪、音响、无线话筒等设备提前进行调试，暖场音乐及课间视频提前拷贝至电脑，并用U盘备份	/							
				（2）白板、翻页笔等其他教具到位，电池备好	/							
		17	后勤保障	开水瓶以及培训师所用玻璃水杯到位	/							
培训当日		18	开始前	（1）首日去酒店接培训师，与培训师沟通，采取措施调动学员积极性（如破冰游戏等）	/	培训开始前40分钟						

续表

阶段	项目	序号	事项	工作内容	交付物	时间节点	对接/责任人	执行人员签字	验收人员签字	完成情况	工作滞留情况说明	备注
培训当日		18	开始前	（2）工作人员在签到台组织签到并发放讲义，向迟到及未到者发短信或通过电话沟通 ★最后半天签到时，需同时发放效果评价表（30份左右），请学员填写	效果评估表（纸质版）、讲义（纸质版）、签到表（纸质版）	培训开始前30分钟起						
				（3）培训设备到位，播放暖场音乐	/	从学员到场开始						
				（4）教室内引导，提醒参训学员往前坐	/							
				（5）主持人在培训前的准备活动： ①介绍培训师 ②介绍课程 ③心态讲说：既来之则安之，既来之则学之 ④对学员提出培训要求 ⑤宣布培训纪律：往前坐，手机静音等 ⑥告知培训时间安排，课前、课后都要签到	培训师介绍	培训前5分钟						

续表

阶段	项目	序号	事项	工作内容	交付物	时间节点	对接/责任人	执行人员签字	验收人员签字	完成情况	工作滞留情况说明	备注
培训当日		19	过程中	（1）过程管控： ①全程陪同听课，随时解决培训过程中出现的问题，如设备故障调试、学员发言时话筒递送等 ②维持课堂秩序，配合培训师进行互动；对不认真听讲的学员，通过站其旁边给予压力、假装拍摄等方式予以提醒	/	全程						关注课间休息后返课情况
				（2）课间休息： ①播放娱乐小视频 ②提供茶水 ③随机访谈，关注培训满意度 ④将学员的意见与培训师进行沟通	/	休息时						
				（3）拍照：记录培训情景	照片（电子版）	据实，随时						
				（4）如有随堂测验，需协助培训师发放试卷、监考并回收试卷	试卷（纸质版）	据实						
		20	培训结束后	（1）进行签到确认	学员签字后的签到表（纸质版）	每半天培训结束离场前						

续表

阶段	项目	序号	事项	工作内容	交付物	时间节点	对接/责任人	执行人员签字	验收人员签字	完成情况	工作滞留情况说明	备注
培训当日		20	培训结束后	（2）陪同培训师就餐	/	午餐						
				（3）送培训师回酒店	/							
				（4）回收效果评估表	效果评估表（纸质版）	培训最后半天						
				（5）培训教室：关闭设备电源、桌椅归位、清洁卫生、撤掉横幅	/	培训结束后第一时间						
				（6）培训用具等回收：签到表、电脑、多余讲义、相机、电池等	多余讲义（纸质版）							
培训后		21	送培训师	课程结束后，准时送培训师返回	/	培训结束当天或者第二天早上						
		22	房卡返还	房卡退至前台，工作人员取回后交至总值班室	房卡	培训师离开后						
		23	培训出勤	培训电子考勤录入，完善出勤台账	考勤记录（电子版）	培训后第1个工作日						

续表

阶段	项目	序号	事项	工作内容	交付物	时间节点	对接/责任人	执行人员签字	验收人员签字	完成情况	工作滞留情况说明	备注
培训后		24	总结报告	完成培训总结报告（含培训出勤及效果反馈情况分析）	培训总结报告（纸质版）							完成培训调研报告
		25	培训台账	培训台账整理：电子+纸质版	一整套培训材料							
		26	训后考核	（1）实施培训考核（心得体会收集、组织考试等）	心得体会或试卷（纸质版）	据实						
				（2）汇总考核结果（评分、阅卷等）	学员试卷（纸质版）							
				（3）结果公示，报领导知悉	领导签字后的总结报告（纸质版）							
		27	宣传报道	对重要或大型培训做好宣传报道	报道（电子+纸质版）	据实						

2. 外包、外派培训

(1) 外包培训实施办法示例

外包培训实施办法[1]

第1章　总则

第1条　目的

为规范公司培训外包工作，协助外包商做好各项培训工作，达到培训效果，结合公司的具体情况，特制定本办法。

第2条　适用范围

本办法适用于公司外包培训的各项工作。

第3条　人力资源部管理职责

公司人力资源部负责协助外包培训机构开展各项培训工作，具体包括以下工作：

(1) 开展培训需求调查，明确培训目标。

(2) 与培训机构协同制定培训方案。

(3) 做好培训准备，如场地、工具等，审核培训课程的设计，评估培训效果等工作。

第2章　制订培训计划

第4条　公司培训外包方式

培训外包商在公司人力资源部的配合下，根据培训需求分析拟订年度培训计划，为公司量身定制个性化的项目培训方案，提供更具有针对性、实效性的管理培训服务，以解决公司具体问题，满足公司需要。

第5条　培训需求分析

公司人力资源部配合培训外包商进行培训需求调查，调查时，需注意以下相关事项：

(1) 从公司的战略角度出发，满足组织及员工的要求。

(2) 考虑公司的资源条件，包括公司内部培训师资源与费用预算等。

(3) 调查了解员工素质，例如员工知识结构及水平等。

(4) 考虑人才培养的超前性及培训效果的不确定性。

第6条　制订年度培训计划

根据培训需求分析，人力资源部与外包商根据公司战略目标及人力资源战略，拟

---

① https://zl.hrloo.com/file/190188

订经济有效的年度培训计划，经人力资源部经理审核并报总经理审批后方可实施。

第3章　培训实施管理

第7条　培训课程设计

(1) 外包商根据培训项目的对象与目的，开发培训课程，进行培训设计。

(2) 人力资源部分析、审查培训课程，提出修改意见或报人力资源部经理审批确定。

(3) 培训课程设计需结合公司的发展战略、目前存在的问题及培训需求分析，以达到良好的培训效果。

第8条　培训准备

人力资源部根据培训计划和项目培训方案，做好各项培训的准备工作，准备工作的内容包括以下几点：

(1) 准备好培训场地及相关工具、设备。

(2) 制作参加培训人员名单并及时发出培训通知。

(3) 制作并打印各类表单。

(4) 严肃培训纪律。

(5) 制定培训预算，并按预算审批培训资金。

第9条　培训实施监督

根据培训计划，人力资源部协助外包商做好培训工作，管理课堂纪律，督促培训人员做好培训记录，确保培训工作顺利进行。

第4章　培训效果转化与评估

第10条　培训效果转化

培训只是起点，如何使培训有效转化，才是培训的重点。人力资源部在培训外包商的帮助下，需采取一系列有效转化培训效果的方法，做好培训效果转化工作，提升并巩固培训效果。

第11条　培训效果评估

培训完成后，人力资源部进行培训效果评估，具体评估工作请参照“外包培训评估细则”。

第12条　培训效果跟踪与持续提升

人力资源部建立培训跟踪档案，持续跟踪培训效果，外包商需提交专项培训效果评估报告，并提出培训工作改进意见，以协助人力资源部持续提升培训效果。

第5章　附则

第13条　本办法由公司人力资源部制定，其解释权、修改权归人力资源部所有。

第 14 条　本办法经公司总经理审批通过后，自发布之日起开始实施。

（2）外包培训评估细则示例

外包培训评估细则

第 1 章　总则

第 1 条　目的

为加强培训评估管理工作，增强培训效果，结合公司的实际情况，特制定本细则。

第 2 条　适用范围

本细则适用于对外包培训效果及外包商的评估工作。

第 2 章　培训评估机构及职责

第 3 条　培训评估小组构成

公司成立评估小组，负责培训的各项评估工作，评估小组组长为人力资源部经理，组员有培训专员、培训人员所在部门负责人等。

第 4 条　培训评估小组的具体职责

（1）开展培训需求分析，确定培训目标。

（2）选择评估方法，制定评估方案。

（3）组织开展培训评估工作，制作培训问卷，收集评估信息。

（4）编写培训评估报告。

（5）考察培训结果，提出工作改进意见。

第 3 章　培训过程评估

第 5 条　培训方案评估

培训评估小组对培训方案的评估，主要从以下四个方面实施：

（1）评估培训对象、培训目标、培训内容等方面是否合理。

（2）考察培训方式和培训方法是否科学有效。

（3）考核培训师的安排是否发挥了其特长和优势，考察其是否符合公司培训相关制度、机制的要求。

（4）考察此次培训项目的预测效果是否达到公司的要求与培训目标，是否符合公司的发展规划。

第 6 条　培训课程评估

学员培训后需对培训课程进行评估，评估小组整理分析反馈信息，编制课程评估报告。培训课程的评估问卷如表 7–11 所示。

表 7-11 培训课程评估问卷

培训课程		培训师	
1. 本次培训对工作的帮助	□很大 □较大 □一般 □不大 □没有		
2. 课程内容是否满意	□很满意 □满意 □一般 □不满意 □很不满意		
3. 课程时间是否适当	□太长 □偏长 □适合 □不足		
4. 培训内容的趣味性	□很好 □一般 □不好		
5. 培训内容的创新性	□很好 □一般 □不好		
6. 培训内容的完整性	□很好 □一般 □不好		
7. 培训内容的针对性	□很好 □一般 □不好		
8. 如有一项评为“没有”“很不满意”“不足”“不好”，请简要说明			
9. 此次培训的收获	□获得了新知识 □获得了可以用在工作上的有效的研究技巧及技术 □帮助我印证了某些观点 □给我一个能客观观察自己以及工作的机会		
10. 您对本课程最感兴趣的地方			
11. 将来如有类似的培训机会，您还愿意参加吗	□非常愿意 □可有可无 □不愿意		
12. 本课程是否满足了您的培训需求	□是（请就达到程度进行说明） □否（请就未满足的原因进行说明）		
13. 您觉得有哪些需要改进的地方			
14. 您对课程的整体评价	□优 □良 □一般 □较差 □很差		

第 7 条 培训师评估

对培训师的评估调查问卷如表 7-12 所示。

表 7-12 培训师评估问卷

培训课程		培训师	
以下项目中，在您认为最合适的评价下打“√”			
1. 培训师教学方法新颖性	□优秀 □良好 □一般 □较差 □差		
2. 培训师授课吸引力	□优秀 □良好 □一般 □较差 □差		

续表

3. 培训师备课充分程度	□优秀 □良好 □一般 □较差 □差
4. 培训师互动性	□优秀 □良好 □一般 □较差 □差
5. 培训师理论与实践结合	□优秀 □良好 □一般 □较差 □差
6. 培训师的语言表达能力	□优秀 □良好 □一般 □较差 □差
7. 讲授内容条理性	□优秀 □良好 □一般 □较差 □差
8. 培训师控场能力	□优秀 □良好 □一般 □较差 □差
9. 教学气氛	□优秀 □良好 □一般 □较差 □差
10. 培训师讲授通俗易懂	□优秀 □良好 □一般 □较差 □差
11. 您对培训师的总评价	□优秀 □良好 □一般 □较差 □差
12. 是否会向他人推荐此培训师的课程	□推荐 □不推荐
13. 针对该课程或该培训师的其他意见	

第 4 章 外包培训效果评估与跟踪

第 8 条 培训效果评估内容

公司对培训效果的评估从培训学员的反应评估、学习评估、行为评估、成果评估四个层次进行，具体培训效果评估内容如表 7-13 所示。

表 7-13 培训效果评估内容

评估级别	主要内容	询问的问题	衡量方法	评估时间	评估主体
反应评估	学员对课程、培训师、培训组织的喜好及直接反应	1. 学员是否喜欢培训课程 2. 课程对学员是否有用 3. 对培训师及培训设施等有何意见 4. 课堂反应是否积极	问卷调查、填写评估调查表、评估访谈	培训结束后	人力资源部、培训机构
学习评估	学员学习的理论知识及实践技能	1. 学员在培训项目中学到什么知识或技能 2. 培训前后，学员知识、理论、技能有多大程度的提高	笔试、实际操作、绩效考核、案例研究	培训结束后	人力资源部、外包培训机构培训师

续表

评估级别	主要内容	询问的问题	衡量方法	评估时间	评估主体
行为评估	衡量培训前后工作表现的变化	1. 学员在工作上是否有改善 2. 学员工作中是否用到培训内容	360 度评估、观察绩效记录、培训前后测评	培训结束至少 3 个月后	直接主管、人力资源部、培训机构
成果评估	衡量公司经营业绩的变化	1. 行为的改变对组织的影响是否积极 2. 组织是否因为培训而经营得更加顺利 3. 考察质量、事故、生产率、工作动力、市场扩展、客户关系维护	工作动力、市场扩展、客户关系维护	培训结束至少 6 个月后	人力资源部经理、培训机构、各部门经理

第 9 条　学员反应评估

培训结束后，人力资源部向学员发放满意度调查表，征求学员对培训的反馈和感受，主要包括以下五个方面：

（1）对培训师培训技巧的反馈。

（2）对课程内容设计的反馈。

（3）对教材挑选及内容、质量的反馈。

（4）对课程组织的反馈。

（5）在将来的工作中能否用到培训中所学到的知识和技能。

第 10 条　学习效果评估

为确定学员在培训结束后，是否在知识、技能、态度等方面得到提高，培训负责人需对其进行学习效果评估，评估可以以考卷形式进行，也可以是实际操作的形式，主要包括如下内容：

（1）这一阶段的评估要求通过对学员参加培训前和培训后知识技能测试的结果进行比较，以了解他们是否学习到了新的内容。

（2）对培训设计中设定的培训目标进行核对。

（3）体现培训师的工作是否是有效的。

第 11 条　学员行为评估

这一阶段的评估是要确定学员通过培训在行为上发生的多大程度的改进。此评估可以通过对学员进行正式的测评或非正式的方式（如观察）来进行。

(1) 这一阶段的评估只有在学员回到工作中时才能实施，这一评估要求与学员一同工作的人员参加。

(2) 由上级观察学员的行为在培训前后是否有差别，他们是否在工作中运用了培训中学到的知识。

第 12 条　成果评估

成果评估是为了了解由于培训而给公司或部门带来的改变和效果，如是否提高公司业绩等。成果可以通过一些指标来衡量，如事故率、生产率、员工流动率、质量、员工士气以及公司对客户的服务等。

第 13 条　培训效果跟踪

培训结束后，人力资源部需对培训效果进行跟踪并保持培训成果持续应用，培训效果跟踪表如表 7-14 所示。

表 7-14　　培训效果跟踪表

基本信息			
学员姓名		所属部门	
培训课程名称		培训时间	
培训内容			
学员填写内容			
培训内容对工作效率或效果的提升是否有帮助，表现在哪些方面			
哪些培训知识或技能有助你工作改善，举例说明			
在应用培训知识或技能时，存在哪些问题或障碍			
您对这类培训还有什么意见或要求			
学员签名		跟踪日期	
学员所在部门负责人填写			
该学员在日常工作中是否运用了培训所学的技能，请举例说明			
您怎样督促该学员运用培训所学技能			
通过这次培训，该学员的工作绩效有了哪些改进			
您对培训工作有何建议与要求			
部门负责人签名		跟踪日期	

第5章 附则

第14条 本办法由公司人力资源部制定，其解释权、修改权归人力资源部所有。

第15条 本办法经公司总经理审批通过后，自发布之日起开始实施。

（3）外派培训推荐表示例（如表7-15所示）

表7-15 外派培训推荐表

<table>
<tr><td>推荐部门/推荐人</td><td></td><td>推荐人选</td><td></td><td>职位</td><td></td></tr>
<tr><td rowspan="4">推荐人选简介</td><td>教育背景</td><td colspan="4"></td></tr>
<tr><td>工作经验</td><td colspan="4"></td></tr>
<tr><td>技术或业务水平</td><td colspan="4"></td></tr>
<tr><td>在职期间表现</td><td colspan="4"></td></tr>
<tr><td>外派培训推荐理由</td><td colspan="5"></td></tr>
<tr><td>外派培训项目名称</td><td colspan="5"></td></tr>
<tr><td>外派培训目标</td><td colspan="5"></td></tr>
<tr><td>外派培训起止时间</td><td colspan="2">从　　　至</td><td>外派培训费用</td><td colspan="2">元</td></tr>
<tr><td>外派培训地点</td><td colspan="2"></td><td>外派培训
机构名称</td><td colspan="2"></td></tr>
<tr><td rowspan="3">外派培训课程内容</td><td>课程名称</td><td>具体内容</td><td>安排的课时</td><td colspan="2">培训师简介</td></tr>
<tr><td></td><td></td><td></td><td colspan="2"></td></tr>
<tr><td></td><td></td><td></td><td colspan="2"></td></tr>
<tr><td>培训期间工作
任务安排</td><td colspan="5"></td></tr>
<tr><td>部门主管
审核签字</td><td colspan="2"></td><td colspan="3">日期：　年　月　日</td></tr>
<tr><td>人力资源部
经理审核签字</td><td colspan="2"></td><td colspan="3">日期：　年　月　日</td></tr>
<tr><td>财务经理
审核签字</td><td colspan="2"></td><td colspan="3">日期：　年　月　日</td></tr>
<tr><td>总经理
审核签字</td><td colspan="2"></td><td colspan="3">日期：　年　月　日</td></tr>
</table>

（4）员工培训服务协议示例

员工培训服务协议

文件编号：

甲方（企业）：____________________

乙方（参训员工）：____________________

经乙方本人申请，甲方审核同意，由甲方出资，选派乙方到__________城市__________参加____________________培训，自________年____月____日始，至________年____月____日止，学习期限一共为________年（天）。

培训性质为：□脱产学习　□半脱产学习　□非学历培训　□学历培训

甲乙双方经协商一致，平等、自愿地签订本合同，内容如下。

一、培训缴费类型（两项只选其一）

1. 培训费由乙方先行支付，培训结束后按甲方的《培训管理制度》和本协议约定，凭相关证书或证件及发票按比例报销培训费，乙方应按约定为甲方服务满规定期限。

2. 培训费由甲方统一支付，乙方在培训结束后，按《培训管理制度》和本协议约定，乙方应为甲方服务满规定期限。

二、培训期间工作安排、工资及福利待遇按《培训管理制度》相关规定执行。

三、乙方在培训学习期间，应严格保守企业机密，遵纪守法，虚心学习先进经验和技术，圆满完成培训学习任务。

四、乙方在培训学习期间，除应遵守培训单位的各项规章制度外，还应遵守甲方的所有规定。

五、由乙方先行支付培训费用的，培训期间无论何种原因致使双方解除劳动合同，甲方不再有报销乙方学成之后培训费用的义务。

六、乙方培训学习结束，返回工作岗位后两周内，需向甲方人力资源部提交一份培训报告，作为企业内部培训材料，并有义务对本部门相关岗位的其他员工进行培训。

七、乙方完成学业后应完成以下事项。

1. 应取得____________________证书。

2. 若乙方未能取得证书，由乙方先行支付的费用，甲方不予报销；由甲方统一支付费用的，甲方则有权从乙方工资中扣除。乙方所占工作时间按《培训管理制度》的相关规定执行。

八、服务期限约定。

1. 由甲方统一支付非学历培训费用的，乙方应为甲方服务满____月，自________年____月____日至________年____月____日。

2. 乙方完成学历培训后由甲方报销培训费用的，按学位证书记录的取得学位之日起计算应为甲方服务的年限。按《培训管理制度》约定，乙方应为甲方服务满____年，自________年____月____日至________年____月____日。

九、培训费报销、费用递减约定。

1. 非学历培训

由甲方统一支付培训费用的，培训费用按服务期限月数分摊，服务期限每满一个月递减一个月费用。

2. 学历培训

（1）乙方完成学业后凭________________学位证书、毕业论文、学费发票及本协议到甲方人力资源部备案后，甲方一次性为乙方报销学费。

（2）报销比例为学费的：□60% □80% □100%

（3）报销金额为______元，大写____________。

（4）服务期限满一年递减所报学费的____%；服务期限满二年递减所报学费的____%；服务期限满三年递减所报学费的____%。

3. 其他需要双方约定的相关事项。

十、违约责任。

甲方为乙方支付或报销培训费用后，乙方无论何种原因未能为甲方工作达到本协议约定期限的，均按下列标准执行。

1. 乙方提出提前解除劳动合同，应从乙方离职之日起计算乙方未满服务期应支付的违约金。

2. 因违反甲方管理规章制度被辞退、除名或开除的，或在合同期内擅自离职的，除应支付未满期限的违约金外，还应赔偿未满服务期给甲方造成的经济损失，每月____元。

3. 除上述两条所列原因外，如果因其他原因使乙方未能为甲方工作达到约定期限而提前与甲方解除合同，应从解除劳动合同之日起计算乙方未满服务期应支付的违约金。

4. “培训费用”是指报销凭证所列“培训、学费”的相关费用。

十一、本协议为劳动合同的附件。本协议未尽事宜，双方应友好协商解决，若不能达成共识，可报××市劳动仲裁委员会申请仲裁。

本协议自双方签字之日起生效，本协议一式两份，甲乙双方各持一份，具有同等法律效力。

甲方：　　　　　　　　　　　　　　乙方：

签章：　　　　　　　　　　　　　　签章：

时间：________年____月____日　　　时间：________年____月____日

（5）外派人员培训总结示例（如表 7-16 所示）

表 7-16　　　　　　　　　外派人员培训总结表

姓名		部门		职位	
培训项目		培训机构		培训地点	
培训日期	从　年　月　日 至　年　月　日			填表日期	年　月　日
培训课程概况	课程名称	具体内容		课时量	培训师
培训心得与建议	（可另附表）				
自我提升计划	（可另附表）				
培训对工作的指导性	（可另附表）				
对培训课程的建议	（可另附表）				
引入企业实施内部培训的价值	（可另附表）				
部门经理审核	□是　　□否 （若有，请详细说明原因及引入的益处） （可另附表）				
人力资源部经理审核					

三、组织实施培训任务评价指标与标准

组织实施培训文案要保证其完整性，必须包含封面、目录、培训背景、培训目的、

培训对象、培训时间、培训地点、培训师、培训内容、前期准备、后期注意事项及落款共 12 项内容，其他内容可根据实际情况来增加。如表 7-17 所示为任务评价指标与标准，相关管理工具（例如报名表、签到表等）列入附页。

表 7-17　　组织实施培训任务评价指标与标准

任务名称	指标	权重	标准（5 级评分法）				
			5 分	4 分	3 分	2 分	1 分
策划撰写培训组织实施文案	完整性	20%					
	规范性	15%					
	创新性	20%					
	可操作性	20%					
	适用性	15%					
	团队活动的协作性	10%					
	小计	100%					

注：

1. 规范性指文案格式统一、符合行文规范。
2. 创新性指有自己的独到见解。
3. 可操作性指文案实际应用的可行性。
4. 适用性指是否选取了适合且必要的管理工具。

练习题

一、选择题

1. 在开展某项培训前，首先需要做出该培训的（　　），作为整个培训的行动纲领。

A. 准备工作　　B. 实施计划　　C. 培训目标　　D. 考核体系

2. 聘请外部培训师需要提前（　　）就要着手准备、预约。

A. 一年　　B. 一周　　C. 几天　　D. 一个月甚至数月

3. 培训组织者要作为培训师的（　　），协助培训师把培训做好。

A. 助手　　B. 管理者　　C. 领导者　　D. 聆听者

4. 培训结束后，由学员填写（　　），以了解学员对课程掌握和服务满意的程度。

A. 签到表　　B. 培训满意度调查表

C. 培训报名表　　D. 培训协议

5. 在企业内部建立（　　），对员工产生外在压力，促使他们不断地参与培训。

A. 培训部门　　B. 培训机构　　C. 岗位竞争机制　　D. 培训文化

二、判断题

1. 所有的培训都需要成立项目小组。（　　）

2. 培训实施计划和年度计划一样，没有区别。（　　）

3. 在一场培训中，培训场地的桌椅摆放形式根据课程需要而进行调整、布置。（　　）

4. 培训师或培训机构设计完培训提纲和讲义后，培训组织者要认真审核。（　　）

5. 培训组织者不需要协助培训师，应由其自己负责把培训做好。（　　）

三、简述题

1. 列举布置培训场地时的注意事项。

2. 列举通常需要准备的培训资料清单。

3. 简述实施培训时，如何进行时间管理。

4. 简述培训现场组织者的角色。

5. 简述提升学员培训积极性的措施。

项目八

培训效果评估与总结

【项目导入】

一、主题案例

SY 集团培训效果评估的案例

SY 集团是经国务院批准成立的国有重要骨干企业，主营业务包括高新技术产业、汽车制造业、文化教育业、新能源、互联网业的投资，机械设备及其零部件的研发、制造、销售、租赁、维修和进出口业务等。该集团高度重视人才培养和干部队伍建设工作，专门成立了培训中心，并制定了《SY 集团培训中心管理办法》，该培训中心已先后为该集团培训领导干部 4 000 余人次。

2019 年 4 月 1 日至 8 月 5 日，SY 集团培训中心组织该集团三级单位领导班子副职及以上领导干部开展了为期 4 个月的第 21 期干部进修班。该进修班基本情况如下。

1. 培训目的

通过培训，对领导干部进行理论教育，增强领导干部管理企业的能力，培养世界眼光，提升战略思维，进一步提升治企能力和工作水平。

2. 培训安排

本期干部进修班的培训安排详见表 8-1。

表 8-1　培训安排表

培训单元	具体内容	课时安排	培训方法	考核方式
理论教育	马克思列宁主义、毛泽东思想、邓小平理论、“三个代表”重要思想、科学发展观、习近平新时代中国特色社会主义思想	84 课时	课堂教学	学习心得、定期开展学习笔记检查评比、笔试
党性教育	党章党规教育、党史国史教育和反腐倡廉教育	33 课时	革命教育基地现场教学、小组讨论、专题研究	学习心得、个人党性分析报告、定期开展学习笔记检查评比、笔试
企业特色课程	邀请集团系统内的先进榜样、模范到培训中心座谈交流；邀请行业专家、知名学者分析行业形势，解读市场结构，讲解创新驱动、风险防范等企业经营管理内容	39 课时	学员讲坛、深度对话、双向交流	个人学习总结、定期开展学习笔记检查评比
专题研究	围绕集团年度工作部署，结合工作实际，开展专题研究讨论	4 课时	小组讨论、专题研究、深度对话	专题研究报告

3. 培训效果评估

培训中心采用柯氏四层次评估模式对 SY 集团第 21 期干部进修班进行培训效果评估。具体培训效果评估安排情况见表 8-2。

表 8-2　培训效果评估表

评估层次	评估内容			评估方法	评估实施者	评估的主体	评估时间
	一级指标	二级指标	三级指标				
反应层	培训需求评估、培训过程评估	培训方案评估、培训组织评估、培训课程评估	培训方案的针对性、培训方案的实用性、培训方案的合理性、培训时间安排、培训整体保障、教学态度、教学能力、教学方式、职业素养、培训课程的针对性、培训内容的实用性、培训方式的有效性	问卷调查法	培训组织者	培训学员、培训师	某节课程结束

续表

评估层次	评估内容			评估方法	评估实施者	评估的主体	评估时间
	一级指标	二级指标	三级指标				
学习层	学习效果评估	知识学用程度	知识掌握程度 知识应用程度	试卷测试、总结报告	培训组织者	培训学员 培训师	培训过程中、某个培训项目结束
行为层	学习效果评估	行为习惯变化	态度变化 能力变化	问卷调查、访谈（关键人物评估法）	培训组织者、培训学员所在单位	培训学员 学员直接上级（同事）	培训结束后1～3个月
结果层	绩效效果评估	满意度变化、工作绩效变化	上级满意度变化、员工满意度变化、岗位履职情况、工作创新情况	跟踪调查、绩效考核	培训组织者、培训学员所在单位	学员直接上级、企业管理层	培训结束后半年至一年

通过实施以上培训效果评估安排，SY集团培训中心对收集的评估数据进行认真分析，形成评估报告并及时反馈至各相关方。此次培训效果明显，得到集团领导和学员的高度肯定。这为下一次相关培训班的举办提供了经验借鉴。

案例分析

培训效果评估不仅是培训工作的难点，也是整体人力资源管理工作的难点之一。培训效果的困难主要来自理论模型在实践应用中的操作性要求高，越有价值的评估在实际操作中难度越大、成本越高。案例中体现了SY集团对培训效果评估环节的重视，但在具体操作中仍会面临许多具体的问题，最常用的柯氏四层次评估模型以及其他的一些培训效果评估工具，都需要根据组织的管理水平、信息化状况、培训对象接受程度等条件因地制宜地进行评估工具的创造性应用，才能取得良好的效果。

二、学习目标

1. 熟悉培训效果柯氏四层次评估模型等的操作方式，学会应用柯氏四层次评估模型等开展培训效果评估。

2. 熟悉各种培训效果评估方法的优缺点。

3. 掌握各种培训效果评估方法的操作要点。

4. 掌握培训效果评估报告和培训总结的基本格式，能够撰写培训效果评估报告和培训总结。

任务 11　模拟培训效果评估

一、知识准备

培训效果是指培训让学员学习到哪些新的技能和行为方式，给组织带来哪些收益增长。为了判断培训项目实施后是否达到了培训所预期的效果，需要对培训进行效果评估。培训效果评估是一个完整培训流程的最后一个环节。它既是对整个培训活动实施成效的评价与总结，同时又是以后培训活动的重要输入，为下一个培训活动确定培训需求提供了重要的信息。

培训效果评估是一个运用科学的理论、方法和程序，从培训项目中收集数据，并将其与整个组织的需求和目标联系起来，以确定培训项目的价值和质量的过程。这是一个系统搜集有关人力资源开发项目的描述性和评判性信息的过程。其目的是便于企业选择、调整各种培训活动以及判断活动价值，从而做出更明智的决策。因此，效果评估在培训与开发过程中是一个关键步骤。

科学的评估程序是正确评估的基本保证，培训效果评估的操作程序如表 8–3 所示。

表 8–3　　培训效果评估程序

序号	流程	具体内容
1	确定评估目的	确定评估目的，进行培训的认知效果、技能效果、绩效效果、情感认同效果及回报效果评估
2	设定评估层级	一级评估着重于反应方面，二级评估着重于学习方面，三级评估着重于工作行为方面，四级评估着重于组织成果方面
3	选择评估方法	选择观察法、问卷调查法、绩效考核法、360 度评估法、测试法等方法进行评估

续表

序号	流程	具体内容
4	制定评估方案	确定评估的时间和地点，评估的分工与合作，评估的方法、标准及步骤，确保评估方案科学、可操作
5	实施评估方案	培训信息的收集和整理分析，根据不同培训效果评估内容的需要进行信息归档
6	撰写评估报告	评估报告的内容包括培训项目概况、培训效果评估概述、评估结果及解释和分析、附录

（一）培训效果评估的模型

1. 柯氏四层次评估模型

1959年，威斯康星大学教授柯克帕特里克提出柯氏四层次评估模型。该评估模型是全世界最具有影响力，并被广泛采用的培训效果评估模型，从学员的反应（学员满意程度）、学习成果（知识、技能、态度、行为方式方面的收获）、工作行为（工作中行为的改进）和结果（学员获得的经营业绩）等四个方面来评估培训的效果。这四个层级之间不是并列关系，而是递进关系，当评估从一个层级递进到另一个层级时，评估的程序和内容都会变得复杂一些，所需要的评估时间也会更多一些。层级之间的递进不能随着评估人员的主观臆断而改变。柯氏四层次评估模型的具体内容见表8-4。

表8-4　柯氏四层次评估模型

评估层次	评估内容	评估方法	评估主体	评估时间	可询问的问题
第一层：反应层	学员对培训组织情况、培训师情况以及自我评估	问卷调查法、访谈法、观察法	培训主管机构	培训进行中或培训刚结束	• 学员喜欢该培训课程吗 • 课程对自身有用吗 • 对培训师及培训设施等有何意见 • 课堂反应是否积极主动
第二层：学习层	检查学员的学习结果	笔试法、问卷调查法、实地操作法、座谈会法	培训主管机构	培训结束后	• 学员在培训项目中学到了什么 • 培训前后，学员知识、技能等方面有多大程度的提高

续表

评估层次	评估内容	评估方法	评估主体	评估时间	可询问的问题
第三层：行为层	衡量培训前后的工作表现	观察法、访谈法、绩效考核法、360 度评估法、问卷调查法	培训主管机构，学员的上级、同事、下属以及直接客户	培训结束后三个月或一个绩效考核期	•学员在学习后有无行为为改变 •学员在工作中是否用到培训中学的知识、技能
第四层：结果层	衡量公司经营业绩变化	绩效考核法、成本效益分析法、客户与市场调查法、360 度评估法	培训主管机构、学员上级主管、企业主管部门	下一绩效考核期或一年后	•行为改变对组织的影响是否积极 •组织是否因培训而经营得更好

（1）第一层：反应层

反应评估是柯氏四层次评估模型的第一层级，该评估是考察学员对已发生的培训活动有何感觉或印象，主要回答“学员是否喜欢培训”“他们认为培训有效吗”这些问题。在这一水平上，关注的焦点是学员对培训的直观反应及其有效性。主要评估的内容：一是对培训师的评估；二是对培训内容的评估；三是对培训方法的评估；四是对培训条件和环境的评估。主要是通过发放“培训评估表”的方式来进行。在反应层次进行评估，它的局限性在于不能说明培训是否达到了目标，而只能反映学员的满意度。

（2）第二层：学习层

学习评估是用来测量学员对知识、技术和技能的获取程度，在一定程度上表明培训的实际效果，且可用来预测培训的最终效果。主要评估的内容：一是知识掌握的情况；二是技能掌握的情况；三是学员态度的情况。评估一个人是否学到了知识、技术和技能，需要采用测验的方法，这明显不同于评估学员对于培训的反应这个层面。所以，学习评估通常在培训现场或培训结束之后，采用书面测验、模拟情境、操作测验、对比测评等形式进行。比较常见的学习评估方式是通过纵向对比和横向对比，结合问卷和表单等工具来掌握参与培训学员的知识、技能和态度的变化情况。纵向对比是指通过问卷等工具对学员培训前、培训后的信息进行收集与分析的过程。横向对比是通过收集参照组和测试组的信息，并进行分析，从而评估培训的效果。

（3）第三层：行为层

行为评估是评估学员工作行为是否因培训而有所改变，也可以看作是对学习成果的运用。学员行为和组织效益的改变才是企业最终关注的结果，这也是培训成功的关键。主要评估的内容：一是根据学员培训后的工作表现，评估学员是否达到了培训目标中规定的标准和要求；二是评估培训内容是否能够为工作所用；三是学员在工作中新的表现和改变在多大程度上是由于参加了培训才带来的，如迟到次数的减少、浪费物料的减少、投诉数量的减少等；四是评估阻碍在培训中学到的知识、技术和技能不能在工作岗位上得到应用的因素。该层次的评估一般在培训结束后 3 个月至半年的时间进行。主要的评估方法是问卷调查法、访谈法、观察法、绩效考核法。通过参与者的上级、同事、下属和参与者本人对接受培训前后的行为变化进行评价进行，同时评价结果提供的信息可以帮助管理层作出正确的决策。

（4）第四层：结果层

结果评估是与组织利益最为相关，也是最高层次的评估。主要是为了反映培训最终给组织带来了怎样的效果和影响。一般在培训结束后半年或一年后进行。评估的主要内容：一是组织目标的实现程度；二是外部客户的满意度；三是内部员工的满意度。评估的主要方法是绩效考核法、成本效益分析法、客户与市场调查法。进行成果评估时，一方面可以通过反应评估、学习评估、行为评估等层次的优化和完善来进行，另一方面可以通过收集培训对象行为变化的实际事例、数据等来弥补成果评估的不足。

2. CIPP 评估模型

1967 年，美国斯塔弗比姆提出 CIPP 评估模型。该模型有四项评估活动，分别是背景评估（Context evaluation）、输入评估（Input evaluation）、过程评估（Process evaluation）、成果评估（Product evaluation），具体内容见表 8-5。

表 8-5　　CIPP 评估模型

评估层级	评估内容	具体评估任务
背景评估	确定培训需求和目标	了解相关环境、分析培训需求、鉴别培训机会、确定培训目标等
输入评估	准备培训所需资源	收集培训资源信息、评估培训资源、评估项目规划是否有效地利用了资源、是否能够达到预期目标以及是否需要外部资源的帮助等
过程评估	实施监督培训过程	培训方案的监督、控制及反馈
成果评估	评估培训效果	评估学员的满意度、知识和技能的增加情况、行为的改善情况以及个人和组织绩效的提高情况等

3. CIRO 评估模型

1970 年，沃尔、伯德和雷克汉姆等人开发一套名为 CIRO 的评估模型。这种方法认为评估应从情景（Contextual）、投入（Input）、反应（Reaction）、结果（Outcome）四个方面进行。该模型属于过程性评估模型，具体内容见表 8–6。

表 8–6　　CIRO 评估模型

评估层次	评估内容
情景评估	收集和分析有关人力资源开发的信息 分析和确定培训需求与培训目标
投入评估	收集和汇总可利用的培训资源信息 评估和选择培训资源——对可利用的培训资源进行利弊分析 确定人力资源培训的实施战略与方法
反应评估	收集和分析学员的反馈信息 改进人力资源培训的运作程序
结果评估	收集和分析同培训结果相关的信息 评价与确定培训的结果

4. 考夫曼五层次评估模型

考夫曼扩展了柯氏四层次评估模型，他认为培训所产生的效果不应该仅仅对本组织有益，它最终会作用于组织所处的环境，从而给组织带来效益。因此，他加上第五个层次，即评估社会和顾客的反应，从而形成了考夫曼五层次评估模型，具体内容见表 8–7。

表 8–7　　考夫曼五层次评估模型

评估层次	评估内容
可能性和反应评估	可能性因素说明的是确保培训成功所必需的人力、财力、物力的有效性、可用性和质量；反应因素主要是说明方法、手段和程序的接受情况和效用情况
掌握评估	评估个人和组织的掌握情况
应用评估	评估组织中个人与小组应用的情况
组织效益评估	评估培训项目对组织的贡献情况
社会效益评估	评估社会与客户的反应、结果与回报情况

5. 菲利普斯的五层次投资回报率评估模型

1996 年，菲利普斯在柯氏四层次评估模型的基础上加入投资回报率，用财务数据来衡量培训对整个组织的影响，尤其是对企业经营利润等财务指标的影响，从而形成菲利普斯的五层次投资回报率评估模型，具体内容见表 8-8。

表 8-8　　菲利普斯的五层次投资回报率评估模型

评估层次	评估内容
反应和既定的活动	评估学员对培训项目的反应以及略述培训实施的明确计划
学习	评估学员技能、知识或观念的变化
应用	评估学员工作行为的变化以及对培训资料的应用
业务结果	评估培训项目对业务的影响
投资回报率	评估培训结果的货币价值以及培训项目的成本

通过分析发现，以上培训评估模型中都有柯氏四层次评估模型的影子，都是在评估反应、学习、行为、结果的基础上进行的内涵或外延上的增减，如菲利普斯的五层次投资回报率评估模型就是在柯氏四层次评估模型的基础上加上投资回报的分析。培训模型从组织的各个层次为培训效果的评估提供了思路。在培训项目效果评估中，任何一种模型都难以直接应用，各企业有必要建立适合自身发展实际的评估体系。

（二）培训效果评估的方法

用于培训效果的评估方法有很多种，比较常用的有问卷调查法、观察法、访谈法、测试法、绩效考核法、360 度评估法等。

1. 问卷调查法

目前，运用最为普遍的培训效果评估方法就是问卷调查法，这种方法通过问卷方式直接向评估对象了解培训效果。在设计问卷时需要围绕培训课程设计问卷，问卷的内容往往包括培训内容的针对性、培训师水平、培训设施、学员从培训中得到的提升等问题。在设计问卷时还要注意问卷结果要能够易于量化，要注意能够鼓励学员积极、真实地反映培训结果。

在设计问卷时要注意以下事项：一是应有详细明确的填写说明，让学员清楚如何填写；二是问题应简短、明确，不得有歧义，让学员能完全了解并做有效回答；三是不要出现诱导性问题，保证学员能完全陈述自己的观点。在具体实施时，首先要规范问卷调查的流程，确保各个环节的完整性，以防数据失真；其次是要做好调查人员的培训和督导工作，这有利于提高问卷回复率；最后对于问卷中无回答和无效回答的情况要进行认真研究分析。

问卷调查成本低，回收的资料便于分析处理，还可避免访谈人员的偏见，也容易进行分析和总结。但是其数据是主观的，缺乏弹性，很难做深入的定性分析。

2. 观察法

在观察法中，一般由培训管理者担任观察者，通过仔细观察、记录学员在工作中的业绩、表现，并进行比较，以此来衡量培训对学员所起的作用。观察法是用于测量行为改变的最好途径。在使用观察法前，需要准备一个初步的观察任务清单，作为观察的框架。一般来说，最好的记录方法是边观察边记录，应注意记录情境、人物、行为和频率四个方面的内容。如学员的行为处于哪种情境，是在培训前还是培训后，是在工作之中还是在工作之余，学员各种行为或行动重复出现的时间及频率等。应尽量客观、多方面、多角度地观察并记录数据。

观察法不需要与学员进行交流，而是通过观察其学习或工作的状态来获取相关数据，所以收集的数据比较真实、及时且具有针对性和整体性。但是受环境、时机、培训效果评估人员能力的限制，观察法在数据收集上存在困难，且观察法所需要的时间、精力和费用较多，不适用于大范围的评估。

3. 访谈法

这种方法是直接与学员面谈。通过面对面地交流分享、互相启发，往往能够达到意想不到的效果。一般来讲，在访谈之前，要明确访谈目的，精心设计访谈提纲。提纲中的问题可以是封闭性的，也可以是开放性的，如：询问“本次培训有什么收获?”“培训过程中有什么困难?”“现在工作有什么障碍?”“对今后的培训有什么需求?”等。访谈可以是结构式的，即以标准的模式向不同学员提出同样的问题；也可以是非结构式的，即针对不同学员提出不同的开放式问题。通常情况下将结构式访谈和非结构式访谈结合起来使用。进行访谈时，最重要的是要取得学员的信任，要适当进行提问并准确捕捉信息，还要给予学员适当的回应，以鼓励其积极反馈。这样才能保证收集的信息准确。通常可与问卷调查法结合使用，收集的信息会更准确。

访谈法是以口头形式与学员进行直接交流，具有灵活多样性；在面对面的访谈中，可以进行解释和澄清，有利于提高评估数据的真实性和可靠性；可以通过观察学员的表情等非言语行为，更深入地了解某些信息。但是访谈法经常是一对一的，需要付出更多的时间、人力和物力，成本较高；且对一些敏感性问题，学员可能会回避；同时对访谈者的笔录速度的要求也比较高。

4. 测试法

该方法主要用于对知识性和技能型内容的测试。培训组织者通过笔试的方法对学员参加培训前和培训结束时的知识、技能进行测试，了解其在知识、技能的掌握方面有多大程度的提高。在运用测试法时，首先要根据拟测试项目的特性选用合适的工具，如技能测试可采用现场操作的方式，而对于知识测试可采用试卷的方式。同时要建立科学的测试结果分析模型，不能随意更改培训效果数据。

测试法容易实施、可大范围采样、定量化程度较高，且收集的数据真实准确，容易开展对比研究。但这种方法仅容易对知识和技能的变化进行测试，无法对学员的价值观、态度等方面的改变进行分析。当然测试法对组织者有较高的要求，只有在组织者对培训内容的使用范围和形式非常熟悉的背景下，才能设计出科学的测试方案。

5. 绩效考核法

在培训结束后，每隔一段时间收集学员的绩效资料，对其在培训前后一段时间内绩效的变化进行评估，如工作量有无增加、工作能力有无提高、人际交往能力有无增强等，来了解培训效果。

绩效考核法一般包括目标考核和过程考核。目标考核是绩效考核的核心，目标可以分为定量目标和定性目标。培训管理者在选取目标时，应注意选取能体现岗位职责的指标，即目标达到了，说明学员基本上履行了岗位职责。过程考核是绩效考核的另一重要内容。过程是绩效的保证，没有好的过程就不可能有好的结果。过程考核能反映学员的工作现状，它通常包括考勤、服务态度、工作饱满程度等指标。将目标考核与过程考核结合起来，就能够反映一个岗位的绩效。但这一方法的难点在于如何区分出绩效的改变在多大程度上是由培训带来的。

6. 360 度评估法

通过了解学员的上级、同级、下级和服务的客户对他的评价，从而使学员知晓各方面的意见，清楚自己的所长所短，以达到提高自身能力的目的。360 度评估法的核心特征：一是全方法、多角度，评估者由上级、同事、下级、客户以及学员本人共同构成；二是可以动态地检查；三是重视信息反馈和双向交流；四是减少误差，实事求是。在培训前使用 360 度评估法，可以评估员工的行为胜任素质，确定在行为素质上需要弥补和提升的方面，根据企业与员工发展需要，选出需要培训的员工，从而有效降低培训风险；在培训后可以动态地检查学员培训成果的转化与应用状况，以便后续及时调整发展目标及规划，提升培训管理工作的质量。

（三）培训效果反馈信息收集

培训管理部门在培训进行中或培训结束后，需要收集相关反馈信息。信息反馈来源的渠道有四个方面：一是从培训师处，获得参加培训学员课堂表现信息的反馈；二是从参加培训的学员处，获得学员对培训内容、培训方法、培训教材质量等信息的反馈；三是从参加培训员工部门领导处，获得参加培训学员工作行为表现和工作业绩的变化等信息的反馈；四是从参加培训员工的下属处，获得培训学员工作表现的变化等信息的反馈。

（四）培训成本效益的分析

培训成本效益分析是从经济角度综合评价培训项目的好坏，计算出培训为企业带来的经济收益。但评估培训的成本收益实践操作比较困难，一些生产型或销售型企业、部门的业绩改进可以直观地以产量、销售量表现出来，但对于其他企业或部门培训后的效果大多是隐性且难以量化的，将业绩提升的衡量指标转化成为货币价值用以衡量收益成本往往比较复杂，且需要花费较长时间对部门工作进行分析、记录。目前，培训成本效益的分析主要有两种方法。

1. 培训投资回报率

$$\text{培训投资净回报率}=\frac{\text{培训项目收益}-\text{培训项目成本}}{\text{培训项目成本}}\times 100\% \qquad \text{（式 8-1）}$$

$$\text{培训投资回报率}=\frac{\text{培训项目收益}}{\text{培训项目成本}}\times 100\% \qquad \text{（式 8-2）}$$

上述两个计算公式的重要区别是，式 8-1 的分子项扣除了培训总成本，而式 8-2 的分子项没有扣除培训总成本。因此，一般又将培训投资回报率，即式 8-2 称为培训成本收益比率。

培训成本包括直接成本和间接成本。直接成本包括参与培训的所有员工如学员、培训师、咨询人员和项目设计人员的工资、福利，培训使用的材料和设施费用，设备或教室的租金或购买费用，以及交通费用。间接成本包括一般的办公用品、设施设备及相关费用，与培训没有直接关系的交通费用和各种支出，与培训没有直接关系的培训部管理人员、行政人员和服务人员工资等。

例题：某公司专门生产电视专用的某零部件，日产量 300 件（30 元/件），但每天生产量的 10%因测试不符合技能指标要求而报废，且工人常与主管发生争执、闹情绪从而导致缺勤率高。为了解决这些问题，公司培训部 4 月份组织了为期一个月的旨在提高管理人员管理水平的培训项目。此次培训，总成本为 78 120 元。到 6 月底，工人的缺勤率明显下降，公司平均的日产量增加了 60 件。请对该公司此次培训项目的收益进行分析。

分析：

该公司每日产量可以增加的数量为 60（件）

每一天预计新增收益 = 60（件）×30（元/件）= 1 800（元）

下半年预计新增收益 = 1 800（元/天）×125（天/半年）= 225 000（元）

培训投资净回报率 =（225 000−78 120）/78 120×100%≈188%

培训投资回报率（培训成本收益）= 225 000/78 120×100%≈288%

78 120（元）/1 800（元/天）≈43（天）

该公司只需 43 天的时间，便可用新增收益收回培训项目的成本。

2. 舍贝克和科恩的效用公式

$$培训效用 = YNPV-NC \quad （式 8-3）$$

其中：Y——培训对工作产生影响的年数；

N——接受培训的人数；

P——每个员工培训前后在工作上的差异；

V——每名员工平均的工作业绩的价值（货币）；

C——为每个学员提供的培训总费用。

舍贝克和科恩的效用公式是专门针对培训价值效果计算的。但是在式 8-3 中，Y、P、V 都是一些模糊的变量，需要在操作中采集足够的数据才能准确地把握。

二、任务要求

（一）根据要求进行培训效果评估

背景

J 公司成立于 2001 年，是一家以家电业为主，涉足物流等领域的大型综合性现代化企业。为帮助新员工较快适应新环境，快速实现角色转换，提高公司竞争力，J 公司决定对 2019 年 7 月新招聘的员工进行为期半个月的新员工入职培训，培训对象以应届大学毕业生为主。培训形式较为多样化，如课堂讲授、培训拓展、岗位操作等。具体培训内容如下。

1. 公司简介

具体包括公司历史渊源、公司文化与愿景、公司组织结构等。该部分内容主要由公司高层领导讲解。

2. 公司各主要部门职能简介

具体包括各部门的行政职能、办事流程、岗位职责等，如部门办公用品采购和领用审批流程、财务部门的报销流程等。该部分由各职能部门的主要负责人讲解。

3. 人力资源管理政策

具体包括劳动法律法规、入职流程、绩效考评体系、员工晋升考核标准、薪酬体系、离职程序等，该部分由人力资源部门讲解。此外，人力资源部门还负责培训讲解员工职业规划、有效沟能等内容。

任务

如果你作为该公司的培训专员，现在由你负责组织对此次新员工入职培训效果进行评估。请根据以上情景，编制一份用于评估培训效果的调查问卷。

要求

1. 调查问卷要求格式规范、内容完整。

2. 需要对培训内容和结构、培训师水平、培训对实际工作的作用、教材质量等问题进行综合评估，培训指标要涵盖这些内容。

其他要求

1. 问卷层面

（1）明确新员工入职培训的目的，合理确定培训效果评估指标。

（2）根据培训效果评估内容，科学合理设计评估表。

（3）确定调查对象、调查数量以及调查时间。

（4）分小组发放调查问卷，实施调查。

（5）对回收的问卷进行统计分析。

2. 小组展示层面

每小组4~5人合作完成调查问卷的设计，在班级实施问卷调查，并做好问卷回收和整理工作。各小组派一名代表上台说明问卷设计的要点和组织实施过程。

（二）任务完成常用实际业务工具

1. 关于××课程的培训效果评估综合调查问卷（如表8-9所示）

表8-9　　关于××课程的培训效果评估综合调查问卷

调查说明： 1. 请详细、如实地填写，并按时交到培训组织部门或相关人员处； 2. 请在您选择的答案前画“√”； 3. 希望您给予真实的回答，这会有利于我们工作的改进。

续表

培训名称： 培训时间：

评估项目		评估得分（满分 100 分）				
		非常好（5）	很好（4）	好（3）	一般（2）	差（1）
培训内容	难度适中、易于理解					
	切合实际、便于应用					
	能提高客户服务技巧					
	有助于提高工作沟通能力					
	有助于应对特殊问题					
	有助于纠正不良工作习惯					
	有助于完善工作规范					
	有助于把握客户需求					
培训师	教学方法得当					
	课堂现场气氛良好					
	内容讲授清晰、有条理					
	能够与培训学员进行互动					
	语言准确、易懂					
培训组织	培训时间安排得当					
	培训课程安排合理					
	培训设备运行良好					
	培训资料齐全					
	培训场所安全、舒适					
培训形式	培训形式与工作需要相符合					
	培训形式新颖					
培训对个人工作的帮助						
对本次培训工作的整体评价						
还希望公司组织哪些培训						

2. 学员用培训效果评估表（如表 8-10 所示）

表 8-10　　　　学员用培训效果评估表

培训项目名称			培训师	培训时间
评估项目		最低分特征	得分（1~10 分，表示“最差至最好”）	最高分特征
自我评估	本次培训对您工作态度、工作方法、工作技能改进的帮助作用	没有丝毫帮助	（1）（2）（3）（4）（5）（6）（7）（8）（9）（10）	帮助很大
自我评估	您对培训课程的接受程度	接受程度很低，培训需求仍然存在	（1）（2）（3）（4）（5）（6）（7）（8）（9）（10）	很有收获，很大程度上满足了培训需求
自我评估	参加本次培训，您的收获大小程度	什么收获也没有	（1）（2）（3）（4）（5）（6）（7）（8）（9）（10）	收获很大，超出预期目标
课程评价	课程内容是否符合您的要求	课程内容无针对性，与培训主题无关，对课程内容满意度低	（1）（2）（3）（4）（5）（6）（7）（8）（9）（10）	课程内容针对性强，紧扣培训主题，对课程内容满意度高
课程评价	课程内容对实际工作的指导作用	对实际工作无指导作用	（1）（2）（3）（4）（5）（6）（7）（8）（9）（10）	对实际工作非常有帮助
培训师评估	课程准备的充分程度	准备不充分，对课程很不熟悉，不系统，杂乱无章	（1）（2）（3）（4）（5）（6）（7）（8）（9）（10）	准备非常充分，对课程相当熟悉，具有系统性，条理清晰
培训师评估	课堂讲述的精彩程度	课堂讲述平淡无味，欠缺培训技巧，没有吸引力	（1）（2）（3）（4）（5）（6）（7）（8）（9）（10）	课堂讲述非常精彩，有足够的培训技巧，具有很强的吸引力
培训师评估	授课培训师的表达能力	口齿不清，语言交流有障碍，无辅助性身体语言	（1）（2）（3）（4）（5）（6）（7）（8）（9）（10）	口齿清楚，语言流利，辅助性身体语言丰富且有帮助

续表

培训项目名称			培训师	培训时间
评估项目		最低分特征	得分（1~10 分，表示“最差至最好”）	最高分特征
培训师评估	授课培训师仪表及精神面貌	精神面貌很差，对学员产生负面影响	（1）（2）（3）（4）（5）（6）（7）（8）（9）（10）	仪表得体，精神面貌上佳，能积极影响学员
您对本次课程的总体评价		培训师准备不充分，课堂讲述不精彩，培训效果很差	（1）（2）（3）（4）（5）（6）（7）（8）（9）（10）	培训师准备充分，课堂讲述非常精彩，培训效果很好
参加本次培训您的收获是什么？				
您认为此类培训在哪些方面尚需提高？				
您对公司培训有何意见和建议？				
感谢您对我们工作的大力支持！				总经理办公室

3. 培训师用培训效果评估表（如表 8-11 所示）

表 8-11　　培训师用培训效果评估表

您好！为了更好地了解学员的参训情况和本次培训的组织情况，请您根据自己的真实感受做如下评价，在最接近您的看法的答案上画勾，并欢迎您对我们的工作提出意见和建议。谢谢您的大力支持！

评价等级说明：很好 = 4，较好 = 3，一般 = 2，较差 = 1，很差 = 0。

续表

培训课程：	培训时间：　　年　　月　　日
需评估的项目	**评估选择**
1. 培训时间安排	□4　□3　□2　□1　□0
2. 培训通知安排	□4　□3　□2　□1　□0
3. 培训流程管理	□4　□3　□2　□1　□0
4. 交通便利情况	□4　□3　□2　□1　□0
5. 培训纪律	□4　□3　□2　□1　□0
6. 餐饮	□4　□3　□2　□1　□0
7. 本次培训的环境	□4　□3　□2　□1　□0
8. 参加本次培训的学员（学习态度、参与性、对知识的悟性）	□4　□3　□2　□1　□0
9. 对本次培训的总体评价	□4　□3　□2　□1　□0
10. 本次培训做得比较出色的地方	
11. 本次培训最需要改善的方面	

4. 培训观察记录表（示例一，如表 8-12 所示）

表 8-12　　培训观察记录表（示例一）

培训课程			培训日期		
观察对象			观察记录员		
观察地点			观察时间		
观察内容					
观察结果	**优秀**	**良好**	**好**	**一般**	**差**
遵守工作纪律					
按工作流程工作					
时间管理					
安全意识					
成本意识					
质量意识					
沟通情况					
工作状态					
工作现场整理情况					
工作绩效的改善					
需要改进的地方	1. 2. 3. ……				

5. 培训观察记录表（示例二，如表 8-13 所示）

表 8-13　　培训观察记录表（示例二）

<table>
<tr><td>培训课程</td><td></td><td>培训日期</td><td></td></tr>
<tr><td>观察对象</td><td></td><td>观察记录员</td><td></td></tr>
<tr><th>项目</th><th colspan="3">具体内容</th></tr>
<tr><td rowspan="4">观察到的现象</td><td rowspan="2">培训前的情况</td><td colspan="2">1.</td></tr>
<tr><td colspan="2">2.
……</td></tr>
<tr><td rowspan="2">培训后的情况</td><td colspan="2">1.</td></tr>
<tr><td colspan="2">2.
……</td></tr>
<tr><td>观察结论</td><td colspan="3"></td></tr>
<tr><td>其他特殊情况</td><td colspan="3"></td></tr>
</table>

三、模拟培训效果评估任务评价指标与标准

模拟培训效果评估任务评价指标与标准如表 8-14 所示。

表 8-14　　模拟培训效果评估任务评价指标与标准

<table>
<tr><th rowspan="2">任务名称</th><th rowspan="2">指标</th><th rowspan="2">权重</th><th colspan="5">标准（5 级评分法）</th></tr>
<tr><th>5 分</th><th>4 分</th><th>3 分</th><th>2 分</th><th>1 分</th></tr>
<tr><td rowspan="6">根据要求进行一级培训效果评估</td><td>问卷设计的内容</td><td>60%</td><td></td><td></td><td></td><td></td><td></td></tr>
<tr><td>创新性</td><td>10%</td><td></td><td></td><td></td><td></td><td></td></tr>
<tr><td>实施流程</td><td>10%</td><td></td><td></td><td></td><td></td><td></td></tr>
<tr><td>课堂讲解</td><td>10%</td><td></td><td></td><td></td><td></td><td></td></tr>
<tr><td>团队协作性</td><td>10%</td><td></td><td></td><td></td><td></td><td></td></tr>
<tr><td>小计</td><td>100%</td><td></td><td></td><td></td><td></td><td></td></tr>
</table>

任务 12　撰写培训效果评估报告和培训总结

一、知识准备

对于企业而言，培训就是一项投资，而投资就要看到回报情况。因此，一份优秀的培训效果评估报告和总结就显得非常重要。培训效果评估报告和总结就是对培训投资回报情况的总结分析，使领导能够更系统、全面地了解培训对企业的贡献程度。

培训部门在根据培训评估模型和评估方法对培训进行评估后，应及时撰写并提交培训效果评估报告。

培训总结是培训部门对于每次培训活动或年度培训活动的组织实施的回顾总结，可以总结好的经验，吸取教训，避免在下次培训中出现同样错误。培训组织部门的培训总结具体可分为专项培训总结和年度培训总结。这样培训部门可从培训战略管理的角度，总结公司总体的培训情况，并对来年的培训计划、培训工作作出调整和安排。从个人的角度，有员工培训总结，或员工自我评估。通过个人总结，员工可以指出哪些培训是对自己的工作确实有益的，哪些是没有用处的；可以指出培训对自己在工作上带来哪些影响，提出自己的建议或意见，促使培训工作更好地开展。

（一）培训效果评估报告的结构

1. 导言

导言即背景分析，具体包括以下四方面的内容：一是被评估培训项目的介绍，如培训的投入、培训时间、参加培训的人数和培训的主要内容；二是评估目的，如培训课程的绩效、参加培训学员的参与程度等；三是评估性质，如培训需求、培训过程以及培训产出的分析等；四是介绍以前进行的同类型培训评估，便于与以前的培训评估报告进行比较分析。

2. 概述评估实施的过程

该过程包括对培训效果评估的设计方式、工具的使用、调查内容及范围、调查测试办法、统计方式以及依据指标等的说明。

3. 阐述评估结果

将有关统计数据作为客观事实列举出来。以陈述事实为主，强调结果的客观性和准确性。

4. 解释、评论评估结果并提出参考意见

依据结果进行综合分析，多重比较，尤其要注意与预期目标不相符或相差很大甚至相反的结果，并尽可能地找出导致这种差异的原因。客观地分析存在的问题和局限，指出不足，提出弥补的建议和对策。同时还要指出这次评估的理论意义及应用价值。当然，评估结论所使用的语言要慎重，忌夸大事实。

5. 附录

附录主要包括收集评估信息所采用的相关资料、图表、工具等，目的在于让他人判定评估者的评估工作是否科学、合理。

6. 报告摘要

此部分是当培训效果评估报告内容比较多的情况下，为了方便阅读使用，便于阅读者迅速掌握报告的重点和要点而增加的部分。

（二）培训效果评估报告的撰写要求

撰写培训效果评估报告是整个评估的最后工作环节，也是影响评估结果的重要一环。因此，撰写培训效果评估报告时要在充分信息收集的基础上，简明扼要、实事求是，在真实数据支撑下按照格式要求进行撰写。培训效果评估报告具体撰写要求：一是报告的内容要容易理解，使用企业比较熟悉的术语或概念，尽量不要使用过于复杂的设计或技术名词；二是报告要具有逻辑性，可根据四个层次的评估数据进行分析，要与培训内容紧密结合，特别注意在对培训项目的整体效果进行描述时，避免以偏概全；三是报告中的语言表达要严谨，根据需要附上原始调查收集的数据，要认真校对，避免出现错别字或排版混乱的情况；四是在撰写培训效果评估报告时，也可加入一些特别典型、感性的故事，令阅读者印象深刻，但切忌过分美化和修饰评估结果，做到真正通过评估来证明培训的价值。

（三）培训总结

1. 培训总结的结构

培训总结是对已组织完成的培训工作进行全面的分析研究，总结经验，查找不足。

培训总结一般由标题、正文、落款三个部分组成。

（1）标题

标题的撰写可以是由公司的名称、时限和内容组成，也可以在标题中体现总结的主要经验或者教训。

（2）正文

正文一般由三个部分构成。一是开头，即简要地概述有关情况、背景和环境，以及计划的任务和完成任务的情况。二是主体，在进行总结时，主体的内容应该更加概括和全面。要有重点地概括培训工作取得的主要成绩或者经验，主观评价应该与客观真实的数据材料结合起来。对于成绩和问题要实事求是，不能夸大成绩，也不能掩盖问题。如果内容比较多时，可采用夹叙夹议的方法撰写。不管是专题总结还是年度总结，都应该要总结经验或成果。三是结尾。结尾应对存在的问题进行分析，说明原因，并明确改善措施或今后打算。但总结不是计划，对于今后打算宜粗不宜细，宜简不宜繁。

（3）落款

结尾处要署上撰写人员所在部门、姓名和报告日期。如果有附件，要写清附件的名称。

2. 培训总结撰写要求

在撰写培训总结时应注意以下六个方面：一是认真调查，仔细收集信息和资料；二是要实事求是，不夸大成绩或缩小存在的问题；三是要总结规律，根据企业实际情况总结经验和解决问题的办法；四是叙述和议论相结合，既要讲清情况，又要说明做法，还要分析原因、总结体会；五是要抓重点，重要的事详细写，不太重要或小事情概括写；六是在文字表达上要简洁明了，无需对文字进行过度修饰。

为了更好地撰写培训总结，可以按照一定的步骤进行：一是明确编制培训总结的目的，需要总结的事项和内容，以及总结的主题和重点；二是明确编制的要求，清楚公司相应的规章制度以及编写格式和规范要求；三是积极收集相关资料，如培训档案、培训数据指标、培训效果评估表等；四是要对资料进行科学的统计和分析，通过统计和分析得出最后的总结性信息和数据；五是撰写总结，按照总结的内容格式要求，依据培训工作统计分析的情况撰写；六是进行审批和应用，培训总结撰写完成后一定要提交相关部门负责人审批，审批后可以将总结内容应用于后续的培训工作改进等方面。

二、任务要求

（一）撰写培训效果评估报告和培训总结

背景

某公司是一家科技创新型企业，年轻人比较多，培训部门为提高执行力，对近两年入职的员工（共28名）进行了一场为期两天的高效执行力的培训。此次培训邀请了培训界有名的培训师王某主讲，培训地点在某五星级酒店，共花费培训费用4.5万元，培训前后的数据如表8-15所示。

表8-15 培训前后的数据对比表

数据	评估指标（以月计）	培训前	培训后	差异
满意度	投诉率（%）	3.1	1.1	2.0
	离职率（%）	3.6	0.9	2.7
产品质量	退货率（%）	2.6	1.7	0.9
	退回数量（件）	2 200	1 000	1 200
工作任务	按时完成率（%）	85	100	15
事故情况	事故次数（次）	10	4	6
	事故成本（元/次）	3 000	1 200	1 800

任务

1. 以小组为单位，撰写一份培训效果评估报告。

2. 假如你是这家公司的培训专员，请就这次“高效执行力”专项培训组织工作撰写一份培训总结。

要求

1. 全班同学分成若干组，每4~5人为一组。

2. 整理相关资料并分析数据。

3. 小组讨论，撰写培训效果评估报告。

4. 根据培训组织实施情况，撰写培训总结。

5. 教师组织学生对培训效果评估报告和培训总结进行分析和评议。

（二）任务完成常用实际业务工具

1. 培训效果评估报告示例①

一、导言

此次评估是对宝洁公司新入职员工企业文化培训效果的评估，目的是为了确定新入职员工企业文化培训效果是否达到预期目标，企业文化培训是否对新入职员工后来的职业技能培训、岗位培训产生积极的影响，能否对新入职员工的价值观和其对企业的认可度有很好的提升，从而提高企业的核心竞争力，充分衡量企业文化培训所做出的贡献。

这次我们采用了综合评估，即对照培训的目标，考察新入职员工对企业文化的认知，以及对宝洁公司价值观和经营理念的认知，重点分析通过企业文化的培训对新入职员工的影响力及带动力。

二、评估实施的过程和方法

采用自编与试题库结合的方案来进行对新入职员工的测试。自编的内容分为三项：一是员工对企业文化具体的认知与理解；二是员工所树立的价值观和品牌形象理念；三是员工对自己与企业未来的发展规划的思考与认知。在员工对企业文化具体的认知与理解方面，通过笔试的方法对员工进行测试，笔试具体包括对宝洁公司的历史背景、管理体制、人员关系、企业环境、国际地位与社会贡献等方面的测试。在员工所树立的价值观和品牌形象理念方面，安排新入职员工去全国各地工厂参观及一线销售地区进行实战模拟演练，结合表现对其进行打分测评。在员工对自己与企业未来的发展规划的思考与认知方面，通过对公司以往晋升员工的案例分析培训和对企业战略发展规划的培训，让新入职员工进行小组式讨论并进行书面规划，最后由高级培训师进行综合评估打分。

三、评估结果的阐述

1. 新员工对本次培训项目的实用性反馈较好。但是，不同的人员对培训要求有所差异，对培训适用性及针对性非常满意的仅占半数。

2. 要及时宣传培训目的，使学员的培训更加有针对性。

3. 新增加的企业参观与实战演练，以加强新员工对企业文化的深层次认识。

4. 要及时强调培训纪律，建立纪律标准，采取相应的管理措施及考核方式，并由专人负责检查及考核。

---

① https://wenku.baidu.com/

5. 掌握成人的学习特点，丰富培训形式，在培训过程中多一些游戏、互动、影音视频等。

6. 通过小组讨论及头脑风暴的形式，使学员对企业文化知识有更高层次的理解，加深学员对企业文化氛围的印象，全方位打开其对企业文化感知的新思路。

7. 本次评估仅是反应层面的评估，新员工的培训工作需要持续进行，各公司综合部门除了继续开展新员工的培训外，需要对新员工培训进行持续的调查、跟踪及评估。

四、培训结果的分析与建议

1. 评估结果分析

表 8-16　　柯氏四层次经典评估模型

评估层次	评估内容	信息收集方法
反应层	学员对培训项目的意见和建议	随堂问卷
学习层	学员从项目中得到的收获	笔试、案例研究、角色模拟
行为层	培训后行为的改变	调查、访谈、360 度评估
结果层	组织绩效的提升以及投资回报率	追踪和监控有效指标

此次新入职员工培训效果的评估，运用的是柯氏四层次经典评估模型（反应层、学习层、行为层、结果层，如表 8-16 所示）中的第三层——行为层，行为层评估内容为企业文化培训后新入职员工行为与意识改变，这符合本次对新入职员工的评估内容。通过对新入职员工在培训后的评估，不仅加强了新入职员工的主人翁意识感，使其更能全身心地投入接下来的工作当中，实现自身的价值和企业的价值。还增强了组织文化，加强了组织的团结，塑造出了和谐、融洽、温馨的企业环境与氛围，更利于企业的发展和自身社会价值的实现。

2. 建议

在这次培训评估中，还有一些不够完善的地方。在检测培训效果的同时，还应通过观察新入职员工对企业文化培训做出的反应，填写课堂观察记录表，最后分析课堂观察记录，完成小组任务以及实战体验，并将其反馈给培训小组成员，从而更好地提高新入职员工对企业文化的认知，使其更好地融入宝洁这个大家庭。

五、结论

本次评估通过各个方面的分析（如图 8-1、图 8-2 所示），总结出培训的效果与质量，从而做出更详细更科学的企业文化培训方案，使新入职员工能更好地融入企业，适应企业的新环境，实现双方的价值。

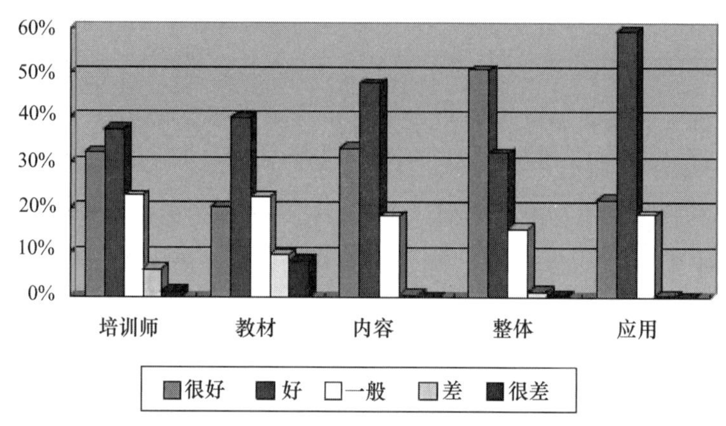

图 8-1　培训总体效果评估分析

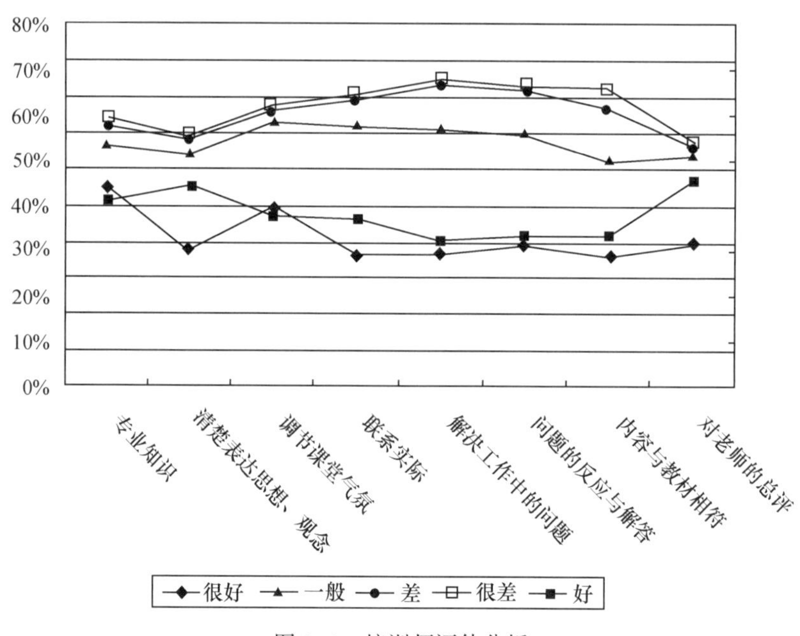

图 8-2　培训师评估分析

本次培训评估运用行为层评估这一方法，过于单一，在之后的评估中应该运用理论与实践相结合的方式，构建清晰多维的培训评估体系，推进培训评估工作的有序高效实施。

2. 专项培训总结示例（表 8-17）

表 8-17　　　　专项培训总结

<table>
<tr><td rowspan="2">培训名称</td><td rowspan="2">户外拓展培训总结</td><td>受控状态</td><td></td></tr>
<tr><td>编号</td><td></td></tr>
</table>

本次户外拓展训练主要针对新员工（工作一年以内），培训时间自________年____月____日至________年____月____日，共计____天。

一、培训目标

1. 增强员工之间的相互认识和了解，培训团队意识和协作精神。
2. 增强员工对企业的认同感和归属感，使员工明确自身的发展方向。
3. 挖掘员工潜能，培养员工积极向上的心态和良好的心理素质。
4. 培养员工的创造性思维，提高他们认识问题和解决问题的能力。
5. 改善企业的单向沟通模式，使员工在体验式学习中理解和认同组织目标和企业文化。

二、培训费用

培训费用支出明细如下表所示。

培训费用支出明细表

序号	支出项目	金额/元	备注
1	拓展活动培训费		
2	餐饮费		
3	保险费		
4	交通费		
5	住宿费		
6	门票		
7	导游费		
8	文化衫		
9	小礼品		
10	食品饮料		
11	材料费		
12	优秀团队奖励		
合计			

三、培训准备工作

（一）选择培训机构

培训部经过调研与考察，综合比较价格、知名度、培训场地设施等情况，最终选择了实力强、规模大、信誉度较高的××拓展培训公司作为本次活动的培训机构。

续表

（二）确定活动地点

本次拓展培训地点定在距离企业较近的××基地及××景区。

（三）确定培训项目

为体现团队合作、执行力第一、态度第一的原则，培训部综合考虑了本次参加培训人员的年龄结构和性别比例，经与培训机构沟通交流，确定了本次拓展培训项目为破冰、高空单杠、徒步拉练和野餐。

四、培训实施内容

（一）破冰

1. 通过抽签将全体人员分成 5 个团队。

2. 各团队在 30 分钟内完成以下任务，包括起队名、拟队歌、编队训、设计队徽及制作队旗。

3. 分队展示任务的完成情况，评委给各队评分并点评。

（二）高空单杠

1. 两块木板架在 8 米高的空中，两者间隔为 0. 8~1. 5 米。

2. 每位学员穿戴好防护用具，依次爬上木板。

3. 每位学员从其中一块木板跃上另一块木板，之后返回。

（三）徒步拉练和野餐

1. 以队为单位组织徒步前行，中途会经过 3 个关卡，在关卡处等待全队队员到齐后答题，答对的队伍方能继续前行。

2. 评委以队员到达情况、答题情况、整体精神风貌及队员协作精神等为依据进行评分。

3. 徒步拉练结束后，各队到工作人员处领取野餐餐具、食物、佐料、炊具等必备物品，并在 40 分钟内做好饭菜。

五、培训成果

1. 打破了员工之间的隔阂，加深了相互间的了解和信任，培养了员工的团队意识和协作精神。

2. 锻炼了员工的动手能力，加深了员工之间的分工合作意识。

3. 培养了员工吃苦耐劳的精神和战胜困难的毅力与信心。

4. 员工通过培训挑战自我，重新认识自我，锻炼了应变能力和压力释放能力。

六、培训效果评价

（一）成功之处

1. 在本次培训过程中，员工培训态度端正，执行力强，勇于挑战自我，重视个人荣誉与集体荣誉。

2. 培训准备工作充分，安全保护措施到位，保证了员工的人身安全和培训的顺利开展。

（二）不足之处

1. 培训方案的确定、培训通知、未参加培训人员的处理方案等需要进行进一步的规范。

2. 培训方案须进一步完善，对培训机构提供的方案，应评估其能否达到企业的培训需求，从而及时给出具体改进建议，根据建议优化方案。

3. 团队成员在遇到复杂问题时的沟通、协作还需要进一步加强。

编制人员		审核人员		批准人员	
编制日期		审核日期		批准日期	

3. 年度培训总结格式范例

一、报告时间区间

此部分描述本次报告所包括的时间区间（略）。

二、员工培训情况

此部分将本区间内发生的培训按照不同的培训类别对培训次数、参与人员、培训费用进行统计分析（略）。

1. 培训课程统计

（1）按内容分类。按内容将培训课程分为管理培训、技术培训、新员工培训和其他培训，如表 8-18 所示。

表 8-18　　按内容分类的统计表

分类		数量/次	参加人员	占参加培训总人数的比例/%
管理培训	公司制度			
	质量体系			
	经营管理			
	项目管理/团队建设			
	其他（演讲技巧、沟通技巧等）			
	合计			
技术培训	操作系统			
	数据库			
	内部产品培训			
	软件工程（需求分析、设计方法、配置管理、测试等）			
	其他（银行业务、财务公司等）			
	合计			
新员工培训				
其他培训				
累计				

附：各类培训的比例图（略）。

（2）按类型分类。按类型将培训课程分为内部培训和外部培训，如表 8-19 所示。

表 8-19 按类型分类的统计表

分类	数量/次	参加人员	占参加培训总人数的比例/%
内部培训			
外部培训			

附：各类培训的比例图（略）。

2. 费用统计（如表 8-20 所示）

表 8-20 费用统计表

部门名称	培训类别（按内容）	参加人员	发生费用/元	合计
累计				

附：各部门培训发生的费用占总费用的比例图（略）。

三、计划执行及修订情况

1. 计划执行情况（如表 8-21 所示）

表 8-21 计划执行情况表

计划时间	计划	实际
培训次数		
培训课时		
参加人员		
培训费用		

2. 未实施的计划内培训情况（如表 8-22 所示）

表 8-22 未实施的计划内培训情况表

序号	培训类别	课程名称	培训对象	预计时间	所需课时	参加人数	预计费用	未实施原因
1								
2								
3								
4								
5								
…								

3. 计划外培训情况（如表 8-23 所示）

表 8-23　　计划外培训情况表

序号	培训类别	课程名称	培训时间	培训对象	培训师	课时	参加人数	费用	备注
1									
2									
3									
4									
…									

4. 年度培训计划修订记录（如表 8-24 所示）

表 8-24　　年度培训计划修订记录表

序号	版本	修订时间	修订原因	修订内容
1				
2				
3				
…				

四、培训效果

此部分总体评价年度培训效果（略）。

五、课程体系审计及修订情况

1. 培训课程描述表修订记录（如表 8-25 所示）

表 8-25　　培训课程描述表修订记录

序号	版本	修订时间	修订原因	修订内容
1				
2				
3				
…				

2. 课程体系审计记录（如表 8-26 所示）

表 8-26　　课程体系审计记录

序号	审计时间	审计内容	参加人	审计结果
1				
2				
3				
…				

六、问题及建议

略。

七、报告编制信息

本报告编制信息如表 8-27 所示。

表 8-27　　报告编制信息表

编制人		日期	
提交对象			

三、撰写培训效果评估报告和培训总结任务评价指标与标准

撰写培训效果评估报告和培训总结任务评价指标与标准如表 8-28 所示。

表 8-28　　撰写培训效果评估报告和培训总结任务评价指标与标准

任务名称	指标	权重	标准（5 级评分法）				
			5 分	4 分	3 分	2 分	1 分
培训效果评估报告	报告结构的完整性	20%					
	报告内容、数据的合理性	20%					
	报告格式的规范性	20%					
	报告分析的充分性	20%					
	团队协作性	20%					
	小计	100%					
培训总结	总结结构的完整性	20%					
	总结内容的合理性	20%					
	总结格式的规范性	20%					
	总结分析的充分性	20%					
	团队协作性	20%					
	小计	100%					

练习题

一、单项选择题

1.（　　）是指公司和学员从培训中获得的收益。

A. 培训效果　　B. 培训评估　　C. 培训收获　　D. 培训结果

2. 下列不属于柯氏四层次评估层面的是（　　）。

A. 反应层面　　B. 学习层面　　C. 反馈层面　　D. 结果层面

3. 行为评估一般在培训结束后（　　）进行，通过观察、访谈、调查问卷等了解参与培训学员的新知识、技能或态度在实际工作中运用的状况，从而对培训效果进行分析与评估。

A. 三个月至半年　　B. 一年后

C. 两年后　　D. 三年后

4. 培训效果的四层次评估模型包括（　　）。

①反应层，即学员对培训科目、教材的满意程度以及自己的收获

②学习层，即对培训内容的掌握程度，能否回忆和理解培训的概念及技能

③态度层，即通过培训，员工的工作态度有没有发生变化

④行为层，即在实际工作中学员是否应用了所学的概念和技能

⑤结果层，即培训对工作成果的影响

A. ①②③④　　B. ①②③⑤　　C. ①②④⑤　　D①③④⑤

5. 下面哪一项不是学习评估的优点。（　　）

A. 对培训学员有压力

B. 对培讲师有压力

C. 可以直接反映课程的效果

D. 对组织者出会产生一定的压力，促使他们将工作做得更好

6. 在 CIPP 评估模型中，（　　）有助于计划培训项目。

A. 情境评估　　B. 输入评估　　C. 过程评估　　D. 输出评估

二、多项选择题

1. 柯氏四层次评估模型认为，培训效果可从（　　）等方面进行评估。

A. 反应评估　　B. 学习评估　　C. 行为评估　　D. 结果评估

2. 培训效果评估报告的内容一般包括（　　）等。

A. 导言　　B. 评估实施过程　　C. 评估结果　　D. 建议

3. 为了提升访谈法收集培训效果评估数据的准确率，以访谈法开展工作时，应注意（　　）等。

A. 精心设计提纲　　B. 适时进行提问

C. 准确捕捉信息　　D. 适当作出回应

4. 反应层面评估的内容有（　　）。

A. 对培训师的评估　　B. 对培训内容的评估

C. 对培训方法的评估　　D. 对培训条件和环境的评估

5. 在进行培训效果评估之前，应该首先考虑以下哪些问题。（　　）

A. 有没有发生变化

B. 这种变化是否由培训引起

C. 这种变化与组织目标的实现是否有正向的关系

D. 下一批学员完成同样的培训后，是否还能发生类似的变化

三、判断题

1. 通过对一名员工在培训前后分别做过的测试进行比较，如果学员对测试题目的理解和解答在经过一段时间后并没有发生改变，可以说培训的效果很好。（　　）

2. 学员反应良好的培训是有效培训。（　　）

3. 反应层面的评估一般在培训中或培训结束时进行。（　　）

4. 在培训结束后的适宜时间内，根据制定的培训目标和要求对有关的计划指标进行评估，即对培训前后的指标完成情况进行比较。（　　）

5. 一般来说，有些组织只在反应层面和学习层面进行评估。（　　）

四、简述题

1. 简述培训评估的程序。

2. 简要说明柯氏四层次评估模型的各层次。

3. 请分析 CIPP 评估模型与 CIRO 模型的不同之处。

4. 简述一份培训效果评估报告包含的内容。

拓展内容　培训发展前沿

人力资源管理技术和内容的创新要服从和服务于其组织核心业务的发展，人力资源培训作为人力资源管理的有机组成部分，必然也要体现业务导向的特征。近年来，在以信息技术为代表的新技术变革推动下，无论是外部市场环境、消费场景、产品交付模式，还是组织内部生产作业模式、管理模式、组织架构等，都在经历着深刻的变化，人力资源培训除了适应组织内外部的这些变化外，其自身的技术内容和模式也在经历着演变。

一、互联网技术应用下的培训新特征

进入二十一世纪，以互联网技术为代表的科学技术取得了飞速的进步，并深入地影响人们的工作、生活、学习的各个方面，人力资源管理也不可避免地受到新技术的影响，培训作为人力资源管理的重要组成部分，是受到新技术影响较大的模块。

（一）互联网技术对人力资源管理的影响

人类进入信息化社会的主要技术推动因素就是互联网技术，互联网的主要特点有：①信息传输的即时性，只要有互联网连接的地方，信息可以即时到达，大大提高了信息传输的速度和效率；②信息资源的极大丰富性，互联网具有海量的资源，其信息资源的数量颠覆性地突破了传统任何介质的数量级别，成为信息化的百科全书；③良好的交互性，互联网不是单向的信息传递，还可以提供多方的相互信息传递和即时交流，大大提高了交流的便捷性和丰富性；④强大的平台性，互联网技术除了自身信息化的优势外，更为强大的是互联网为各种新兴技术的发明和应用提供了平台，“互联网+”成为一种技术创新和模式创新的经典，极大地丰富了人们在应用端的想象力。

互联网的这些特性也深深地影响了人力资源管理，主要体现在：①改变了人力资源管理的外部环境及组织与外部环境的交互模式。互联网对社会的影响迅速改变了组织人力资源管理所面临的外部环境，国家政策、行业动态、人力资源市场信息等的获取虽然更加便捷，但信息的透明度和获取信息的均等性都在提高，使得竞争对手也可以获得与本企业相同的信息，这对组织自身人力资源管理水平的要求更高了。②人力资源管理模式发生了迭代升级。由于互联网技术及大数据技术的支撑作用，许多组织改变了传统的人力资源模块化管理，代之以“三支柱”等新的管理模式，大大提高了大型组织的运作效率。③改变了传统的人力资源管理技术。互联网在技术层面上对人力资源招聘、培训等方面都产生了很大的影响，例如简历筛选、远程面试、在线培训、网络课程等应运而生。

（二）互联网技术对人力资源培训的影响

具体到人力资源培训方面，互联网技术所带来的影响也是巨大的，尤其是移动互联技术不仅提高了学习的便捷性，甚至改变了培训学习的基本模式，对未来的发展也将持续产生影响，主要体现在以下五个方面。

1. 培训资源的获取更加便捷

培训资源包括培训的师资、培训课程、培训教材与资料、培训场所与设备等涉及支持培训实施的各方面的软硬件资源。互联网技术由于其信息的丰富性、海量性及平台性等特点，为组织内的人力资源培训师获取此类资源或相关的信息提供了更大的便捷，甚至有许多专门从事提供培训资源的企业通过互联网向组织主动推送相关信息，互联网的检索分类功能也提高了定向获取资源的效率。

2. 培训组织者策划培训时可以更少受到时间和场地的限制

由于互联网通信效果的不断提升，音频视频越来越通畅，对于一些人员并不集中的组织来说，更多地把一些培训项目转移到线上，不仅提高了效率，还节约了大量的差旅、场地费用。尤其是2020年发生的新冠肺炎疫情更进一步强化了这一功能，众多互联网企业纷纷推出自己的线上培训或会议产品，如钉钉课堂、腾讯会议等成为企业在线培训、会议，各种学校在线上课的重要工具。这其中固然有居家办公的特殊需求，但对于进行灵活用工时代的社会来讲，举办时间和场地上具有明显灵活性优势的线上培训和会议无疑会成为一种不可逆转的趋势，这也大大降低了组织培训的成本。

3. 培训者的学习行为可以更加方便地记录和反馈

利用互联网进行在线培训不仅可以摆脱空间的限制，这种在线的培训对培训过程音频视频的记录保存、学员出勤情况的统计等方面也非常便捷。很多在线学习平台还开发出了各种离线学习的功能，支持个性化、碎片化的学习方式，同时也能够有效进行学习行为的详细记录，对于组织培训者分析培训效果、针对性提升培训质量提供了精确的数据参考。

4. 培训学习的交互性大大增强

基于互联网的信息技术可以针对学员的学习行为进行分析并即时反馈结果，特别对于一些学习的重点难点，使培训师和培训管理者能更精确更及时地掌握学员的学习效果，随时调整培训的方式、方法和内容。这种技术不仅可以在线上运用，线下培训也可以配合使用，能够有效增强现场培训的互动性。例如，运用一些教学系统随时对培训内容进行客观题目的测验或考试，测验结束即可发布成绩，还可以对考试数据进行系统分析，如总体得分率、每题得分率、每人得分率等；可以针对单个题目或单个学员进行个性化分析，从而既可以反馈出教学内容的掌握情况，又可以给每个学员提供精准的学习效果反馈。另外，线上线下的混动式培训还可以利用信息技术进行随机点名、视频动态讲解、分组对抗、头脑风暴等培训方法，在提高效率的同时还能大大增强互动性。

5. 信息化的培训技术方法得到了更广泛的应用

传统线下培训对信息化培训技术使用最多的是展示培训内容的 PPT，由于互联网的普遍应用，使得更多的信息化教学技术得以更广泛的应用。例如各种网络视频、动画、音频等辅助教学资源的调取。线上教学的发展还催生了很多专门做培训资源库的企业，许多大型的企业也建立了适合自身培训体系的教学资源库，这些资源库不仅是电子素材资源的简单集合，更利用信息技术，兼有了课程搭建、资源调取、行为记录、结果评价、效果反馈等多种功能，大大丰富了信息化的教学手段，而且这些手段不受线上线下培训的限制，兼容了集中式学习和分散式、碎片化学习的方式，大大提升了组织培训的便捷性。

二、大数据时代的培训新特征

互联网技术为大数据技术的产生奠定了重要的基础。大数据是 IT 领域的专业术语，是一种巨大的信息产业资产，主要是指没有办法通过普通软件在一定的时间内对信息数据资源进行高效的收集、管理、处理和应用等，而是只能通过新的信息数据资源处理方式进行深入挖掘，使其具有更加强大的洞察能力、决策能力、流程化能力及其丰富且高增长率的海量信息资产。大数据技术的核心包括大数据采集、大数据预处理、大数据存储、大数据分析四项技术。

（一）大数据技术对人力资源管理的影响

大数据技术对人力资源管理的影响是全局性、长远性的，主要可以概括为以下两个方面。

1. 从战略层面提升人力资源管理的地位

战略性人力资源管理虽然已提出多年，但在许多组织中仍不能有效地加以实施，其中一个重要的制约因素就是比起财务、市场、销售等职能，人力资源管理的数据性、精准性有些不足；而大数据技术的出现，为人力资源管理在此方面的改善带来了契机，从而可以有效地提升其战略价值。例如，组织可以结合自身战略转型发展的实际情况和人才需求，利用大数据技术有效挖掘优秀人才、充分利用优秀人才、培养管理优秀人才，同时实现对企业人才的合理调配与科学管理，运用科学、高效、完善、深层次的激励手段，有效提升组织员工的凝聚力、向心力与战斗力，将组织的人力资源管理工作纳入组织战略发展的内容当中，从而有效推进组织人力资源管理的科学化、规范化、优质化、整体化、高效化改革。

2. 大数据技术能够有效提高人力资源管理决策的精准性

大数据技术可以帮助组织制定科学、有效的人力资源管理规划，大大提升决策的准确性。将大数据技术应用到企业的人力资源管理工作当中，可以实现对人力资源所有高价值信息数据资源的有效提取与充分利用，实现对人力资源的定量化、可视化及效益化管理，为企业人力资源管理中的各种重要决策和发展规划提供真实、可靠、精准的决策支持服务。通过运用大数据技术，可以实现对组织内部所有工作人员的相关信息数据资料的深入挖掘与分析，并以此为依据，结合组织发展的实际情况制定科学、有效的人力资源规划。同时，利用大数据技术还可以实现人力资源信息数据资源与其他管理部门之间信息数据资源的系统整合与充分利用，从而为组织各种人才的职业生涯发展规划提供科学、有力的决策支持，进而实现组织内部各个部门的人员优化配置与科学利用，充分展现组织人力资源管理的效益功能。

（二）大数据时代人力资源培训的新特征

总体来说，大数据技术对培训的影响与对整体人力资源管理的影响类似，也与互联网技术的影响异曲同工，从技术上提高了培训的效率、培训的针对性和培训的有效性。

1. 战术上助力了培训内容质量的提升

大数据技术本质上与互联网技术都属于信息技术的发展，在人力资源培训具体应用方面所带来的最大便利就是可以提高培训的信息化水平，从而提高培训的质量。在培训需求调查、培训方案设计与执行、培训效果评估等各个环节，大数据技术都可能提供有效的支持。如培训需求调查，大数据技术可以更便捷而且海量地获取数据，不仅可以针对某一培训对象群体进行分析，还可以参考相近相关群体的培训需求数据，大大提高数据的可靠性，并发现较小群体所不能反映出的趋势性要求，从而使得培训具有更好的前瞻性。在培训方案设计与执行环节的培训资源搜集、课程设计、预算分析等内容上都可以利用大数据技术进行更广泛的搜寻、比对、借鉴，提高方案的精准度。在培训效果评估中，可以利用人力资源管理其他环节的大数据分析技术进行更深入的培训效果分析，如绩效数据的全方位分析、员工素质指标的大数据信息分析等，都可以获得传统培训效果评估所不能达到的效果。

2. 战略上全方位提升了培训效能

在创新理念深入人心的当下，组织内部的模式创新、理念创新、技术创新、产品创新等成为组织快速获取竞争优势并可持续发展的不竭动力，而其动力源便是发现、培训各种类型的创新型人才。创新型人才的培养是一个系统工程。第一，组织必须重视技术型、学习型人才的挖掘与培养，充分结合大数据时代下组织运营发展对各种人才的实际需求，完善组织员工的培训内容，构建科学、高效的员工培训机制。第二，充分运用大数据技术优势，向组织员工推广与普及各种专业化知识与业务技能，不断提升并强化组织职工的信息化技术水平和现代化信息素养，使组织的每一位员工都能够掌握基础的信息数据处理能力。第三，组织要充分运用第三方的大数据平台和技术，从外部迅速聚焦、定位创新型人才，并从中进行数据挖掘，提炼创新型人才的关键特质，从而加工出组织自身的创新型人才培训内容。第四，构建互联网组织员工信息交流平台，为组织员工提供丰富的培训内容与学习方法，有效提升组织全体员工的整体水平与综合素养，从而打造一支现代化、高素质、能力强、技术精、业务专、标准化的人力资源队伍。

3. 使搭建企业学习生态圈成为可能

有学者在人力资源管理实践中提出了利用大数据技术搭建企业学习生态圈的设想。企业学习生态圈就是建立企业内外部的知识和人之间的联合。内部通过线上课程、内训课程，对员工进行内部知识的培训；外部则通过合作伙伴、行业人群，配合线下课程进一步打造人与知识的连接，让知识在企业中流动起来。让员工在学习过程中，对内对外保持紧密的联系，让更多大数据时代的知识进入企业的隐性知识资产中，为更多的员工提供学习机会。通过这种循环，将更多的知识引入企业，培养更多的人才，产生更大的效益。

三、产业变化与组织变革下的培训发展趋势

在技术变革的推动下，新的产业领域不断出现，新业态与新的商业模式不断被创新，组织变革方向也呈现出以动态性和模糊化边界来应对外部环境不确定性的特点。

（一）人力资源管理适应新业态的变化趋势

随着知识经济的到来，人的因素在促进生产力发展上所起到的作用越来越大，无论是国内的企业还是跨国公司，对人才的争夺已经成为竞争的一个焦点。另外，社会生活质量的全面提高和人自身需求的变化也给人力资源管理提出了新的要求，国内外人力资源管理发展呈现出了许多新的趋势。HRTechChina 在 2018 年指出 2020 年人力资源管理发展的如下六大趋势。

1. 人力资源运营以外包为主

虽然人力资源管理部门不会消失，但其规模必然会有所缩减。多数企业已将许多日常业务（如工资、福利等）外包给咨询公司，这些咨询公司一般都能提供“一站式”服务，从招聘到职业培训再到离职、面试，无所不包。未来大型人力资源管理部门不再存在，将会出现集中式的团队，它们不仅与高管人员在战略上进行合作，也管理企业与外包机构的合作。

2. 远程办公成为常态

越来越多的公司提供更为灵活的工作安排，并将其作为福利计划的一部分，以吸引最优秀的人才。2020 年突如其来的新冠肺炎疫情直接催化了远程办公的普及。实际上，“千禧一代”的员工，现在已经将灵活办公视为确定工作的关键因素之一。除了服务业、体力劳动和医疗保健岗位，已经有更多的人倾向于从事兼职或全职的远程工作。员工甚至愿意接受更低的薪水，换取远程办公的便利。而且远程办公也为公司节省了昂贵的房租成本，提升了因交通堵塞、病假等降低的生产效率。未来的人力资源管理部门将适应招聘、管理远程工作员工，也会因此获得来自世界各地最优秀的候选人。

3. 招聘将成为一项全球性的竞技运动

由于能够远程办公，招聘人员会考虑来自全球各地的应聘者，人才库的扩大也意味着人才竞争的加剧。未来的人力资源管理团队在招募优秀人才时必须更具有战略性，人力资源管理从业者不仅要与竞争对手争夺最优秀的人才，而且要与那些之前未听说过的世界各地的公司竞争最优秀的人才。

4. “朝九晚五”将成为过去

公司将不再以每周工作40小时的标准来衡量员工，而是以项目为基础，以产出的成果作为绩效衡量的标准。对生产和工时测量的转变会产生一定的副作用。比如，公司将提供无限的假期和病假时间，当工作时间不再作为标准，员工可以根据项目和截止日期自由安排工作时间，这会在一定程度上提高生产效率。

5. 人力资源成为培训和再培训的中心

随着科技的飞速发展，员工很容易在技能上落后。未来雇用新员工依旧比留住现有员工成本更高。一旦公司找到了合适的人选，就要想尽一切办法留住，培训就是吸引其留下的关键因素之一。人力资源的主要职责之一，就是与其他部门合作掌握最新的技术，促进员工不断学习，这对公司和员工都是双赢的。

6. 对小众人力资源专家的需求将会增加

即使自动化和外包会影响人力资源，它仍然被称为“人力”资源。当员工的薪水有问题，或者需要调解人来解决冲突，或者仅仅只是想倾诉时，他们更想有个人能面对面地进行交流。随着广义的人力资源职位的取消，对具有专业知识、熟知专业领域的高素质人力资源专家的需求将会增加，在医疗和政府等受到高度监管的行业中，尤其如此。

（二）共享经济模式带给传统人力资源管理的冲击

共享经济的出现带给组织用工模式的改变是巨大的，由此产生的“零工经济”给平台类企业和个人在人力资源管理上带来了全新的考验。共享经济下人力资源管理模式主要以松散型的非雇佣形式为主要特点，呈现出人力资源全球化态势，利用互联网提高人力资源管理的主动性和灵活性。借鉴学者刘红霞的观点，共享经济对人力资源管理的影响主要体现在以下三个方面。

1. 松散型人力资源

共享经济对传统的劳资关系带来一定的冲击，平台和资源提供者之间保持一种非雇佣关系，这是平台发展的趋势。传统人力资源管理理念强调企业雇佣模式与人力资源全职就业模式，但共享经济下自主加入平台的资源提供者代替了传统企业中人员提供服务和资源的形式，大多数资源提供者拥有自身的本职工作，通过资源共享取得额外收入。对于共享平台而言，自主性较强的资源提供者在平台运行中有自身的灵活性，这样松散型人力资源和平台间形成一种协作关系而不是雇佣关系。

2. 人力资源全球库

共享经济下，人力资源不再局限于某一个区域，而是向全球库形式发展。互联网背景下共享经济也具有互联网人力资源的特点，人才由封闭式向开放式转变，尽量使得人才在各个方面都发挥作用。如海尔集团提出“分布式”管理模式，实现“全球都有我的人力资源部”，全球资源都可为企业提供服务。共享经济不仅强调闲置资源的利用，更注重资源的社会性，倾向于规模经济和网络外部带来的强大的效益。

3. 市场化结算体系

共享经济下，人力资源管理要以评价体系作为依托，而不再是传统形式的考核系统，实现了平台和资源提供者市场化结算方式。与传统企业雇佣者提供服务不同，共享经济平台使用用户付薪市场机制，将资源提供者和消费者连接起来，平台不需要具有考核和结算职能，而是采取一套完善的评价体系，交易完成后消费者对资源提供者的各项服务给出评价并支付薪资，消费者的评价对资源提供者后续交易带来直接的影响，这一切可经过企业和平台与市场对接。共享经济下，资源提供者的个人信誉、品牌会直接面对市场，突出个体服务能力，这样的模式有助于资源提供者时刻注重优化自身服务。因此，市场化结算体系对于松散型人力资源管理表现出很强的主动性和创造性。

（三）人力资源培训更加灵活化和多样化

在外部产业环境和技术进步的影响下，组织内部管理模式和结构也在发生着深刻的变化，如早已兴起的组织结构扁平化催化了人力资源管理“三支柱”模式的发展，由此也带来组织人力资源管理培训的发展变化，表现出更多的灵活性，以多样化的培训内容和形式来应对组织内外部的不确定性。

1. 在学习方式上提倡以学习者为中心构建非正式学习生态圈

技术进步提供了丰富的学习资源和学习方式，新一代学习者更倾向于自主性的学习。聚焦学习过程，建设以学习者为中心的主动式学习，许多专家建议激活岗位内非正式学习模式。基于网络社交工具及视频网站等各类协作工具，在全组织内开展学习活动，以非正式形式实现随时随地学习。企业专家强调学习设计应自始至终以学员为核心，通过翻转学习，将学习过程从传统培训师教授内容、学员自主实践转变为学员自主学习内容、培训师指导学员如何应用知识，以实现知识的迁移与应用。通过角色扮演、仿真式训练以及在岗技能训练等方式，实现沉浸式学习，使得学习过程像滴灌一样，满足最根本的学员需求。在整个学习过程中将培训的侧重点从学习的速度转变为应用的速度；从关注互动的多少转变为关注应用的多少；从聚焦学习事件的设计转变为学习过程的设计；将内容学习由培训师主导转向学员主导，实践由学员主导转向培训师主导。

2. 人力资源管理模式变革促使培训组织者定位变化

组织变革催生了“三支柱”等模式为代表的人力资源管理新模式，在内部客户理念导向下，培训执行者逐渐向培训设计者转变。传统培训模式下，培训管理者需要花很大精力在培训资源协调、培训组织实施等事务性工作上，很难将注意力集中在如何设计出真正适合企业员工的培训体系。对培训管理者角色定义时要将培训的有关职责落实到不同的责任主体。这种转变取决于两个群体思维的转变：首先是组织高层管理者不要认为培训都是人力资源部的事，要充分考虑各级管理者在组织中应扮演的角色；其次是中层领导能否充分发挥其在人才队伍培养中的主体作用，这些都是影响企业培训效果的关键因素。在全球快速发展变革的时代，组织必须建立自己的学习文化，才能不断创新发展并在竞争中立于不败之地。相关研究数据表明，目前全球有31%的企业建立了自己的学习文化，构建了与公司战略相匹配的人才发展体系，搭建了学习文化培育平台；71%的高绩效企业中业务和学习战略保持了高度一致，以学习力提升创新力进而增强企业核心竞争力的企业文化，成为推动组织不断创新变革发展的高效引擎。在学习文化培育的过程中，正式学习、移动学习、社会化学习等已经成为学习文化培育的重要方式。

3. 新产业与组织变革减弱了对系统化组织培训的依赖

随着产业演进升级，许多新产业不断出现，尤其是在不同产业之间的“链接”上出现了许多“跨界”形式的产业，其业务内容的复杂性和复合性大大提高，原有组织内部垂直化的单一技能培训很难满足新产业组织对人员技能的需求。但同时，这类业务对某一领域知识技能要求的深度却有限，传统专业领域的专业培训对于复合性业务人员的投入显得有些“过度”或“浪费”，即学习的门槛就单一领域来讲是有所降低的，这使得组织更希望此类业务的从业者能够自主地去学习或根据个人情况选择性地接受培训，人力资源部门业务管理者更多地去扮演培训资源搜寻与提供、培训过程服务与结果认定等角色，大大提高了此类组织培训的灵活性并降低了培训成本。从机制建设上来讲，打造自驱型培训要建立相应的激励和约束机制。打造员工主动学习的氛围，要建立学习的配套奖惩机制。制定行之有效的绩效考核办法，根据不同层级、不同需求制定不同的学习要求，充分发挥绩效考核的激励约束作用，调动员工自主学习的积极性。企业可以把必要的培训内容作为员工上岗和晋升的必备条件，以此激发员工参加学习的积极性，鼓励员工自己上传课程课件，让员工有充分展示自我的机会，根据“点击量或点赞量”给予奖励。

4. 接受培训的方式移动化和碎片化

互联网时代的培训流行碎片化，包括内容的碎片化与时间的碎片化。内容碎片化从企业培训管理者的角度出发，建立标准化、模块化的培训结构，以“短”和“点”为特征，对基本的教学技能按要求进行研究和训练，每个微课针对一个具体问题或知识点讲懂讲透。时间碎片化是要便于员工随时随地学习，而不是集中在一个固定时间段和固定场地上进行学习。这种方式将时间和内容打散，由员工自由选择内容和安排时间，灵活性大大加强。企业可以充分利用员工网络大学或者手机应用软件，使复杂的教学过程简单化，由易到难，由浅入深。学员可以根据自身情况，利用零散的时间选择知识点进行学习，通过培训资源搜索功能选取与自身岗位及专业相关的课程资源，充分满足企业员工的个性化培训需求。相较于传统课堂学习，碎片化学习可以使学习的范围更广泛，所学知识点能够永久保存，是传统课堂学习的重要补充。学习应该是快乐的和高效的，基于碎片化的移动学习可以让学习随时随地发生，同时在移动培训中加入情景练习和同伴反馈可以有效提升培训效果，让培训变得引人入胜。

5. 培训评估向学员为中心和业务部门为中心转变

在培训效果评估的工具方面，以柯氏四级评估模型为代表的传统评估方法及其原理仍然有效，但传统评估在实战中更多聚焦在对培训组织方的评价上，随着以学员为中心的转变，培训效果评估的重心也在发生变化。提出以学员为中心设计评估问卷，站在学员角度了解他们对培训项目的感受，而不是直接就项目设计、内容和培训师技巧进行提问。另外，由于培训与学习方式的灵活多样，更提倡通过多样化的方式从多种渠道获取数据，开展混合式评估，使用一套评估问卷覆盖两个及以上柯氏评估层级，以此完善评估过程，帮助改进绩效。

参考文献

[1] 徐芳. 培训与开发理论及技术 [M]. 上海：复旦大学出版社，2005.

[2] 王江涛. 培训能力开发及管理实务 [M]. 上海：复旦大学出版社，2014.

[3] 潘平. 老 HRD 手把手教你做培训 [M]. 北京：中国法制出版社，2015.

[4] 陈国海. 员工培训与开发 [M]. 北京：清华大学出版社，2012.

[5] 杨杰. 组织培训 [M]. 北京：中国纺织出版社，2003.

[6] 崔莉霞. 浅析员工培训在人力资源管理中的重要性 [J]. 知识经济，2018 (8).

[7] 刘正君，温辉. 员工培训与开发 [M]. 北京：中国人民大学出版社，2018.

[8] 黎冬萍. 国有企事业单位培训需求分析使用现状与改进建议 [J]. 企业改革与管理，2019 (20).

[9] 张志磊. 河北省县（市）级公务员培训需求分析研究 [D]. 石家庄：河北科技大学，2009.

[10] 谢伟宁，龙敏，姚月娟. 员工培训知识与技能训练 [M]. 大连：东北财经大学出版社，2018.

[11] 严萍. 企业师徒制培训模式浅析 [J]. 中国科技财富，2009 (24).

[12] 伍峰，杨永宁. 浅谈新员工培养之导师制 [J]. 企业文化，2013 (8).

[13] 王东平，范丽艳. 基于企业导师制的新员工培训策略探讨 [J]. 人力资源管理. 2016 (8).

[14] 楼旭明，段兴民. 工作轮换的价值 [J]. 企业管理，2004 (9).

[15] 隋建华，仲伟林，耿晓燕，等. 现代企业员工轮换制度优势与劣势分析 [J]. 中小企业管理与科技，2009 (7).

[16] 肖峋，朱传言. 浅析企业工作轮换制度 [J]. 职业时空，2007 (14).

[17] 郭小笠. 案例研讨法在煤矿安全培训教学中的作用 [J]. 科技视界，2013 (11).

[18] 张林娜. 管理游戏教学法在职工培训中的尝试 [J]. 胜利油田党校学报，

2011（05）.

［19］从宝洁公司的培训游戏看企业管理哲学［J］. 信息产业报道，2005（Z2）.

［20］郑磊. 企业网络培训工作中存在的问题及对策分析［J］. 中国市场，2017（17）.

［21］刘晓明，李军，尹晓喆. 虚拟培训技术在石油工业中的应用［J］. 东北石油大学学报，2006，30（4）.

［22］艾美华. 浅谈案例教学法的运用及注意事项［J］. 新疆职工大学学报，1999（17）.

［23］熊亚柱. 手把手教你做顶尖企业内训师：TTT 培训师宝典［M］. 北京：中华工商联合出版社，2016.

［24］周子淳，史芳岳. 要做 CEO，先做培训师［M］. 上海：上海交通大学出版社，2016.

［25］韩斌. 培训管理工作手册［M］. 北京：人民邮电出版社，2013.

［26］吴文辉. 内训师的六种授课方法［EB/OL］. 2017（2）.

［27］如何利用讲授法培训员工［EB/OL］. 2019（5）http://www. dianyue8. com/news/223909. html.

［28］案例研讨法在培训中的运用要点（职场经验）［EB/OL］. 2018（7）https://wenku. baidu. com/.

［29］甘斌. 员工培训与塑造［M］. 北京：电子工业出版社，2008.

［30］王成，王玥，陈澄波. 从培训到学习——人才培养和企业大学的中国实践［M］. 北京：机械工业出版社，2010.

［31］韩斌. 培训管理工作手册［M］. 北京：人民邮电出版社，2013.

［32］韩伟静，腾晓丽. 培训运营体系设计全案［M］. 北京：人民邮电出版社，2014.

［33］培训管理工具箱编写组. 培训管理工具箱［M］. 北京：机械工业出版社，2011.

［34］李琦，石玉峰. 人力资源管理基础技能训练［M］. 上海：复旦大学出版社，2014.

［35］朱长丰. 人力资源管理（第 2 版）［M］. 北京：中国人民大学出版社，2018.

［36］杨毅宏，李淼. 员工培训实务手册［M］. 北京：电子工业出版社，2012.

［37］王光伟. 员工培训管理实务手册［M］. 北京：清华大学出版社，2013.

［38］金延平. 人员培训与开发［M］. 大连：东北财经大学出版社，2013.

［39］权锡哲. 培训管理关键点精细化设计［M］. 北京：人民邮电出版社，2013.

［40］中国就业培训技术指导中心. 国家职业资格培训教程——企业人力资源管理师（二级、三级、四级）［M］. 北京：中国劳动社会保障出版社，2014.

［41］腾宝红. 如何进行员工培训［M］. 北京：北京大学出版社，2014.

［42］陈锐. 世界500强资深培训经理人教你做培训管理［M］. 北京：企业管理出版社，2016.

［43］王亚丹，严国涛. 员工培训［M］. 上海：上海财经大学出版社，2016.

［44］周子淳，史芳岳. 要做CEO　先做培训师［M］. 上海：上海交通大学出版社，2016.

［45］郑芳. 资深HR手把手教你做员工培训管理［M］. 天津：天津科学技术出版社，2017.

［46］马远. 员工培训管理［M］. 广州：华南理工大学出版社，2017.

［47］贺清君. HR员工培训——从助理到总监［M］. 北京：中国法制出版社，2018.

［48］沈君. 培训精炼：36招成就高效讲师［M］. 上海：上海交通大学出版社，2018.

［49］艾洪磊. 企业管理人员培训效果评估研究［D］. 北京：华北电力大学，2019.

［50］李琦. 人力资源管理综合技能训练［M］. 上海：复旦大学出版社，2014.

［51］雷蒙德·诺伊. 雇员培训与开发（第6版）［M］. 北京：中国人民大学出版社，2019.

［52］朱长丰. 人力资源管理技能培训教程（第3版）［M］. 北京：中国人民大学出版社，2018.

［53］谢册，周晓新，刘俊英，等. 国际人才发展与培训开发趋势及对企业教育培训的启示——2016年人才发展协会（ATD）国际会展学习收获与启示［J］. 继续教育，2016.